論語三百講（下篇）

傅佩榮◎著

目次

下篇

憲問第十四

【第205講】

本講要介紹的是《論語．憲問第十四》第一章。

我們常常提到，要把《論語》的二十篇都記熟的話，大家最好一次記五篇，記的時候順便把篇序念出來，比如〈學而第一〉、〈爲政第二〉、〈八佾第三〉、〈里仁第四〉、〈公治長第五〉，這個比較好記。接著〈雍也第六〉、〈述而第七〉、〈泰伯第八〉、〈子罕第九〉、〈鄉黨第十〉，再來是〈先進第十一〉、〈顏淵第十二〉、〈子路第十三〉、〈憲問第十四〉、〈衛靈公第十五〉，最後還有〈季氏第十六〉、〈陽貨第十七〉、〈微子第十八〉、〈子張第十九〉，最後〈堯曰第二十〉。你把它分開四組就比較容易記了。

在這裡談到〈憲問第十四〉，「憲問」是兩個字，本來應該分開的，「憲」是孔子的學生原憲，又名原思；他請教問題叫做「憲問」。原文是這樣的：

憲問恥。子曰：「邦有道，穀；邦無道，穀，恥也。」「克、伐、怨、欲，不行焉，可以爲仁矣？」子曰：「可以爲難矣。仁，則吾不知也。」

原憲請教什麼是恥辱，孔子說：「國家上軌道才可以做官領俸祿；國家不上軌道而做官領俸祿，就是恥辱。」原憲又問：「好勝、自誇、怨恨、貪婪這四種毛病都能免除，可以算是行仁嗎？」孔子說：「可以算是困難的事，至於是否行仁，我還不能確定。」

先看這段話的最後一句。孔子爲什麼不能確定是否行仁？因爲行仁一定不能離開個人，對張三來說這樣做算是行仁，對李四來說同樣的做法未必就是行仁，應該就當時的處境做一種靈活的思考，明智的判斷，才能確定，這是孔子的意思。孔子並不是澆他冷水，他講了四點，好勝、自誇、怨恨、貪婪這四點以自我爲中心的缺點都不做，還是不能謂之行仁，只能說這是困難的事。

首先談談原憲。這個學生很特別，他曾經做過孔子的家臣——管家。孔子當司寇是大夫，可以有大夫之家，就請了管家和各級官員，讓原憲擔任他的家臣，給他的薪水是小米九百石。原憲說我不能接受。孔子說你最好接受，這是你該得的，你可以把多餘的分給家鄉的窮人。在莊子筆下特別稱讚孔子的三位學生，一位是顏淵，大家都推崇；一位是曾參，大家也很熟悉了；第三位便是原憲。莊子爲什麼稱讚他們呢？因爲這三個人都很窮，與莊子處境很接近。莊子稱讚原憲時，有一段話非常生動，他說：子貢很有錢，坐在馬車裡，拉車的是一匹又高又大的肥馬，他穿著天青色的衣服、白色的襯裡，去找老同學原憲。因爲原憲住的地方非常偏僻、非常狹窄——「居陋巷」，馬車進不去，子貢只好下了馬車走進去。他對原憲說，老同學你怎麼這樣落魄呢？原憲說，我這不叫落魄，一個念書人有志向不能實現才是落魄。他倒反過來批判子貢。子貢很慚愧，進退不得。原憲接著說，有學問是用來炫耀的嗎？你學了老師這麼多理想，有沒有實現呢？這就是原憲的表現。本章原憲請教什麼是恥辱。我們常常提到儒家的思想有一個特色，要把個人的作爲用社會的標準去衡量，所以原憲很想知道人活在世界上如何可以了解或者避開所謂的恥辱。孔子的回答其實很簡單，一個人在國家上軌道時，可以做官領俸祿，如果國家不上軌道，卻做官領俸祿就是可恥。在別的地方孔子也提到，在國家上軌道時如果貧賤那是可恥的。因爲國家上軌道代表政治清明、人才輩出，如果這個時候沒能出來做官，又過著很窮困的生活，代表此人並非人才，所以應該覺得自己可恥，好好修練吧；反之，在國家不上軌道時又富又貴也可恥，此人一定是同流合污，完全沒有原則。

所以一個人應該有錢還是應該貧困，要看時代、看環境而定。

原憲大概就是因為這句話，後來看到孔子也辭職周遊列國去了，便不願意再做官，此後便過著非常窮困的生活。天下那麼亂，連老師都待不下去，學生更該好好修養自己。接著他再問，如果有四種缺點我都避開的話，老師認為這是行仁嗎？「仁」這個字在《論語》裡面統計超過一百次，大概有一百零七次。像樊遲三次問仁，三次得到的答案都不同。同學們大概都知道了，所以每一個人在課餘就常常想，那對我來說，什麼叫做行仁呢？原憲並沒有直接問老師什麼叫做行仁，而是主動提出他的心得，說我避開四種毛病：第一，好勝。第二，自誇。其實好勝和自誇兩者十分接近，我勝過別人才能自誇，二者聯在一起代表自我膨脹。我不要這樣做，我要避開這兩個毛病。第三，怨恨。第四，貪婪。怨恨和貪婪也可以放在一起，我貪婪，不能夠得到滿足，我就怨恨。因為貪婪表示我有很多欲望，看到別人有什麼我也想要什麼。我的願望沒有實現，就總覺得別人對不起我，好像我專門犯小人，沒有貴人相助。這四點都是缺乏修養的表現，對自我完全放縱，因而本能、衝動、欲望都表現出來。所以原憲的這種理解基本上是不錯的，就是儘量約束自己、收斂自己，在自己身上下功夫。但是我們知道，他的說法是「克、伐、怨、欲，不行焉」，這四點我都免除；而孔子教學生有一個原則，分兩面：第一方面，要設法避免所有的不好的行為；第二方面，要正面積極地去做好的行為。所以當一個學生說，老師，我要免除四種缺點，這樣做可以算是行仁嗎？孔子一定會說：這個固然是困難的事，你要說這是行仁，我不知道。因為他並沒有說要積極地去做哪些該做的事。人的正確行為本來就包含兩方面：第一，不要做不該做的事；第二，去做該做的事。第一種屬於有所不為，偏向狷者；第二種屬於勇敢去做該做的事，偏向狂者。這是孔子的思維模式。所以一個學生如果說我不要做這、不要做那，孔子認為這樣還不太夠，應該積極地去想要怎麼樣做得更好，這才是正面積極的。

【第206講】

本講要介紹的是《論語・憲問第十四》第四章，原文是：

子曰：「有德者必有言，有言者不必有德；仁者必有勇，勇者不必有仁。」

孔子說：「有德行的人一定能說出有價值的話，說出有價值的話的人卻不一定有德行。行仁的人一定有勇氣，勇敢的人卻不一定能行仁。」

這段話分兩方面來看，值得我們思考。首先，有德和有言是兩個情況。有德的「德」在古代的用法與獲得的「得」可以相通。孔子提到德會強調「據於德」，緊緊把握住德，因爲那是自己修養的心得，很可能會失去的。德需要不斷累積，不斷修練，有了好的成果還要繼續下去。一個人修練有了德代表有了心得，對於做好人、做好事有了理解，這時說出來的話就是實踐的心得，所以「有德者必有言」，因爲誠於中、形於外。但是反過來，「有言者不必有德」。這個「不必」不是「不需要」，而是「不一定」的意思。說話說得很好聽的人，他不一定有相應的德行。難道一個人很有德行就一定能說出很好的話嗎？其實，他不見得是口若懸河，講的不見得是長篇大論，但是他說出來的話一定很中肯。比如孔門德行科的閔子騫，當魯國想擴建一個叫長府的倉庫時，閔子騫說：「仍舊貫，如之何？」意思是照過去的規模就好了，何必把它擴建呢？因爲擴建一個倉庫就要收容更多的財物、更多的武器，對魯國來說不見得是好事。所以孔子就給他一句評語，說這個人平常不說話，一說話就中肯，擊中要害。這就是「有德者必有言」，因爲他知道一個國家重要的不是武器、不是糧食，而是在上位者有德行，所以勸在上位者不要老想著擴建倉庫，要想著自己的德行夠不夠。這就是「有德者必有言」的一個例證。

至於「有言者不必有德」，因爲口耳之間不過四寸，可以道聽塗說。聽者覺得講得眞有道理，其實說者是只是轉述別人說的話而已。自己並沒有實踐、也沒有眞的心得。所以孔子對於道聽塗說很反感，他說：「道聽而塗說，德之棄也。」路上聽到什麼就去說，這種人對道德是完全沒有興趣的。因爲他缺乏修練、缺乏自己的心得。所以講到德與言，不是口才的問題，而是實踐的心得的問題。當聽到一個人說話說得很好，不要以言舉人，也不要以人廢言。因爲壞人的話不見得都不可信，有時候壞人可以說出很好的話，因爲有的壞人也念書，也會說出正確的話。比如在《孟子》裡，引用過陽虎的話——「爲富不仁矣，爲仁不富矣」，我們今天還在用。陽虎就是陽貨，他在魯國是一個有名的有權力的人，是季氏家的總管，做過很多壞事。他說，如果拚命想發財，就不會做好事，稱爲「爲富不仁」；同樣，努力做好事，不會發財，稱爲「爲仁不富」。我們今天希望大家先發財再做好事。

第二段談到「仁者必有勇，勇者不必有仁」。一個人行仁就應做到「當仁不讓於師」，碰到該做的事對老師也不要客氣。再加上見義勇爲，遇到該做的事就要勇敢去做。爲什麼「仁者必有勇」呢？老子曾說他有三種法寶，第一是慈、慈愛；第二是儉、節儉；第三是不敢爲天下先，要讓、要在後面，不要搶先。這出於《老子》第六十七章。老子接著說，「慈故能勇」，一個人眞正有慈愛之心的話，才能夠勇敢，俗語說「女子雖弱，爲母則強」。母親表現的勇敢經常會讓人嚇一跳，父親都比不上。因爲母愛是天生的，一旦表現勇敢時，是可以捨命相救的，這就是「慈故能勇」。與「仁者必有勇」一樣的意思。一個人有愛心、有仁德之心，遇到該做的事便比誰都勇敢，絕對不落於人後。這是儒家的思想，和道家在這一方面正好一致。眞的有愛心的人，怎麼可能沒有行爲表現呢？

反過來說，「勇者不必有仁」。一個人非常勇敢，不一定有慈愛之心。《世說新語》裡記載一個十七歲的少年，衝入敵陣，所向無敵。他的叔叔被圍困了，他就一個人殺進去把他救出來，有點像金庸小說裡面的蕭峰，千軍萬馬之中他一個人把統帥抓出來。後來別人就把他的像當做門神一樣，專門用來擋煞。這個人確實勇敢，他有仁嗎？不見得。仁者的勇敢不以殺人或者傷害別人爲目的，最後還是要實現「愛人」的理想。

所以，有德者必有言，我如果要勸別人行善，一定要自己行善之後有了心得再勸，這樣才有效果。我們在學校裡面教書，對學生說要好好孝順，自己卻沒做到，說出來的話就理不直、氣不壯了。這是一個很大的挑戰。

仁者必有勇。做任何事都要問動機是什麼，如果只是爲了表現勇敢，好勇鬥狠也是一種勇，那不好。眞正的勇敢是遇到該做的事就不落人後。

【第207講】

本講要介紹的是《論語·憲問第十四》第六章，原文是：

子曰：「君子而不仁者有矣夫，未有小人而仁者也。」

孔子說：「君子而做不到擇善固執的例子，是有的；但是從來沒有小人會擇善固執的。」

這段話為什麼值得思考呢？因為照字面的意思來看，孔子提出，從來沒有小人會行仁。這讓我們很奇怪，難道一個人沒有志向，不能偶爾也做好事嗎？這裡我們把「仁」字理解為「擇善固執」。因為擇善固執是需要一輩子做驗證的。既然小人代表沒有志向的人，他憑什麼要擇善固執堅持一輩子，甚至必要的時候可以犧牲生命呢？

君子偶爾會做不到擇善固執，這種例子是有的。

讓我們回顧孔子所說「仁」的意思。孔子說「吾道一以貫之」，整個孔子思想的核心就是一個「仁」字。怎麼去理解這個「仁」呢？要分三個層次。第一，人之性。我生下來就有這樣的本性，我把它理解為人性向善。孟子後來說得很多，我如果行善就心安、心忍；不行善，就心不安、心不忍。這說明人性是向善的。孟子說得非常清楚。他甚至說「理義之悅我心，猶芻豢之悅我口」，我的心喜歡理、義（理代表合理性、義代表正當性），就好像我的口喜歡各種美味的料理一樣。生命的存在難免犧牲消耗另外一些生命。所以我們在這一方面不必多去深究，孔子也曾打獵，他不射那些在巢中休息的鳥，要射就射在天空飛的鳥，一方面練習箭術，另外一方面也是一種休閒活動；他釣魚的時候只用一根魚鉤，他不用一根粗繩子綁很多釣鉤，一次釣十幾條魚。孟子所說的「我的心喜歡理義，就好像我的口喜歡料理一樣」，代表我的心不等於理義，我的口不等於料理，但我的口喜歡料理這是天性，我的心喜歡理義這也是天性。這就是人性向善。最主要的是眞誠，這種本性才會自然流露。孔子說過很多話，都是強調要眞誠。比如他說，巧言令色，很少有眞誠的；《詩經》三百零五篇，用一句話概括，就是一切都出於眞誠的情感。這就是我學習儒家的心得所在，不強調人性向善的「向」，那力量就顯不出來。仁的第二層是人之道，就是一個人一生要往哪裡走，也就是要如何擇善固執的問題。人的一生都在擇善固執，而最後的目的是第三個層次，人之成。人的完成是止於至善。那是一個完美的境界。在這裡我們要了解，擇善固執是需要智慧的。要學習何謂善，並且配合內心眞誠的力量去做選擇，根據情境和對象來決定該怎麼做。孟子特別強調，「固執」絕不是頑固，儒家最討厭不能變通的人。孔子說自己是「無可無不可」，我沒有必要非這樣，也沒有必要非那樣。所以，「固執」是堅持原則，但是要配合實際的狀況加以變通。

孔子說：一個君子做不到擇善固執的例子是有的。做君子的人努力擇善固執，但偶爾還是會犯錯，犯錯之後再改。孔子也承認自己經常會有小的過失。他說，讓我多活幾年，到了五十歲的時候專心研究《易經》，以後就不會有大的過失了。這說明他學《易經》可以避開大的過失，但是偶爾有小的過失還是難免的。在《論語》裡面他的小過失也讓別人發現了，他說，「丘也幸，苟有過，人必知之」，我孔丘很幸運，只要有過失別人就會發現。後來他的學生子貢說：我們老師犯過失就像日蝕月蝕一般，當他有過失時，大家都看到；一旦改過以後，別人還是一樣仰望他。說明君子努力在擇善固執，偶爾也會做不到。從來就沒有小人會擇善固執的，則說明小人偶爾會擇善，他沒受過好的教育，也沒什麼志向，但偶爾還是會做好事，只是從來不會擇善加上固執。至於說擇善固執到犧牲生命，那更是不可能。因爲爲了擇善、爲了仁義而犧牲生命，稱爲「殺身成仁」，就成爲很完美的君子了。孔子說要殺身成仁，孟子說要捨生取義，表面上犧牲了生命，其實是完成了的生命，不但沒有損失，反而成就了這一生的目的。人生自古誰無死？能夠在活著的時候選擇正確目標完成生命的要求，這是死得其所，重於泰山。

這一段講到君子小人，是不易理解的。許多人碰到這一段就跳過去。我們要強調的是：就算我們有志向想要做個君子，固執還是很難的。很多時候人會鬆懈，所以孔子教育學生要做到「無倦」，不要倦怠。設法把每一天當做新的一天，把每一次做事都當做第一次做，就比較不會倦怠。我自己教書三十幾年了，還是認眞講課，因爲我常常當自己是第一次上課。我講《論語》講過多少遍了，每一次都把它當做我這一生第一次講。這樣我才能夠讓自己不要倦怠。孔子說，「逝者如斯夫，不舍晝夜」，每一次都不同。能有這樣的理解，生命的力量才能夠日新又新，源源不絕。

【第208講】

本講要介紹的是《論語・憲問第十四》第七章，原文是：

子曰：「愛之，能勿勞乎？忠焉，能勿誨乎？」

孔子說：「愛護一個人，能不讓他勞苦嗎？真誠對待他，能不給他規勸嗎？」

這兩句話最適合用來教育孩子。很多父母照顧孩子無微不至，要求孩子把書念好就好了，別的事都不要管。這句話害了多少孩子，讓孩子變得比較自私自利，遇到任何為大家服務的事都不做。所以很多學生上了大學連掃把都沒拿過。請問他將來如何去組織自己的家庭呢？怎麼和別人合作呢？太難了。在很多大學裡都加了一門勞動服務課，讓學生在學校對於他本系的系館，或者學校某些公共活動的地方，去作清潔服務，也算學分的，但不打真正的分數，由老師來督促。這是好事。但是我看到很多學生拿拖把像拿毛筆一樣，亂揮的，因為在家裡沒拖過地，還要老師示範。對小孩過度保護絕對不是好事。西方一位大哲學家柏拉圖，一生沒有結婚，但是他說過一句話，說要傷害一個孩子最有效的辦法，就是讓他從小心想事成。這的確值得思考。孩子從小要什麼給什麼，這小孩就完了，就變成廢人了。所以做父母的對於小孩怎麼教育呢？「愛之，能勿勞乎」，讓他做一點事。小時候父母叫我們分擔家務，幫父母掃地、洗碗、倒垃圾等。有些父母會要孩子好好寫功課，不要管家務事。請問這種話要說到他幾歲呢？孩子一路長大都沒有做過家務事，這是讓人擔心的。柏拉圖不愧是一位哲學家，他自己沒有子女，雖然沒有親身的經驗，還是可以看得出一個孩子難免有生物的特質——好逸惡勞。讓他勞苦活動，他更懂得珍惜環境。比如定期讓孩子在家裡掃掃地，他就會保持乾淨。

我有一個朋友，家裡有一個寶貝兒子，他請了一個菲傭來照顧孩子。家住三樓，早上起床之後，小孩下樓都要傭人背，背到上初中了還要背。我心裡想，這樣能背到幾歲呢？孩子最終還是要自己走路。自幼好逸惡勞將來怎麼獨立呢？其實一個人最可貴的是能夠替別人著想，知道自己所得來的一切都要感恩。沒有感恩的心，一輩子和別人相處都會有困難。因爲他得到了不知道感恩，稍微失去、需要犧牲奉獻一些，就會抱怨不已。所以愛護小孩就要讓他練習勞動，有時候可以稍微談談條件。我們小時候就是這樣的，父母都談條件的，那時候家裡很窮，我們好好幫忙家務，下個月父親發工資時會給五毛錢。我們小時候總把五毛錢存起來，非常珍惜，知道這個錢是努力掙來的，不能亂花。自己努力勞動之後，就會特別珍惜環境，保持乾淨整潔，因爲知道弄髒了自己要負責。這樣多好，否則隨便浪費資源、糟蹋環境總有人收拾善後，這樣的孩子永遠無法獨立。

第二句話，「忠焉，能勿誨乎」，這個忠當然不是指忠於長官或忠於國家，而要理解爲「眞誠」。別人若眞誠對你，能夠不給你規勸嗎？有人勸告是幸福的事情。一個成人有錯誤、有缺點，別人看在眼裡多半會選擇沉默以對，那麼大年紀，能改早就改了，如今大概已改不了，何必苦勸又惹你嫌呢？我有時會想如果父母還在世的話多好，印象比較深的是自己都已經四、五十歲了，母親那時候還在，有時候看到我會說，你衣服穿得夠不夠，會不會著涼，要不要幫你打一件毛衣。我母親臥病在床三十年，半身不遂，我心裡想您老人家照顧好自己就好了，不要擔心我，我到處跑來跑去健康得很。有父母親這樣關懷，是多麼幸福的事啊。父母親規勸是爲我們好，老師規勸也是爲我們好，否則他們爲什麼要說呢？可以不說的，尤其是學生到了大學以上的階段。很多學生因爲從小生活在太平盛世，不知道什麼是戰亂、什麼是貧窮，以爲一切本來就是這個樣子。其實誰能保證一生都那麼順利呢？也許外面還是太平，但個人的遭遇就很難說了，往往是前半生越順利後半生受的苦越大。美國做過一項調查，結果顯示，家裡有錢的孩子，到了中年之後，特別容易覺得人生乏味。一個人工作了好幾個月，才掙錢買到一雙鞋子，一定會很珍惜；如果是父母買的，過生日一口氣買了三雙鞋子，孩子會珍惜嗎？反正穿壞了又來三雙新的。父母還在時可以照顧孩子，將來總有一天孩子要獨立的，怎麼辦呢？

從這些話可以看得出來，孔子很了解人性。要一個年輕人成長就要給他訓練，甚至是磨練。軍中有一句話說得很好，合理的要求是訓練，不合理的要求是磨練。香港人拍很多電視劇，其中有一句話說的眞有道理，「慈母多敗兒」，一個慈愛的母親經常會教出敗家子。這時候我們要提醒了，慈愛的母親很好，但是要有智慧。該批評管教就批評管教，否則孩子成長到生命的一個階段，來不及了。就好像一棵樹，小時候沒有幫它剪枝葉，它不能長得挺直，長成了以後再去砍斲，那就傷筋動骨了。

孟子強調要易子而教，孔子是就普遍的意義來說，對待年輕人，不管是自己的孩子還是別人的孩子，要愛護他就要讓他勞動、讓他辛苦，讓他以自己的力量去得到他所要的東西，不要完全靠別人給予。對他眞誠就要勸導他，而不是一味的寬容或替他找藉口。

目前我們所讀的，在《論語》裡面是屬於後半部分，越到後來很多話越有分量。尤其是將來會看到益者三友、損者三友；益者三樂、損者三樂；君子有三畏、君子有三戒等。所以讀《論語》不能永遠只看前面幾篇，要有恆地繼續讀下去，對於所有的話都要認眞思考。

【第209講】

本講要介紹的是《論語・憲問第十四》第十二章。原文是這樣的：

子路問成人。子曰：「若臧武仲之知，公綽之不欲，卞莊子之勇，冉求之藝，文之以禮樂，亦可以爲成人矣。」曰：「今之成人者何必然？見利思義，見危授命，久要不忘平生之言，亦可以爲成人矣。」

子路請教怎樣才是理想的人。孔子說：「明智像臧武仲，淡泊無欲像公綽，勇敢像卞莊子，多才多藝像冉求，再用禮樂來加以文飾，也可以算是理想的人了。」稍後又說：「現在所謂理想的人何必一定要這樣呢？看到利益就想該不該得，遇到危險願意犧牲生命，長期處於窮困也不忘記平生期許自己的話，也可以算是理想的人了。」

本章提到「成人」，在《論語》裡是第一次出現。成，代表完成，是理想的人。因爲子路的個性比較直爽，他有很多優點，相對的也有一些缺點，所以他很想知道一個理想的人應該具備什麼條件。孔子的回答內容非常豐富，他舉的人物都是當時大家認識的。魯國的很多名人各有專長，但是孔子把四種人合在一起說，再加上禮樂，那是難上加難了。他談到五點內容。

第一，要明智。像臧武仲。臧武仲是當時魯國的大夫，以明智出名。

第二，要淡泊無欲。像公綽，沒有欲望和私心。

第三是勇敢，像卞莊子。

第四是多才多藝，像孔子的學生冉求。可見冉求這個學生多才多藝是魯國人都知道的。

孔子舉出當時有名的四個人，各有一項特色，我們分析的時候可以把前面三個作爲一組。三者類似於現代心理學所說，一個人的生命在心智方面的發展有三方面：知、情、意。在知方面要求要明智，就好像我們說一個人了解人情世故，每一次選擇判斷都非常正確；第二是不欲，要做到不欲是不容易的，孔子說過「無欲則剛」，代表一個人在情感上沒有牽累；第三是勇敢，勇敢代表在意志上能夠堅決，比如見義勇爲，這需要靠意志來作用。所以我們把西方的心理學或西方有關的學問拿來對照時，就會發現，孔子思考時很自然就把一個人各方面的條件都照顧到了，明智、無欲、勇敢，再接著是才藝，多才多藝方能有路可走，做官做事都沒問題。這四個條件都具備之後，還要「文之以禮樂」。我們一再提到「文」這個字，「文質彬彬，然後君子」，用禮樂來文飾一個人，代表一個人受過教育，說話做事合乎規矩，自己的生活也有音樂來調節。孔子說這樣可以算是理想的人了。我們一聽就知道想達到這些標準非常困難，通常一個人能夠有前面四種特色之一就可稱爲人才了，四者具備眞是太難了。這說明人生的修養永無止境。

儒家觀察人，是看潛能是否發展，如能加以發展，一輩子便不會停歇。孔子自述五十、六十、七十，每一個年齡階段都有不同的境界。我們相信，假設孔子活到八十、九十，他肯定還有更高的境界。一般人只把某一方面的才幹或專長發揮出來，他需要修練的是其他方面，尤其最後還要文之以禮樂，那更是不易做到。

孔子講完之後，隔了一會兒又說，現在所謂的理想的人何必一定要這樣呢？他接著講了三點現在所謂的理想的人：第一，見到利益就要想該不該得。在《論語》裡面經常出現利與義的問題，大家千萬不要以爲儒家都排斥利益，誰不要利益呢？但是要問該不該得，這就是衡量的標準。我們有時候說，一個人做同一件事，比如我在學校上課得到這樣的待遇，我在外面上課待遇不同，這就是合約的問題，不能說，以前這樣的待遇滿足了，現在怎麼不滿足呢？這個社會還有供需的問題，大家要協調，很多時候不要和別人比，「人比人氣死人」。我記得在念中學時有位同學，三年都不敢和我講話，因為我考試都考第一，他排在後面。中學畢業之後念大學，隔了二十年大家開同學會，他開著一輛賓士轎車來，我是坐計程車的，散會之後他便載我回家。他那時候的表情充滿了自信。說實在，我也替他高興，何必一定非念書不可呢！我就是書念得太好只能教書了，這條路很辛苦的，要念很多書，一直念，念不完的。那個同學呢，他中學時代不喜歡念書，但是他發展別的才幹，畢業之後去做生意做得很好。這是一個自由的社會，可以自由地發展自己的本事。但是如果他以為他今天有了錢，開一輛好的轎車，就覺得好像高人一等，可以向我炫耀的話，那他又錯了，因為我們都知道價值不能以金錢來衡量。所以不要以為只有錢是最重要的，我們也不要抱持「萬般皆下品，只有讀書高」，這種老觀念，過去的讀書人出路的確比較有保障，但現在呢？滿街都是大學生了。我們知道有些人獲得諾貝爾獎，那可是了不起的。諾貝爾獎得主還是要教書，還是要做研究。許多諾貝爾獎得主到美國加州柏克萊大學去應聘，這個大學給的特殊待遇，就是有個專用停車位，其他沒有任何優待。這個第一流大學校園停車困難，通常要一大早去才有地方停，一開走再回頭就找不到停車格。學校給諾貝爾獎得主的優待，就是畫一個停車位，寫上名字給予專用，所以很多人去這個學校，一方面是因為學校很好，另一方面覺得自己受到尊重。其實各行各業都有人才，不要鑽牛角尖。

孔子後面說的話，「見利思義，見危授命」，這是兩方面，利代表好處，危代表壞處。遇好處就要想該不該得，遇到壞處就要想是不是該拚命，不能一看壞處就逃。「久要」的「要」代表約，就是非常窮困。這一生都要講一些理想，但是經過長期窮困之後，還能堅持嗎？這三點做到，孔子說，也可以算是現在所謂的「成人」，也就是理想的人了。

【第210講】

本講要介紹的是《論語・憲問第十四》第十三章。這一章的內容是：

子問公叔文子於公明賈曰：「信乎，夫子不言，不笑，不取乎？」公明賈對曰：「以告者過也。夫子時然後言，人不厭其言；樂然後笑，人不厭其笑；義然後取，人不厭其取。」子曰：「其然，豈其然乎？」

孔子向公明賈問到公叔文子這個人，他說：「公叔先生平常不說話，不笑，也不拿取財物，這是真的嗎？」公明賈回答說：「這是傳話的人說得誇張了。公叔先生在適當的時候才說話，別人不討厭他說話；真正高興了才笑，別人不討厭他笑；應該拿取的財物他才拿取，別人不討厭他拿取。」孔子聽了之後就說：「你說得好，但是真有你說的那麼好嗎？」

這段話很有趣。孔子到了衛國，要與衛國很多大夫接觸，這時就會聽到一些傳言，說公叔文子這個人修養非常高，不輕易說話，不苟言笑，同時更難得的是，他也不貪財。孔子就請教公明賈說：公叔先生眞是這樣子嗎?公明賈就說：傳話的人說得太誇張了，但他後面的解釋更誇張，簡直把公叔文子捧上天了。他說，公叔先生在適當的時候才說話，所以別人不討厭他說話。注意「時」這個字，它經常出現，都指適當的時候。比如「學而時習之」的「時」，千萬不要理解爲「時常」，它也是指「適當的時候」。一個人在該說話時說話，別人便不會感到討厭。有些人說話很麻煩，不該他說他也說，該他說他卻不說了，同時他說話不看別人的臉色。孔子批評過這樣的人。適時發言很重要，我教書久了之後對學生已經有相當的理解，因此很少規勸學生。都已經上了大學，勸告他會有用嗎？眞的不知道。他如果願意聽老師的話，小學老師、中學老師，哪一個老師沒教他孝順，哪一個老師沒教他行善避惡？所以要知道，說話有適當的時機，對孩子越早教越好，那個時機一錯過，將來你要花加倍的力氣才能再讓他走上正路。

第二點，他眞正高興了才笑，別人不討厭他笑。注意，這裡都會強調別人不討厭。比如你看到一個人笑不覺得討厭，代表他時機適當。那我們就要問了，難道有人在笑的時候，其他人會討厭嗎？當然會的，一個人中了獎大笑特笑，別人看了就生氣，他那麼得意，他中獎我沒中獎，自己太委屈了。所以不要隨便笑，得意時就要想到有人失意，否則，刺激了失意的人，恐怕令他更難過了。我們不要因爲某些外在的因素而感到得意，要內心眞正快樂了才笑，這種快樂是自然的表現，別人看到我們的快樂，也感受到這個氣氛，順著這個脈絡漸漸被感染，然後我們笑的時候別人也會樂意接受。

第三點，義然後取，更難了。我們談過見利要思義，義，就是該與不該。了解這個字，可說是了解儒家的關鍵之一。孟子講仁義禮智，第二個就是義；孔子也經常談到義，所以大家要知道何謂義？義者，宜也，適宜。但是昨天適宜的今天不見得適宜，張三這麼做適宜，李四這麼做卻不見得適宜，所謂適宜有時並不好判斷，義從「宜」到「適當性」，從「適當性」到「正當性」，想到義就要想到正當，而正當經常要配合社會規範。比如說我現在開車，綠燈亮了我開，這是義，紅燈亮了我還開，就是不義。如此一來，正當與否，也要配合外在的條件以及當時的社會規範。

孟子說過「義是人要走的路，禮是人要走的門」。要出去一定要經過門，就是禮，要有規範；走出去後該選哪條路走呢？這是義，需要與選擇配合。孟子經常提到，仁是從內而發的，義也是由內而發，但還要配合外在的判斷。當時和他辯論的人認爲，仁是由內而發，義是由外而來。孟子卻認爲雖然義要配合外在的情況判斷，但不能忽略，它還是要由內而發，也就是要有眞誠的情感，見到老師應該鞠躬，我鞠躬，但沒有眞誠的情感，那不叫做正當。正因爲義也是由內而發，所以該得的才去得，別人不會討厭你得那麼多。

這三點是公明賈進一步解釋這位公叔大夫的特色。孔子聽了之後當然很感動，他也知道很不容易做到這三點。所以他說，你說得好，但接著又說，眞有像你說的那麼好嗎？很多時候傳言會有一些失眞，因爲那個人恐怕人緣不錯，大家都希望說他好話，尤其像我們當學生的，有時候有人問起我的老師，我一定都說老師的好話，否則，我爲什麼要追隨這位老師呢？我若是說我老師不好，我不是更差了嗎？有各種關係可能導致傳言失眞，比如公明賈有可能是公叔文子提拔的。所以我們聽了別人的評論後，還要親自觀察，看看實際的作爲。只聽別人講，未必可靠。比如我們有時候對自己的家鄉，離開一段時間後，所回憶的都是經過過濾的、美好的。有些話聽來很有趣。一位英國作家說，如果一個英國人不曾離開過英國，他就不認識眞正的英國，離開英國之後與別國對照比較，才知道自己國家的特色何在。另一位荷蘭人說，我回到荷蘭才知道什麼是眞正的荷蘭，因爲現實的荷蘭沒有想像中的那麼好。我們說「少小離家老大回」，回去了，就發現與小時候不太一樣了。我們對自己的家鄉都有一個憧憬，眞正的故鄉在自己心中，永遠不會褪色。人與人相處也是一樣。

【第211講】

本講要介紹的是《論語．憲問第十四》第十六章。這一章很有趣，我們看看原文。

子路曰：「桓公殺公子糾，召忽死之，管仲不死。」曰：「未仁乎？」子曰：「桓公九合諸侯，不以兵車，管仲之力也。如其仁，如其仁！」

子路說：「齊桓公殺了公子糾，召忽為此而自殺，管仲卻仍然活著。」接著又說：「這樣不能算是合乎行仁的要求了吧？」孔子說：「齊桓公多次主持諸侯會盟，使天下沒有戰爭，都是管仲努力促成的。這就是他的行仁表現，這就是他的行仁表現！」

整部《論語》中只有六個人被孔子稱讚說合乎行仁。管仲之外的五個人下場都很淒慘、很辛苦，比如將來會看到〈微子篇〉第十八：「微子去之，箕子爲之奴，比干諫而死。」孔子說，商朝末年有三位仁者，微子是商紂的哥哥，他離開了朝廷，因爲商紂橫行霸道；箕子是商紂的叔叔，只好假裝發瘋，才保全性命，後來被關了起來；比干也是商紂的叔叔，被剖心而死。孔子說，這是商朝末年三位仁者。另外兩位時代也差不多，就是伯夷、叔齊，他們勸周武王不要革命，武王革命成功之後他們就不再吃周朝的食物，活活餓死。《論語》裡面五個人行仁，我們看了都覺得害怕，行仁難道眞要那麼慘嗎？幸好還有第六位，就是管仲。

管仲是一個具爭議性的人物，齊國到了齊僖公時代，他有好幾個兒子，接他位置的是齊襄公。襄公無道，胡作非為，被一個名叫無知的人殺了，國人又把無知殺了，齊國大亂。這時候兩個公子逃到國外，一個是公子小白，另一個是公子糾。大家都知道，這兩個公子將來一定有一個回來當國君，而另外一個恐怕下場就很慘了，因為一國不能有兩個國君，尤其在競爭這個位置的時候，手段恐怕都是非常殘酷的。所以國內有識之士紛紛表態選擇投靠的對象，以確保自己的將來。管仲和鮑叔牙是好朋友，管仲當時就有投資觀念，知道雞蛋不能放在同一個籃子裡面。他對鮑叔牙說，我們兩個人要分兩邊跟從，一定有一邊贏、一邊輸，記得到時候贏的一定要救輸的。管仲跟著公子糾；鮑叔牙人比較老實，糊裡糊塗跟了公子小白，結果跟對了。公子小白就是後來的齊桓公。後來這兩邊還打過仗，管仲曾經一箭射中公子小白的帶鉤。帶鉤就像男生皮帶上的銅環，故宮博物院裡面還可以看到。一箭射中帶鉤，如果再往上幾寸，或往下幾寸，就沒有齊桓公了。所以公子小白痛恨管仲，發誓將來一定要對這個差點射死自己的人報仇。後來公子小白回到齊國，成為齊桓公，準備要任用鮑叔牙為相。鮑叔牙說，請問你只想當齊國的國君還是想當天下的霸主？齊桓公說，當然想當天下霸主了。鮑叔牙說，那只有一個人可以幫你，就是管仲。齊桓公說，管仲是我的仇人，怎麼可以讓他為相呢？鮑叔牙說，你大人要有大量，他是齊國的人才啊。這時候管仲和公子糾、召忽這些人都在魯國。因為魯國國勢一向比齊國要弱，齊桓公上來之後魯國當然怕得罪他了，就把公子糾、管仲這一批人全部關起來，聽候發落。齊桓公說，我那個兄弟你們看著辦，魯國就殺了公子糾。齊桓公想當霸主，也想用管仲，但他不放心，對鮑叔牙說，你知不知道管仲以前做官的時候貪污？鮑叔牙說，他家裡有老母親，所以只好貪污了。齊桓公又說，你知道管仲以前打仗的時候臨陣脫逃，打了一半往回跑嗎？鮑叔牙說，他家裡有老母親，所以只好保全性命。他拚命幫管仲講話。齊桓公很了不起，決定重用管仲，但是不能明講要用管仲為相，因為魯國人一旦知道眞相，一定會擔心管仲將來報復。齊桓公很聰明，就說，管仲是我的仇人，我要親手殺他。魯國一聽，很合理，齊桓公被射中帶鉤這件事大家都知道，就把管仲捆綁起來，送回齊國。管仲一進齊國邊境，桓公立刻拜他爲相，稱爲仲父。仲父是什麼意思呢？第一，他叫管仲，底下加一個父，代表父執輩；第二，仲父代表叔父，這麼稱呼就表示以後都聽管仲的話。後來齊桓公果然稱霸。這是管仲的背景。

很多人，尤其像子路這麼講義氣的人，就認爲管仲太差勁了，桓公殺公子糾，召忽是和管仲一起服侍公子糾的，召忽自殺了，管仲卻沒有死，這種人不能算行仁吧。孔子說，桓公九合諸侯，因爲齊國國力強大，其他各國都願意聽他的話，所以他九次組織開大會，讓各國的諸侯都來會商，大家不要打仗。其實不只有九次，總共有十一次。「不以兵車」這幾個字最爲關鍵，不用軍隊、不用武力，而可以達到目的，這都是管仲努力的結果。換句話說，齊桓公能夠稱霸天下，是靠管仲用外交手段避免戰爭，透過協約的方式來維持安定。所以孔子說，這就是管仲的行仁表現。管仲是齊國宰相，本來只負責照顧齊國百姓，現在透過外交手段避免戰爭，照顧了天下百姓，所以管仲的功勞難以想像。這就是孔子的觀點。如果不從這個角度看，還記得嗎？孔子前面還批評過管仲這個人氣量太小，又不知節儉，同時又不懂得禮儀，說明管仲的私德、個人的操守實在是不太合格。齊桓公有三處公館，他也要弄三個公館，然後裡面的工作人員又不兼差，換句話說，三套人馬服務我一個人。他每一次回一個公館，另外兩個公館的人員就自動休假，多麼奢侈浪費。可見管仲的問題很多，但是孔子肯定他。看一個人要看大節，不能老盯著小地方，否則就沒法做大事了。所以當子路覺得不能接受管仲這樣的做法，認爲他不仁時，孔子卻替管仲辯護。管仲已經死了上百年，孔子也不是齊國人，爲什麼要替管仲辯護呢？孔子有他整套的人性論，如果發生戰爭的話，死傷的大都是年輕人，管仲讓戰爭沒有發生，這個功勞是孔子知道的。孔子也是一個歷史學家，他不求全責備，對一個人的判斷是著眼於我們所說的「善」，才可看得比較清楚。

【第212講】

本講要介紹的是《論語・憲問第十四》第十七章。這一章與上一章主題相同，原文是：

子貢曰：「管仲非仁者與？桓公殺公子糾，不能死，又相之。」子曰：「管仲相桓公，霸諸侯，一匡天下，民到於今受其賜。微管仲，吾其被髮左衽矣。豈若匹夫匹婦之為諒也，自經於溝瀆而莫之知也！」

子貢說：「管仲不算行仁的人吧？桓公殺了公子糾，他不但沒有以身殉難，還去輔佐桓公。」孔子說：「管仲輔佐桓公，稱霸諸侯，一舉而使天下得到匡正，百姓到今天還在承受他的恩惠。如果沒有管仲，我們可能已經淪為夷狄，披頭散髮，穿著左邊開口的衣襟。他難道應該像堅守小信的平凡人一樣，在山溝中自殺，死了還沒有人知道嗎！」

這是孔子又一次為管仲辯護，而這一次提問的人是子貢。子貢的學問、口才當然在子路之上。子路只說管仲有問題，召忽跟著公子糾，公子糾死了，召忽自殺，管仲沒死；子貢加了一句，管仲還去給桓公當宰相，幫對手的忙，這樣不能算是行仁吧？管仲自己怎麼想的呢？在《管子・大匡篇》裡說：如果要我管仲死，必須在「社稷破、宗廟滅、祭祀絕」的情況下。今天國家社稷並沒有破，祖先的宗廟並沒有滅，祭祀也還在繼續，我是齊國的大臣，憑什麼因為我跟錯了領袖，失敗了我就得跟著犧牲？我是齊國人，要為齊國所用啊！管仲的意思是如果國家滅亡我絕不苟且偷生，但是國家現在還在，新的國君上來，我們再好好替他服務吧，爲的是造福百姓啊。

子貢提出問題後，孔子說，管仲輔佐桓公，稱霸諸侯，「一匡天下」，即一舉而使天下得到匡正。「民到於今受其賜」，這個「民」沒有特意說是齊國人，而是指天下的百姓，他們到現在還受著齊桓公、管仲的恩惠。因爲沒打仗，避開了很多戰爭。他說，「微管仲」，微就是沒有，如果沒有管仲，我們就要「被髮左衽」了。被髮左衽，是用來描寫當時夷狄的情況。中原各國男子到了二十歲加冠，頭髮就束起來，看起來很規矩；夷狄則披散頭髮，因爲他們大部分是遊牧民族，騎馬打仗，要他們把衣冠都弄整齊，不太方便。中原人士的衣服是右邊開口，而少數民族的衣服則是左邊開口，其實這只不過是當時穿服裝的習慣，左右開口沒有太大關係，也不必做優劣比較。因爲中原各國互相征戰，到最後自己把自己的力量打散了，外邊的東夷西戎南蠻北狄(中原各國以前都肯定自己文化的優越性，就把東南西北稱做夷、蠻、戎、狄)，他們打過來我們擋不住，一直到秦朝、漢朝，匈奴還是很厲害。匈奴以前就是北狄。後來還有西戎，也不斷造成各種邊境問題。外面這幾個部落會打仗，所以中原各國不團結，這個文化有什麼用呢？孔子說，如果沒有管仲，恐怕我們這些百姓經過這一兩百年下來，早就被異族統治了。

孔子說的事情並沒有發生，我們不能因此就說管仲沒有用，歷史上就需要像管仲這樣的人。我們學儒家應該記得，要從大局來判斷一個人。爲什麼我常常提到孔子、孟子了不起呢？因爲他們判斷人的時候，就從大局著想。我曾經提過像顏淵這樣的人在《論語》裡常常出現，是孔子最好的學生，德行第一，好學唯一。但是顏淵成就了什麼？活到四十歲就不幸短命死了。孟子怎麼還他公道呢？孟子說，禹和稷和顏回，如果交換處境，他們的表現是相同的。禹是治理洪水的，稷是周朝的祖先后稷，是教老百姓種田的。這兩個人都是古時候了不起的人物。但孟子把顏回和禹稷並列，各位想想看，顏回地下有知，也許會痛哭流涕，感念孟子是眞正的知音。

如果我們沒有把握生命來成就自己，前半生為什麼要念書，為什麼要修養？念書也好，修養也好，假如來不及服務社會就結束生命，那不是浪費了嗎？事實上，人格的價值不在於成就了什麼，而在於如何度過這一生。這也是為什麼孔子會說，「朝聞道，夕死可矣」，人生最重要的是轉到正確的方向，至於能做幾件好事，就要看機緣；能成就什麼偉業，也要看機會。很多人沒有機會，生不逢時，但他照樣能夠像孔子說的，理解了道，那麼任何時候犧牲都無所謂。我的心思念茲在茲，所想的都是人生的正道，整個人的價值可以完全呈現。人的生命有屬於生物的一面，稱為生物性，需要吃、需要喝；但是也有屬於人的特別的部分，所謂五行之秀、天地之靈，我們稱作人的神性的部分。西方更直接說人有獸性，也有神性。尼采說，人是懸在空中的繩索，一邊是生物，一邊是超人，要走過去就代表要超越自己，要克服、擺脫各種低層次的欲望，如生物性的欲望、現實的各種利益，超越它們之後生命就往上提升，這樣才能夠完成一個人生命的意義。否則，請問人為什麼活著？如果人活著只為了吃飽喝足、傳宗接代、繼續教育孩子，這樣的活著可以肯定生命的特殊價值嗎？所以，活著一定要能夠覺悟到，自己的生命自己負責。

我們看到孔子再次替管仲強烈辯護，認為他能夠通過外交手段避免戰爭，這樣就造福全體中國人了。要管仲像一般老百姓，堅持小的信用，然後在山溝裡自殺，死了別人還不知道他是誰？還是希望管仲活著，替齊桓公做事，讓天下安定？所以談儒家時，要記得不是泛道德主義，儒家的道德從來不能離開事功，一個人對社會沒有任何服務與貢獻，憑什麼說自己是一個道德圓滿的人？善是不能離開自己與別人之間互動的關係的。從這兩章對於管仲的辯護，我們再次看到孔子基本的價值觀，以及他對人性的理解。

【第213講】

本講要介紹的是《論語・憲問第十四》第二十一章。原文是：

陳成子弒簡公。孔子沐浴而朝，告於哀公曰：「陳恒弒其君，請討之。」公曰：「告夫三子。」孔子曰：「以吾從大夫之後，不敢不告也。君曰：『告夫三子者！』」之三子告，不可。孔子曰：「以吾從大夫之後，不敢不告也。」

陳成子殺了齊簡公。孔子齋戒沐浴之後，上朝向魯哀公報告：「陳成殺了他的君主，請您出兵討伐。」哀公說：「你去向三卿報告吧。」孔子退了下來說：「因為我曾擔任大夫，不敢不來報告呀。君主卻對我說，去向三卿報告吧。」孔子去向三卿報告，但是他的建議沒有得到採納，孔子說：「因為我曾擔任大夫，不敢不來報告呀」。

這一章的背景相當複雜。首先，陳成子就是陳恒，也稱爲田恒(古代陳與田是同一個姓)，他殺了齊簡公。記得前面談過齊國與魯國建國之初的情形，當初周朝封建時，魯國由周公的後代管轄，齊國爲姜太公的後代。周公與姜太公是國家大老，兩個人聊天談到治理國家，周公說，「尊尊親親」，尊敬值得尊敬的人，親近有親戚關係的人。姜太公說，魯國從此弱矣。「尊尊親親」所用的親戚朋友不見得是人才，所以魯國只能維持衰弱的局面。周公反問姜太公，姜太公說，「舉賢而上功」——把優秀人才推出來，誰有功勞就用誰。周公便說，齊國後世必有劫殺之君。現在陳成子弒齊君，就是現實的證據。魯國的確比較弱，但畢竟比較忠厚，不會出現弒君的事，當然其中也發生過三家大夫把國君趕走的事，但還不至於眞的下殺手。但齊國不同，陳氏在齊國是大族，勢力一向很大，出了很多大將軍。他們善於收買人心，在饑荒出現時，百姓向他們借米，他們借米給百姓用的斗特別大，比公家的斗大一倍；百姓還米的時候，用公家的斗。結果百姓等於是賺了一倍。大家都讚美陳氏，所以他起來造反殺了國君，百姓也沒有什麼意見，因爲當時的國君非常昏庸。

孔子那時候已經七十一歲，在魯國當國家顧問。他知道這件事之後，便齋戒沐浴，穿上整齊的服裝上朝，向魯哀公報告說，陳成殺他的國君，請您出兵討伐。爲什麼呢？因爲從管仲開始，各國有協約，任何一國有人弒君，其他各國就要組聯軍來主持正義。到了春秋末期，大家自顧不暇，誰還理會這個約定呢？魯哀公自己也沒有那麼大的兵力，他在魯國只有四分之一的力量，所以他對孔子說，去向三位正卿報告吧。三位正卿就是孟氏、叔氏、季氏。孔子覺得委屈，他說我曾經當過大夫，有責任奉勸國君按照共同約定的國際公約做事，因此向國君報告說，您可以出兵討伐，並且號召其他各國組成聯軍，對付那個弒君的壞人。魯哀公沒有這個實力，只好讓孔子去向三卿報告。孔子向三卿報告。這三卿覺得莫名其妙，我們魯國的內政都管不完，你怎麼還叫我們去管齊國的內亂。三卿就說，不行，我們不出兵。因爲軍權在他們手上，孔子沒有辦法，只好感歎說，因爲我曾經當過大夫，不敢不來報告。明知道一件事情是錯的，也知道自己沒有能力去改變，那還要不要說呢？有人描述孔子是「知其不可而爲之者」，這就是一個證據。難道他不知道魯君和三位大夫不會出兵討伐陳氏嗎？他當然知道。但是若不報告，會覺得自己有虧職守，報告了沒有結果，那是另一回事，總之他要盡自己的責任。

從這件事可以看到，讀書人應該有他的風骨，有他的責任，這是很好的傳統。但是從漢代以後，眞正的讀書人已經不多了，往往爲了個人的功名利祿就和權力妥協，所以到後來，在專制統治之下的讀書人便很委屈。到了明朝末期，讀書人上朝，如果和皇上意見不同，觸怒了皇上，嚴重的就要廷杖。廷杖就是當廷拖出去打屁股。當時很多人都知道朝廷昏庸，一個有學問、有品德、有聲望的大臣被打了之後，回到家鄉反而受到歡迎。大家都說，他被打了，說明他是忠臣。有個大臣被打得太嚴重了，被人抬回家後，就把打爛的肉弄成臘肉，掛起來，好像準備當做傳家之寶。被打得越兇，代表越是忠臣，社會風氣如此，國家還有什麼希望呢？在孔子的時代大概不至於如此，但是眞的去表達與統治者不同的意見，他不見得會放過你。孔子因爲七十一歲了，是國之大老，魯哀公這位比較年輕的國君，對他還是很敬重的。魯國的三家大夫，也知道孔子是個人才。但他們同樣知道，照孔子的辦法推行仁政，首先就要約束自己，要過儉樸的生活，那我何必當國君？何必當領導者呢？所以中國的傳統有一個很大的遺憾，自古以來的聖君，如堯舜禹湯等，都非常刻苦，後代君王則一心想要享受。如果明知要生活刻苦，想必很多人會拒絕當國君。這說明很多人雖然身居重要地位，像負責國政的魯君，其實是極端沒有志氣的。一個人地位高常是因爲運氣好，能當魯君不是因爲偉大，而是因爲正好生在帝王之家。我們不要太重視血統，又不是要賽馬，何必講血統呢？孔子有談什麼血統嗎？孟子有談什麼血統嗎？人要靠自己，這才是儒家思想的眞諦。

【第214講】

本講要介紹的是《論語・憲問第十四》第二十三章以及第二十四章，這兩章比較短，可以合在一起討論。

第二十三章說：

子曰：「君子上達，小人下達。」

孔子說：「君子不斷上進，實踐道義；小人放縱欲望，追求利益。」

這段話不好解釋，因爲上達、下達是兩個方向，上達是往哪裡？如果是指做官往上升，那下達呢？哪裡有人是越來越往下走的？所以它不是指官位，也不是指其他方面，而是指君子的心思往上提升，小人則往下計較。還是道義與利益之分，君子所明白的是義，小人所明白的是利，前面已經說過了。這裡我們就要了解，人的生命是怎麼一回事。

我在一個朋友家裡看到一副對聯，上聯寫「學如逆水行舟不進則退」，學習與逆水行舟相同，爲什麼說不進則退呢？一方面別人還在進步，我們不進步相對的就是在退步了。就好像我們坐在火車上，火車明明停著，怎麼像在動呢？因爲旁邊的火車往前開了，我們就覺得自己坐的火車好像是在向後退了。其次，如果沒有進步，前面所學的也不見得能夠應用，恐怕學到一個階段就跟不上了。這是一個非常具體的比喻。下聯寫「心如脫韁野馬易放難收」。我們的心像脫韁野馬一樣很容易放的，但是不容易收回來。一般學生最喜歡放暑假、放寒假，而老師呢？最擔心放暑假、放寒假。學生放假回來之後，如脫韁野馬一樣，以前學的不知道跑到哪裡去了。所以很多學校一開學先收心，嚴格做幾個測驗，讓學生警惕起來。有一次有位讀者登報投訴，說兒子上了大學，才念了三個月，放寒假回家，每天不到中午十二點絕不起床。兒子對她說，大學生都是這樣子。這當然是唬弄母親的話。中學的時代準備考試很緊張，每天雞還沒叫就起來了，努力念書，看起來眞是有爲的青年。父母看到小孩這麼用功，也眞是開心。但這種情況不會維持太久，一旦上了大學之後便鬆懈了。我們的教育經常是小時候上緊發條，不能輸在起跑點上，然後呢，發條慢慢鬆了，上了大學之後便跟不上了。因爲缺乏激發奮鬥的意志。人的生命與能力是有限的，除非有特別強的動機，否則太早全力去拚，往後便無以爲繼。所以我比較贊成循序漸進，越來越高。比如一個學生想念碩士班，我就看他四年的成績，如果第一年八十，第二年八十五，接著第三年九十，第四年九十五，代表這個學生一路往上走，那非收不可；另一個學生第一年九十五，第二年九十，第三年再往下走……他們兩個最後的平均分數是一樣的，我當然選第一個學生。

人生就是一個抉擇的過程，端看自己想要什麼。「君子上達」，他的目標是上。孔子說過自己「下學而上達」。下學是什麼意思呢？是說功夫要做得紮實，學習的時候不能離開生活經驗；講上達，比較偏重志向，就是學習的東西都非常實在，把基礎打好，而理解的程度越來越高，往上提升。也有人說，孔子「四十而不惑」就是下學，了解人生各種事情和道理；「五十而知天命」，天命是從天而來的一種命令，知天命當然是上達了。我四十歲的時候了解人間所有的事情，比如事物之間的因果關係。假設一個人得到別人肯定，他一定以前做過好事，他如果被人家批評，一定是以前有虧欠的地方，這其實並不複雜。如果有人問我，他爲什麼人緣不好？我會告訴他：先檢討自己的個性有什麼問題，而不要先問爲什麼別人對你不好。有人問我到了四十幾歲的時候有沒有迷惑，其實我當老師很久了，人生也沒有什麼特別的迷惑，自己學哲學，你要從哪一派來看都可以講個道理出來，連生死都可以大概知道。教書的時候經常會有學生提問題，我非常歡迎。這等於是測試一下，看我是否眞的不惑。但是我們回答問題有很多技巧，通常能夠回答問題的就是提出問題的人。孔子教學生也一樣，他說有一個鄉下人很誠懇地問我問題，我「叩其兩端而竭焉」，我告訴他如果這樣做有什麼結果，那樣做有什麼結果，兩端我都幫他推敲完畢，他就知道答案在哪裡了。這是四十而不惑。那「五十而知天命」呢？請問，我一生這麼努力是爲了什麼？有誰能給我一個答案？努力的人不見得一定出頭，尤其是不見得一定會有社會成就，顏淵就是個例子。那麼請問，我爲什麼還要努力呢？這就是上達，越往上去問，最後就問到天了。屈原那麼委屈，他就問天，寫了〈天問〉。人類有很多問題不能解決，就要問到最後、最終極，上天給我這樣的一生，這個命運是我該得的嗎？爲什麼我的遭遇就這麼不幸呢？如果我還有理想，要向誰交代呢？孔子五十而知天命，代表他向天交代。他後來的「六十而順」，就是順天命的時候，曾經有兩次碰到危險，他都把天抬出來，說，「天之未喪斯文也，匡人其如予何」？「天生德於予，桓魋其如予何」？換句話說，天如果給我這樣的使命，你們不能對我怎麼樣。這種話說出來其實沒有什麼用的，別人要殺還是照殺。但說明別人怎麼做是別人的事，我自己還是要盡力而爲。顏淵如果早一點去算命，知道自己只能活四十歲，還會這麼認眞修德、好學嗎？答案是：照樣會的。活多少年不是我的問題，我就是要過我該過的生活，就算知道明天生命要結束，還是要把今天的事情做好。這是儒家的立場。

所以，「君子上達，小人下達」，可以理解爲，君子一定要追求生命的最後依據，小人就一直往下墮落了。

再看第二十四章。原文是：

子曰：「古之學者爲己，今之學者爲人。」

孔子說：「古代的學者認真修養自己，現代的學者一心想要炫耀。」

孔子說的今，是指他那個時代，他沒有想到我們今天的情況更嚴重了。孔子把自己所處的時代當做現代，商朝是古代、周初是古代，孔子認爲在商朝、在周初的學者，學習是爲了修養自己。而孔子的時代很多人念書是爲了出來炫耀，今天更是每下愈況，更嚴重了。這個時候我們就要問：應該怎麼辦？我們有時候會覺得出來介紹這些思想，有社會需求嗎？不管怎樣，首先要提醒自己，要努力做到。比如我介紹《論語》，我如果自己不相信這些，不去實踐這些，爲什麼要講呢？我絕不敢說自己做到了，但至少有個努力方向，這樣我才敢開口。換句話說，我做學問是爲自己也是爲別人，如果光爲自己的話，那心裡會想，何必浪費時間，浪費力氣去教別人呢，自己受用就好了。但儒家的思想不容許你只自己受用，因爲它所說的善是就我與別人之間的關係而言。

【第215講】

本講要介紹的是《論語．憲問第十四》第二十五章。原文是這樣的：

蘧伯玉使人於孔子。孔子與之坐而問焉，曰：「夫子何為？」對曰：「夫子欲寡其過而未能也。」使者出，子曰：「使乎！使乎！」

蘧伯玉派人向孔子問候。孔子請他坐下談話，並問他說：「蘧先生近來做些什麼？」他回答說：「蘧先生想要減少過錯，卻還沒有辦法做到。」這位使者離開後，孔子說：「好一位使者，好一位使者。」

蘧伯玉是孔子的老朋友，孔子後來到衛國就住在他家裡。古時候判斷一個大夫好不好，就要看什麼人來到這個國家住他家裡，如果此人是好的學者，代表他這個人有好的朋友；同時也要看他到別國之後住在誰的家裡。蘧伯玉是衛國一位很好的大夫。孔子曾經說他，國家上軌道就出來做官，國家不上軌道就卷而懷之。這說明他懂得應變。可見蘧伯玉是一位了不起的人才。這次因為有事便派人到魯國去請見孔子，就記下了這段對話。

孔子請這位使者坐下來談話，當然要談蘧先生最近過得怎麼樣。「使者對曰」，這說明使者一定還年輕，地位比較低，才用「對曰」，這是古時候的規矩。這個人就向孔子報告，說蘧先生想要減少自己的過錯，卻還沒有辦法做到。一般人都會想，這算什麼使者，哪裡有使者這樣報告的呢？一般人多半會談具體狀況，最近是不是又升官了，身體如何等。而蘧伯玉派來的人居然這樣回答——這肯定是蘧伯玉的意思，使者不可能自作主張——他說我們蘧老先生毛病很多，他想要減少卻還沒成功。說明蘧伯玉眞的是這樣做，而讓他的使者去向孔子報告。這說明，人實在是不可能沒有過錯，因爲過錯來自於性格類別，像孔子說的，每一個人的過失「各於其黨」，黨就是性格類別。什麼性格的人就犯什麼過失，你這一生只能努力慢慢減少。蘧伯玉就是這樣的人。

《莊子》也曾多次提到蘧伯玉，他說，蘧伯玉年紀到了五十而五十化，到了六十而六十化。莊子喜歡用「化」這個字，意思是說蘧伯玉到幾歲就變化到幾歲的樣子。莊子的理解很正確，從這裡可以看得出來，一個人不斷改善過失的話，他就不斷變化。我們也提過《易經．革卦》中「大人虎變」、「君子豹變」、「小人革面」的話，小人只是革面，心沒有改，所以叫小人。像蘧伯玉這樣的人是很有代表性的，孔子就直接說他是一個君子，「君子哉蘧伯玉」。我們有時候看到一個人說，三年不見了，近況如何？他回答，老樣子。有些人說，我數十年如一日。事實上，變化是正常的，我們講《易經》的「易」就是變化，宇宙裡面哪裡有不變的東西呢？但是不能只有身體的變化，又變老了、又變胖了，這些變化並不重要，眞正重要的變化是有沒有改善過失。

我以前有個同事很有意思，他當教授每週上課大約八小時，兩天就把課上完了，另外五天都放假，所以教授如果不用功的話，可能變成很無聊。而他當教授，在家裡面念書，電話響了他不接，他太太說，我正在廚房忙，怎麼電話響了你不接呢？他說，你不知道我在上班嗎？他把每天八小時念書當做他的上班。我與那位教授雖然不熟，聽了這話也蠻感動的，他把念書當做上班一樣，每天八小時去念，太難了。我當研究生念博士的時候，每天念書十二小時，只有多沒有少，但是當老師以後，每天要念書四小時都不容易呀，都要抓時間。我開始教書的時候，立志當老師要比學生更用功，這很難做到，學生每天念書十幾個小時，我怎麼比他們更用功呢？但至少可以拿這個作爲目標，提醒自己每天要念書。當然，念多少書、做多少學問，那是專業的問題，一般人不見得做學問，但是修養自己改善過錯卻是普遍的要求，不能說我上班好累，憑什麼叫我改善過錯？我們有些同事上班二三十年，毛病一樣沒改，變成他的風格了，大家都知道他什麼時候會大叫一聲，什麼時候會生氣，說話說到一個程度，大家都知道不能再講了，再講要吵架了。年輕的時候脾氣不好，我們都知道需要修養，怎麼過了二三十年都快退休了還是完全一樣？這樣的人只能說很可惜，生命裡浪費了很多重要的部分。所以，人可以從事不同的行業，但是對於自我修養沒有逃避的藉口。這是普遍的要求，也是儒家的理想。只有不斷修養自己，才會感覺到生命是一種力量，叫做「天行健，君子以自強不息」。解釋《易經》的《易傳》講到〈乾卦〉這句話的時候說，你看到天體，太陽、月亮、星星，剛健不已，不斷運行，我們該如何效法呢？自強不息。有人說，我每天慢跑，多麼有恆，這叫「自強不息」。也有人說，我每天讀書，很有恆心，這是「自強不息」。《易經》所說的自強不息並不是指這些，所指的是「日進於德」，每天修養德行，因爲只有這方面是可以做一輩子的。如果自強不息是指每天慢跑，能跑到八十歲嗎？如果是指每天念書，等老花眼加青光眼時，眼睛都看不到了，還念什麼書？但是修養德行是一輩子的事，只要活著就要繼續做。儒家思想就是把握了這個重點。

從這段資料可以看到，孔子和他的老朋友蘧伯玉，他們之間的來往眞是標準的君子之交淡若水，大家交往的時候都是問：最近改善了沒有，過失少了沒有？有這樣的朋友就像有了一面鏡子，促使我們一直改善自己，不能落後，落後了之後將來就沒有話題可談了。

【第216講】

《論語・憲問第十四》第二十六章、第二十七章。

第二十六章原文是：

子曰：「不在其位，不謀其政。」曾子曰：「君子思不出其位。」

孔子說：「不是擔任某一職位，就不去設想那一職位的業務。」曾子說：「君子的思慮以他自己的職位為範圍。」

從不同的位置看一件事情，得到的結果是不同的。今天很多人說，有些人換了位置就換了腦袋，他原來在比較低的位置，總認爲高層沒做好，等他自己到高的位置之後才發現，他原來想的太天眞了，他也沒辦法做好。別人就說，你以前不是老批評別人沒做好嗎？怎麼今天你自己做了還是一樣？事實上，到了不同的位置，所見的材料也不同。比如我們今天書生論政，說國家應該如何如何，哪一天到那個位置的時候才發現千頭萬緒，很多事情不是我們想的那麼容易。當初只看到某一方面可以改變，沒想到這一方面改變，牽一髮而動全身，如果沒有全盤掌握眞的不知道事情之複雜。像這樣的情況是可以理解的，尤其是國家越大，情況越是如此。所以孔子說「不在其位，不謀其政」，你去做你該做的事，你不在那個位置上，多說無益。

後來孟子說，天下有道，老百姓不會隨便議論。而在孟子生活的戰國時代中期，到處都有議論，各種說法都出來了，認爲國家應該如何如何，讓人無所適從。比如有一個國家叫滕國，國君滕文公也是孟子的朋友，在《孟子》裡面就有〈滕文公篇〉。滕文公是一個很好心的人，聽了孟子的話想行仁政。結果一個農家的代表人物許行，帶著一批弟子幾十個人到了滕國，說：聽說你滕國要行仁政，我特地帶我的弟子們來這邊支持你。滕文公就給他劃了塊地，讓他們自己蓋房子，自己過日子。後來有一個儒者，看到這些農家大家一起耕田，一起吃飯，儘量過簡單的生活，做得不錯，就改投到農家的門下。孟子對他有意見，他們就開始辯論。這個人就說了，滕文公雖然不錯，但是他還是有倉庫，說明他收老百姓的稅收，收了之後囤積資源，他自己可以享受。因爲農家主張農業爲主，每一個人都要耕田才能生活，老百姓每天耕田，而國君沒有耕田，卻有倉庫、有各種資源、糧食，那不是剝削嗎？孟子覺得他這種想法太天眞了，問道，許行他燒飯用的鍋自己做的嗎？不是吧。學生說，他忙著種田，沒時間造鍋子啊。那別人花時間造鍋子不能種田就錯了嗎？如果只有種田是對的，那你種田之外生活所需，都需要各行各業的幫忙，但是各行各業並沒有種田啊。所以農家很狹隘，把焦點放在最重要的民生上面，認爲你要種田才有飯吃。如果大家都這樣做的話，社會就不可能發展，只有各人做各人的行業，產品互相交換之後，才能夠分工越來越精細越來越進步。農家連這個道理都沒弄清楚，所以根本不是孟子的對手。今天讓你換到上面位置去，假設能當國君，請問，你還是每天耕田嗎？那如何去處理國家大事呢？萬一旱災怎麼辦？爲了預防，你就要先蓋水庫；萬一水災怎麼辦？你要疏導。這怎麼可能是一個農夫能做到的事呢？要蓋水庫，很多農夫就不當農夫，當工人去了，最後不能說這些工人沒有種田不能吃飯。人家會反問，種田沒水，怎麼收成呢？所以，爲什麼「不在其位不謀其政」，實在是因爲不同位置看到的資料、所看的範圍不同了。孔子的話沒有錯。

曾子也講了一句，意思是君子的考慮不超出他的職權範圍。爲什麼我們特別講這一章？因爲曾子這段話和《易經》裡面艮卦的〈象傳〉所說的幾乎一樣。什麼是艮卦？艮是兩座山，遇到山就要停止，所以你該停止就停止，思考事情的時候不要超出自己的範圍，別人自然有別人該想的問題。很多時候我們喜歡替別人出主意，所以孟子說過一句話，叫做「人之患在好為人師」，人們的毛病就是喜歡當別人的老師。假設今天有個鄰居說我們家屋頂破了，怎麼辦呢？那保證四面八方的人都來建議，說要這樣做、這樣改、這樣修，找哪一家、找誰，結果好像是大家都懂，就是那個家裡有問題的人不懂。事實上，等你自己出了問題的時候，你反而六神無主，又需要別人給你建議。其實我們一直強調，自己的問題只有自己才能解決，即使拜在孔子門下，但不能夠自我修養、自我反省，孔子也無能為力。

我們講「不在其位不謀其政」，講「君子思不出其位」，大家至少對自己的事可以負責。不要怕限制，沒有限制就不會集中力量針對目標去努力，沒有限制就顯不出價值。假設攻讀博士沒有限制，任何人都可以念，那就沒有什麼價值了，正因為現實中只有少數人有機會，才說明他適合讀書，適合繼續深造。同樣的，成年之後想要學鋼琴，隨便彈幾個音自我娛樂也是可以的，但想要彈到像郎朗一樣，那怎麼可能？他三歲就開始彈了，所以每一個人都要知道自己的分寸，在能力範圍之內做好自己的事。

接下來是第二十七章，它的原文很短：

子曰：「君子恥其言而過其行。」

孔子說：「君子認為自己如果說得多而做得少，是一件可恥的事。」

我們經常引用有關「恥」的論述，是因為它可以代表儒家思想的特色。我們現在有機會碰到有西方文化背景的人，和他談到文化差異，就會提到西方人有罪惡感，中國人有羞恥感，這是很簡單的差別。我說的話超過我的行爲，就是我有很多事還沒做到就拚命說，這是可恥的。我年輕的時候也有這個毛病，很喜歡講我要如何如何，結果常做不到。應該要把理想放在心中，儘量謹愼，說話說得少，做事做得多，先做再說；如果先說再做，就不能打折扣，也沒有退路了。

這兩段合起來的話，就可以看到，一個人眞是要先了解自己，知道自己的處境與責任何在，然後認眞地過實際的生活，不要好高騖遠。

【第217講】

本講要介紹的是《論語·憲問第十四》第二十八章。這一章的內容我們應該很熟悉了。

子曰：「君子道者三，我無能焉：仁者不憂，知者不惑，勇者不懼。」子貢曰：「夫子自道也。」

孔子說：「君子所嚮往的三種境界我還沒有辦法達到。行仁的人不憂慮，明智的人不迷惑，勇敢的人不懼怕。」子貢說：「這是老師對自己的描述呀。」

本章特別提到的是君子。前面已有許多篇章講到有關君子的內容，這一次又把君子與這三個特徵聯繫起來。這三個特徵在《中庸》裡面稱做「三達德」。《中庸》提出「五達道」與「三達德」，五達道就是讓一個人可以走得通的五條光明大道，指父子、夫婦、君臣、朋友、兄弟這五倫；三達德，是智、仁、勇，君子所表現的風格或境界的三方面。德代表方法，也代表我們修練的心得。順序和本章原文不同，原文是仁者、智者、勇者。

談到生命的修練，人有身、心、靈(也稱作精神)三個層次，身是身體，它是必要的，每天要吃飽喝足，好好運動，好好休息；關鍵在於心，我的心思、我的念頭、我的理智都屬於心，它的表現是三方面，知、情、意。所以孔子講「君子道者三」，所扣緊的也是可以通過何種方式來修練，目的是要從身體、心智到精神的層面，以達到完美的境界。所以人要把修練的重心放在心智上。早上起床，開始一天的生活，只要可以看，可以聽，可以學習，可以思考，我就是個正常人。這個時候要修練什麼呢？第一是知，是要達到智者，能夠不惑。就心理學角度來看，知分三個層次：第一個是資訊，第二個是知識，第三個是智慧。打開報紙一看都是資訊，講的內容也不見得都可靠，尤其上網一看很多謠言，這時就要有專業的知識，把很多混亂的資訊構成一個系統。知識的特色在於有系統地了解某一方面的東西，但是它是有分工的，學農的不見得懂工，學工的不見得懂文，學法律的不見得懂醫，它是分別的，各有各的知識，合不起來。但是我們非要加以整合不可，因爲我們是一個完整的人。這就牽涉到智慧，從資訊到知識到智慧，就要提煉一些東西出來。楊振寧先生是有名的物理學家，三十五歲獲得諾貝爾物理學獎，他在《自傳》說自己從三十歲以後做人處事全靠《孟子》。他的專業是物理學，但不能靠物理學做人處世，《孟子》裡面講的是人生的智慧，要靠孟子這種儒家的哲學做人處世。在求知時如何能稱爲「智者不惑」呢？一個人學物理學恐怕對於文學很迷惑，學文學恐怕對於醫學很迷惑，人都有不同的專長也相對的有很多迷惑，而學習儒家的思想重點不在於資訊，不在於孔子說過哪些話，它是千錘百鍊，已經不再是知識，它並沒有告訴我們具體生活的某一方面的技能、專業的技術，它給予我們的是智慧。各行各業的專家，各行各業的學者，擁有各種不同的知識，都可以學習儒家，因爲它會轉化爲智慧。智者不惑，代表遇到生活上的各種挑戰都不會困惑，因爲懂得儒家的思想，知道該如何抉擇。

第二、仁者不憂。這裡要講到情緒、情感、情操三個詞。人人都有情緒和情感，一時之間被引發的稱爲情緒，情緒很容易衝動，情感比較穩定。比如我們對父母的情感，那不是情緒；我們說同窗之誼，同鄉之誼，也屬於情感。再有就是情操，即我這一生的操守，什麼是我的風格。仁者不憂，便是指情操。提到仁者，我們會想到孔子說過的「仁者愛人」，但是不要忘記孔子說過的另一句話，「唯仁者能好人能惡人」，他所愛的是好人，他也能厭惡壞人。若只說仁者愛人，那如何對待壞人？難道仁者也去愛嗎？那就變成道家的老子了，不分好壞都去愛。那是不同的學說，老子的主張，儒家並不贊同。

第三個講到勇者，這與意志有關。我們平常比較少談意志，仔細閱讀《論語》就會發現，有些人意志堅定——「三君可奪帥也，匹夫不可奪志也」，這意志多堅定！一旦打定主意，打死不退，天下人都拿他沒有辦法。孔子的意思是：即使一個普通老百姓，也沒有人可以把他的志向奪走。決心要達到他至死不悔的決定，得有堅強的意志。所以意志和勇敢有關，因爲堅持的時候會有各種阻礙，各種反對的力量，這時就需要勇敢。

所以儒家講智、仁、勇三達德，若用今天最新的心理學理論去相互對照，發現也可以絲絲入扣，一一對應。所以爲什麼儒家的思想那麼重要，因爲學會了之後（不是學會一兩句話，而是學會整個的觀念），讓我們除了有身體之外，心智的運作（每天都要想一些事），情感的互動（每天都要和別人互動），面對每天都要做的一些選擇，可以確知方向何在。

【第218講】

本講要介紹的是《論語・憲問第十四》第二十九章。這一章的內容是：

子貢方人。子曰：「賜也賢乎哉？夫我則不暇。」

子貢評論別人的優劣。孔子說：「賜已經很傑出了嗎？要是我就沒有這麼空閒。」

這段話的背景很清楚，子貢口才太好了，很聰明。聰明人會覺得最難忍受的就是愚笨，因爲他自己很聰明，無法體會別人的痛苦。我這樣講是因爲我自己以前數學不好，請教老師時，老師再三講解我也想不通。數學好的同學就覺得這個人怎麼那麼笨呢？其實數學這種學問，基礎很重要，因爲它是有延續性的，基礎沒有打好，後面根本就掌握不了。像子貢這樣的學生，一定常常認爲別人提的很多問題都已經被他掌握。方人的「方」，就是比較。子貢喜歡評論別人，甚至連孔子也被子貢批評過，他說我們老師也沒什麼了不起，只是博學多聞，記憶力不錯。孔子知道後便表示自己的學問可不是零零碎碎的，而是「一以貫之」的。子貢這位學生喜歡評論別人，被孔子知道了。孔子也沒辦法去禁止他，只是提醒說，子貢你已經很傑出了嗎？要是我就沒有那麼空閒。批評別人需要時間，總是在研究別人的缺點，再就是聽別人講誰的閒話，太空閒了吧？再怎麼無聊也不需要做這種事。像孔子這樣的人，每天學習不厭倦，書是念不完的；他還要教書，加上他中間還做過官，年輕的時候做過基層的工作，所以他是沒有時間老和別人比較的。子貢這個學生有時間去觀察別人、評論別人，等於是犯了年輕人常有的毛病，因爲年輕人往往很有理想，眼高於頂，總覺得這些在上位的人好像都不夠完美，各方面都有限制。但別忘了每個人都曾年輕過，我們將來年長後就一定比他們好嗎？不一定。所以年輕人要特別注意一個問題，有理想固然很好，但是理想主義旁邊常常住著虛無主義。這是兩個極端。有些有理想的人，經過一再的挫折打擊，就突然覺得人生根本毫無意義，活著沒什麼意思，再努力也一樣不會有結果的，這就是虛無主義。虛無主義者覺得做好、做壞都無所謂，反正最後會結束。這種語調非常消極，而這樣的人往往是以前最積極的熱血青年。

我們今天談到年輕人，像子貢，批評別人當然代表他有很高的標準，但自己做得到嗎？儒家的希望是要求自己儘量嚴格，標準可以高一點，要求別人儘量寬鬆，因爲別人有別人的苦衷。我有時候看到學生作弊，常常想，他是不是有他的苦衷呢？可是作弊實在是一件不能原諒的事。有些人覺得我大概很會教孩子吧？其實我只教一件事，從她小學第一天入學的時候，就對她說念書考試絕對不要作弊。小孩子很聰明，她才七歲不到，就問我：那考不好，你會不會罵我呢？那麼小的孩子都知道作弊可以考得好一點，說明這是普遍的觀念，我眞是很難過。我說我絕不罵你。我和女兒的約法只有一章，不要作弊。我教書教了幾十年，知道作弊對年輕人傷害最大。一個人作弊之後，會覺得自己做了一件不合乎標準的事，怕別人發現，拿到分數之後也覺得慚愧，這不是我該得的分數。這樣的人還算好的，至少知道慚愧，作弊成了習慣之後就沒感覺了，認爲每個人都一樣。那就糟糕了，將來進入社會之後一有機會不就貪贓枉法嗎？所以我們要了解，一開頭就不能放鬆。

所以，對自我的要求、自我的檢討，是我們一定要掌握的。我們對自己的了解有多少呢？西方當代心理學家幫助別人時，一定問一個問題：你心理上有困難，你覺得不快樂，請問你了解自己嗎？你了解自己什麼情況會快樂，什麼情況會煩惱，你知道自己這一生要追求什麼嗎？如果你這些都不知道，卻說有煩惱，那實在沒有必要。就好像慧可禪師去拜見達摩祖師，一開口就說：求大師爲我安心。大師眞是了不起，馬上說：把心拿來，我替你安。慧可說：我找不到我的心。大師說：我已經替你安完心了。什麼意思？天下本無事，庸人自擾之。常覺得很煩，誰在煩？我在煩。連我都沒有了，那誰在煩呢？就沒有煩了。這是佛教的教義，從根本上把這個「我」字去掉，我本身並不存在，它是各種條件合成的、因緣合成的，把它抓太緊便稱爲執著，那樣不是自尋煩惱嗎？把我當做很多人之一，我這樣做，我有這種願望，別人也會有，我做這件事，別人做那件事，各自取其所好，爲什麼我要比別人突出呢？所以先認識自己，找到自己的路，這是最重要的。所以孔子說，我就沒有這麼空閒了。因爲我要忙於自我了解，同時自我反省、自我改善。

但是我們必須承認，子貢仍是很好的學生，後來老師要他與顏淵比較，他說我差太遠了，顏淵聞一知十，我只聞一知二。孔子過世以後，能讓孔子的名聲傳遍各國，主要是子貢的功勞。因爲子貢後來在魯國做了大官，貢獻很大，而他的口才又特別好，學問也不錯，他和各國人物來往時，毫無保留地推崇老師，所以孔子的名聲能夠四處傳播，子貢功不可沒。他在年輕時儘管有各種毛病，但經過老師的指點後能夠不斷地學習、不斷地改善。等老師走了之後，他更發現自己的老師確實偉大。現在孔子墳前有一間小屋子，前面石碑上面刻著「子貢廬墓處」，子貢在這兒爲老師守墓。別的同學守三年，子貢守了兩個三年。我們將來看到關於三年之喪時，再解釋大概的情況。

【第219講】

本講要介紹的是《論語・憲問第十四》第三十一章。這一章的原文是：

子曰：「不逆詐，不億不信，抑亦先覺者，是賢乎！」

孔子說：「不先懷疑別人將會欺騙，也不猜測別人將會失信，但是又能及早發覺這些狀況，這樣的人真是傑出呀！」

《論語》念了好多遍之後，我才發現這段話的重要性，把這段話學會了，一輩子都不會上當。「逆」是預先，「詐」就是詐欺，不預先去懷疑別人將會欺騙我，比如一個朋友向我借錢，朋友有通財之義，我正好手頭比較寬鬆，就借吧，我不會先懷疑他會欺騙；也不猜測別人將會失信。又能及早發覺這些狀況，這點最難。一般而言都是事後發覺，已經發生了，損失慘重，所以我現在多半不願意和朋友有任何金錢上的來往。對我來說，這些也是學習了解人生，我知道別人可能有困難，也許有不得已的苦衷，誰願意被人家一天到晚指責騙錢呢？當然也有些人毫不在乎，讓我們來探討騙子的心態，爲什麼這麼多人會打詐騙電話呢？因爲騙子有個邏輯，他們心裡想，如果你終究會被騙，與其被別人騙不如被我騙，所以詐騙電話就出現了。但是我們怎麼可能這樣猜想一個朋友呢？既然稱爲朋友就一定有些交情。孔子爲什麼講這段話？他一定也有過一些經驗，比如車子借給別人，別人開到別國去不還了；或者別人希望什麼事情要同他合作，到最後失信，他也無從追究。想必孔子累積很多負面的經驗，然後才說「能及早發覺」太難了，這樣的人太傑出了。說明一般人都和我一樣，無法及早發覺。古代社會與今天的社會其實很多地方類似，我自己有過多次的受騙經驗之後，對這段話就感覺特別親切。

「不逆詐，不億不信，抑亦先覺者」，我們常常講先知先覺，誰能做到呢？我認爲自己學習儒家在許多方面算是很早知道的了，絕不是因爲有國學熱才開始念《論語》的，我在十年以前就把《論語》解讀全部寫成了，也一直在教這門課。我先知先覺的不是國學熱，而是對儒家的愛好。一個人把《論語》仔細念一遍，再想想看，這是誰講的話，他爲什麼這樣講，講得對不對。不要有什麼偏見，不要說自己喜不喜歡孔子，當然也不要理解錯誤，就自然會有許多心得。很多年輕人不喜歡孔子，是因爲《論語》第一句話就讓他們傷心了。學生對我說：老師，孔子太不了解我們學生了，他居然說，「學而時習之不亦說乎」；他把這句話理解爲，孔子說：學了之後時常複習不也高興嗎？而實際上我們學了以後要時常複習與考試，苦不堪言，所以孔子太不了解我們了。我年輕的時候也一樣，我說《論語》改一個字，我們就喜歡孔子了。假設今天翻開一本《論語》，上面寫著，「子曰：學而時習之不亦苦乎」，同學們就會覺得，這個孔子很了解我！但是孔子說的學而時習之的時，不是「時常」的意思，現在許多翻譯本還是把「時習之」講成「時常去複習」，其實孔子說的時，是指「適當的時候」，這個字一定要掌握住，否則太冤枉孔子了。儒家講「時」非常用心，比如《易經》裡面有《易傳》，《易傳》特別強調兩個字，一個是時，一個是位。《易經》的時就是時機。易是變化，變化的時候要看時機。六十四卦裡面有十二個卦特別強調時機，這是很高的比例，別的概念很少重複那麼多次。什麼是位呢？就是位置。在不同位置，就要知道它的吉凶不同，同樣一個卦裡面有好有壞，就好像我們同在一個單位工作也有好有壞，關鍵要看位置在哪裡。有的是位置在高的地方好，但太高的話也不好，高處不勝寒，像乾卦上九「亢龍有悔」，龍飛得太高，已經有所懊惱。所以我們可以知道，要做到像孔子說的眞是不容易，要累積很多生活經驗，多去了解人生的失意狀況。我現在和朋友來往的心態是別人一有困難，大的忙我幫不起，小的忙還可以，幫的時候不去想他要不要還的問題，他有困難，我就算是急難救助中心，幫了就算了。我這幾年學儒家也學道家，在實踐的過程裡面有很多心得，其中之一是不管做了多少事，不管做得好不好，轉頭就忘。比如我今天上課上得很開心，轉頭就忘了，上過課嗎？忘記了。人要活在當下。等一下休息的時候，我只是想，可以好好輕鬆一下了。上課的時候我就不想別的事，如果我現在想什麼時候可以讓我休息吃飯，馬上就分心了，就沒辦法專心講課了。要練習轉頭就忘，忘記過去的事，高興的與不愉快的都忘記。有的朋友看到我就跑，因爲還沒還債。但是我看到他很高興，因爲我忘記這件事情了。但他心裡記得，說明他也知道自己不對。那他爲什麼還這樣呢？他恐怕有困難。我常常想，我們活在世界上還能夠幫別人忙，還能偶爾受騙，也是很幸運的，至少比騙人的人要幸運多了。

我這樣講是有哲學根據的，根據誰呢？希臘時代的蘇格拉底。蘇格拉底說過一句話，假設你可以做一個加害者，也可以做一個受害者，你選哪一個？蘇格拉底選擇第二種，要做受害者。因爲加害別人叫做行惡、做壞事，受害者一定是被惡行所傷害，我寧可做個受害者，不要做個加害者，比如下雨天我到餐廳吃飯，雨很大，我把傘放在門口，出來一看傘不見了，那怎麼辦呢？我拿別人的傘嗎？我心裡想，我拿別人的傘，別人問的話，我就把自己當做是拿我傘的人，A等於B，B等於C，過去了。可以這樣做嗎？如果我的傘被人拿走，我也拿其他人的傘，那我與拿我傘的人有什麼差別？所以，我就想，算了，再買一把吧，我就不用爲這些事情煩惱了。君子要不惑、不憂、不懼，至少不憂與這點有關，多了解自己便沒有什麼可憂愁的。

【第220講】

《論語．憲問第十四》第三十二章。這一章的內容是：

微生畝謂孔子曰：「丘何爲是栖栖者與？無乃爲佞乎？」孔子曰：「非敢爲佞也，疾固也。」

微生畝對孔子說：「你這樣子修飾威儀是為了什麼？該不是為了討好別人吧？」孔子說：「我不敢想要討好別人，只是厭惡固陋而已。」

我們平常講的「栖栖遑遑」與這裡的用法不完全一樣。孔子周遊列國到處奔走，這一國跑完跑下一國，席不暇暖，很辛苦的，叫做「栖栖遑遑」。很多人說，「栖栖」在這裡爲什麼不翻譯成「到處奔走」，卻把它翻譯爲「修飾威儀」呢？因爲栖栖本來就不只一種解釋，這就要看上下文了。微生畝這個人一定是孔子的同輩，才會直接叫他丘，如果不是認識的老朋友怎麼會直接叫名字呢？都要稱夫子或子。微生畝直接說，你這樣子修飾威儀是爲了什麼？該不會是爲了討好別人吧。佞，本來是指很會說話，討好別人。我們現在請問，到處奔走與討好別人有什麼關係？不太容易說得通。但是修飾威儀和討好別人就比較有關係了。孔子周遊列國，有好幾輛馬車，孔子在中間，學生前前後後都有，浩浩蕩蕩。孟子提到，孔子在周遊列國的時候出疆必載質，也就是離開一個國家的邊界一定帶著一隻雉。雉就是野雞，古代可以作爲見面禮，孔子準備去見另外一個國家的國君。這是修飾威儀還是栖栖遑遑？栖栖遑遑就像逃難一樣，哪裡有心思去找見面禮呢？而且微生畝說，你這樣子栖栖該不是爲了討好別人吧？那麼，栖栖與討好別人一定要連得上，否則的話，你說栖栖是到處奔走討好別人，這不太能說得通。孔子說我不敢想要討好別人，只是厭惡固陋而已。說明修飾威儀就不會固陋。奢則不遜，儉則固，固陋代表節儉才會固陋。孔子說，我討厭固陋而完全不講禮儀的人。我們是念書人，周遊列國的時候希望有機會做官，當然要有一個讀書人的身份，表現一定的規格，所以我修飾威儀去見任何一國的國君，人家也會比較重視，認爲這個人不是來討飯吃的，他有他的本事，也有他的主張。所以把栖栖翻譯成修飾威儀，這樣才能符合別人的質疑。儒家講究文質彬彬，不能只有質沒有文，這樣理解的話就比較清楚了。

我們這樣講到底有什麼用意呢？一方面想了解孔子，因爲在《論語》裡面像這樣的話很少出現，雙方意見不同，有些爭執。微生畝是誰？在《論語》裡面姓微生的有兩個人，這裡出現的是微生畝，以前出現過一個叫微生高的，他們也許是同一個人，但我們沒有把握，還是看做兩個人吧。還記得微生高嗎？孔子說，誰說這個人很直爽呢？有人向他借醋，他跟鄰居借來再給人家。說明微生高有一個很直爽的名聲，孔子不以爲然。別人跟他借醋，他家裡沒有就說沒有，這叫做直爽，想借的人可以去向別人借，去感謝別人；他叫人家等一下，再向鄰居借醋，讓人家感謝他，這是慷他人之慨，爲什麼貪圖別人的感謝呢？所以孔子公開說微生高不能算是直爽。當然就拿借醋這件小事情去發揮，有點小題大作了。微生畝恐怕是微生高的堂兄弟或是親兄弟，他可能知道老哥(或老弟)被孔子說成是沒有那麼直爽，結果看到孔子和他的學生們周遊列國，穿得很整齊，馬車裝備都不錯，就批評他了，你這是不是想要討好別人啊？他也知道孔子很討厭佞，佞就是口才善巧。像孔子的學生仲弓，別人說仲弓這個學生能夠行仁但是口才不好，孔子說什麼？他能不能行仁我不知道，但是和別人相處何必需要口才善巧？口才越好的人越容易得罪別人。這一段是有這樣的背景，我們把它連在一起。

談到周遊列國，孟子後來場面更大。因爲孟子那個時代，各國諸侯在爭霸的時候，要主動表示請天下有本事的讀書人來，叫做卑禮厚幣。卑禮就是說我國君謙卑，用非常禮貌的態度對待你；厚幣就是用很厚的獎賞，別人給你多少我加倍，待遇很高，以這種方式吸引人才。所以孟子周遊列國時，後面跟著幾十輛車，從者數百人，有人甚至質疑他「傳食於諸侯」。什麼是傳食呢？這家吃完吃那家，那家吃完吃下一家。這樣不是太過分了嗎？相比起來，孔子周遊列國有些狼狽，將來看到〈微子篇〉第十八你會發現，老師和學生走散，子路餓得沒飯吃，別人請他吃頓飯，感激得很。孔子和孟子，他們的目標是一樣的，但是不同的時代有不同的要求，作為儒家基本的規格還是要的，禮儀教化還是要的，這不能少，也不能打折扣，各種設備、裝備不能沒有，否則便缺乏威儀，沒有威儀卻希望別人重用我，那不容易做到。微生畝把這種修飾威儀當做討好別人，其實孔子是討厭固陋。還記得以前說過「學則不固」嗎？多方學習就不會流於固陋，見多識廣，對許多事情就看得開，見解通達。學習儒家思想，是希望我們通過學習能夠明白很多道理，任何事情都不用大驚小怪，都有個道理可以說。

【第221講】

本講要介紹的是《論語・憲問第十四》第三十四章。原文是：

或曰：「以德報怨，何如？」子曰：「何以報德？以直報怨，以德報德。」

有人說：「以恩惠來回應怨恨，這樣如何？」孔子說：「那麼要以什麼來回應恩惠呢？應該以正直來回應怨恨，以恩惠來回應恩惠。」

從這段話可以看出儒家與道家的不同。

或，就是有人，他一定是聽到有些隱居的屬於道家學派的人強調以德報怨，所以提出這個問題。以德報怨出現在《老子》第六十三章，叫做「大小多少，報怨以德」。老子說人間很多事情，有的大、有的小、有的多、有的少，你何必計較呢？別人對你不好，讓你感覺到怨恨，你要用德來回應他。因爲以德報怨，別人的怨才會完全化解，老子也說過，「和大怨必有餘怨」，大的怨恨化解之後會有剩下的怨恨。比如我與你有長期的仇恨，和解之後餘怒未消。我只有對你加倍的好，讓你覺得，既然這樣就算了吧，已經矯枉過正了，就一筆勾銷吧。但是，一個人若對不起我，我還是原諒他，甚至反而對他更好，就有可能變成姑息養奸，使他變得更壞了。這個時候儒家就提出他的原則，孔子不認爲以德報怨是好的，他說，你以德報怨的話，何以報德呢？我以前就遇到過一位老師，我們對他非常好，他對我們也很好，但是另外有幾個學生經常對他很沒禮貌，在背後也批評他，他也知道，他對這些學生就是以德報怨，也像對我們這些好學生一樣的好。我們幾個學生就不太高興了，我們對老師那麼好，老師對我們很好，他們幾個對老師這麼壞，老師對他們也很好，那我們為什麼要對老師好呢？因為對一個人好是要努力的。我費心費力費金錢照顧你，另外一個人呢，到處去說你的不是，你對他像對我一樣的好，那請問我為什麼要做好人，繼續做好事呢？請你給我一個理由。如果問孔子，孔子會說這個老師做的也不對。應該以直報怨。直代表真誠而正直。你騙我錢，該訴諸法律就訴諸法律，或者我要讓你知道你錯了，你要正式說明你怎麼還，並且道歉。這是以直報怨。若以德報怨，別人騙你錢你還安慰他鼓勵他。

我真的做過這種事。朋友向我借錢，到最後他承認是騙的，好了，經過調解（儘量不要上法院），我就對他說，你有錢再還，不要著急。調解人都很感動，說我們專門替別人調解有關借錢糾紛的，第一次看到這麼有禮貌的，果然是一個教授。但是我苦不堪言，心裡想我已經沒有了裡子，不能再沒有面子。你讓我一個教書的人同別人大吵大鬧，摔桌子、摔椅子說拿錢來，這個做不出來啊。別人不能以為我是以德報怨，我希望以直抱怨。然後，要以德報德。誰對我好，我對他好，天經地義，這個社會才能夠走上正路。

我們要問，為什麼老子要講以德報怨呢？因為老子是道家，我們如果想懂道家就要大概知道一下，它和儒家有什麼不同。道家的道代表整體，眼光比儒家看得更寬，它看的不是只有人的世界。比如我們人類，像孔子是人文主義，家裡馬廄失火燒了，一個工人、一個傭人被火燒傷，孔子都不能接受，他不在乎有沒有馬被燒死，這說明人比較重要，人與人是平等的；但是動物呢？像馬、就算是熊貓好了，再怎麼貴重也不能和人相提並論。這是儒家。道家說，你為什麼一定要把人看得這麼重要呢？人也是萬物之一，你應該開闊你的心胸眼光，把萬物當做人一樣來加以欣賞、加以珍惜。這是道家。所以道家很強調萬物都從道而來，最後又回歸於道。道代表整體，講整體的話就不要在乎恩恩怨怨。法國有一句諺語說，了解一切就會寬容一切。請問，一個人為什麼對你不好？他有他的遭遇，他從小是個孤兒被人家欺負，有多不幸你知道嗎？他不認爲對別人好會有用，他不對別人兇別人便對他兇。他有這樣的背景，你了解之後，就不忍心責怪他了。誰喜歡被別人責怪呢？但是也不能因爲這樣就認爲殺人放火的都有理由了，造反有理。美國的律師喜歡替犯人辯護，說做壞事實在不能怪他，是這個社會太壞了，害他從小無家可歸，然後在黑社會裡面混，他不殺人，別人就殺他，所以他今天殺人不能怪他。難道和他一樣背景的人都是殺人犯嗎？太離譜了吧。有部印度電影《貧民窟的百萬富翁》，兩兄弟都是窮困得不得了，哥哥誤入歧途了，弟弟卻努力上進。兄弟倆的背景很接近，爲什麼有這麼大的差別呢？關鍵還在於自己。

道家強調整體，從整體來看的話，德與怨是相對的，別人如果對我不好，我對他還是很好，因爲我知道他有他的苦衷，他有他的理由。在整個道裡面，其實我也沒什麼損失，因爲我所得到的一切也是從外面賺來的。比如一個人向我借錢不還，而我的錢也是賺來的，來來去去，生不帶來死不帶去，這八個字一講就不用計較了。在整體裡面你計較什麼呢？

我們學儒家經常會設身處地，就是換位思考。我常常想，如果我是他，我恐怕做得比他還差；如果他是我，他肯定做得比我還好。我們沒有向別人借錢是因爲我們比較幸運，當然也有自己的努力；但是別人不見得不努力，只是他沒有好的條件，或者沒有碰到好的機緣，所以就一籌莫展。如果我是他說不定情況更糟呢。從道家的角度來看，明明是別人對不起我，但我得到的一切也是我生下來之後才慢慢得到的，那我何必認爲這些非屬於我不可呢？自己用不完讓別人用，這也沒什麼不對呀！這樣一想就不同了。我們要記得，儒家是人文主義，如果不堅持正義，不堅持眞誠，人的社會就會混亂；最終有些人做了壞事沒有受到任何教訓，他不知改善，這是對他生命的浪費。儒家在這一點上是不能夠接受的，任何一個人做壞事，我以直報怨是希望他覺悟，希望他可以走上正路。

老子與孔子說法不同，並無孰是孰非，因爲他們有不同的思想系統，主張自然相同。

【第222講】

本講要介紹的是《論語・憲問第十四》第三十五章。這一章特別值得我們注意。它的原文是：

子曰：「莫我知也夫！」子貢曰：「何爲其莫知子也？」子曰：「不怨天，不尤人，下學而上達，知我者其天乎！」

孔子說：「沒有人了解我啊！」子貢說：「為什麼沒有人了解老師呢？」孔子說：「不怨恨天、不責備人，廣泛學習世間的知識，進而領悟深奧的道理，了解我的大概只有天吧！」

孔子有三千弟子，精通六藝者七十二人，這麼多的學生居然讓孔子感歎沒有人了解他。我們要問，是孔子的思想太複雜深奧，還是同學們太不用功呢？孔子的教材是以《詩》、《書》、《禮》、《樂》、《易》爲主。同學們學會之後可以設法去做官。但孔子不止是一個教書匠，他和一般大學(古時候也有大學，貴族子弟去念的)的老師是完全不同的，他是一位哲學家。作爲哲學家，以西方標準來說，有三個特色：

第一，有自己一套新的概念，可以用來面對、解釋所發現的眞實的世界。因爲一般的概念別人在用，用久了之後失去解釋力了。我們平常講話都已經是隨俗從眾了，說出來的話和實際的現實情況對照起來有差距了。所以哲學家需要發明一套新的概念。而孔子學說的核心是「仁」，而學生沒有人知道何謂仁。孔子如果不講「仁」字，他的學說有什麼重點呢？

第二個特色是設定判準的標準。有些人是小人，有些人是君子，這標準是孔子定的。他定的時候參考的因素是立不立志，志向對不對，有沒有一直往上提升。

第三個特色是建構系統。只要是哲學家一定有完整的系統。孔子曾經說過「吾道一以貫之」，這是最好的證據，說明他有一個中心思想連貫起來成爲系統。不同於一般的學者，這個念一點、那個念一點，不然就是成爲某一學科的專家，全世界懂他的學問的人屈指可數。

孔子這樣一位大哲學家，他了解的是人類生命的特色，只要是人，依照孔子的指導去做就沒錯。但他教書的時候不能談這些，只能談學生所需要的具體的知識與能力，讓他們有機會去做官。加上學生裡面只有顏淵既好學又有德行，他有可能了解孔子，但是比孔子還早過世。所以孔子說「莫我知也夫」，這幾個字眞是很深的感傷。我年輕的時候讀到這裡沒有特別感覺，覺得不過又是一章。我們記得的是「下學而上達」，或者是「不怨天不尤人」。有時候我們開玩笑說，他才說完「不怨天不尤人」，後面又說只有天了解我吧，這不是在抱怨嗎？後來年紀大了才知道，「莫我知也夫」眞是讓人傷感，有時候幾乎都要替孔子掉淚了。還好，一百多年之後孟子了解他。

當時子貢在他身邊，子貢是夠聰明的，就問，爲什麼沒有人了解老師？孔子說，我不去怨恨天也不去責怪人。奇怪，這和是否了解你並沒有什麼直接的關係啊。孔子並沒有說別人不了解我，因爲我有什麼樣的思想，他只說沒有人了解我，但是我不怨恨天，也不責怪人。「下學而上達」——我先了解人間所有的事情，然後往上到深刻的程度。人的生命其實很簡單，和萬物有什麼差別呢？有出生就有結束，頂多活個一百多歲，然後這一生過去了，留下子孫面對同樣的問題。自古以來哪一個人不是如此？多少人是糊里糊塗過一生，很多人碰到戰亂，莫名其妙就過世了。請問怎麼樣讓這一生有意義呢？

孔子對這樣的問題有他全盤的理解。他最後說了一句，知道我的只有天吧，說明他和天之間有一種相互的溝通。我們可以對照孔子說的「五十而知天命」。他了解天命，這個天命不只是孔子個人的天命。天爲什麼要讓人類出現呢？如果沒有人類，宇宙也有它生態的平衡，沒有什麼問題的，恐龍該出來還是出來了，別的動物該起來就起來了。沒有什麼善惡是非的問題，純粹是物競天擇適者生存的規則。人類出來之後問題就大了，就有如何安身立命的問題。孔子有他一套完整的思想，但當時的人不了解。一般人只注意到眼前的生活，或者近期的目標。那樣所取的典範就是兩個字：富貴。我這一生只要得到富或貴，誰不說我成功？相反的，如果我落到貧賤的地步，誰又看得起我？如此，人的價值就變成在外不在內，因爲得到富貴與陷入貧賤，有時候不是看有沒有努力，也不是看有沒有德行。像顏淵，這麼有德行，這麼努力，還是處在貧賤的位置。所以在這種情況下，孔子說，了解我的只有天吧。他還是很有信心，相信天了解他，他這樣做不是白費力氣。

孔子提出對人的一種新的理解，即人的價值在內不在外。外面是看我的天時地利人和，時也、運也、命也；但是內在的價值，古今中外是普遍的、公平的，就看自己能不能振作起來。人格的平等不是在外的，在外從來沒有平等過。一樣身高嗎？一樣聰明嗎？不可能的。人類都自由嗎？西方學者盧梭說：人類生而自由，但到處都是枷鎖。這些枷鎖很多是外面別人所加的，這個社會從古到今什麼時候讓一個人完全自由呢？若讓人完全自由，做任何事便會只爲了自己的利益，這種自由只會給別人帶來傷害。等我們年紀大了、衰老了，別人同樣傷害我們。所以孔子的理想爲什麼是「老者安之、朋友信之、少者懷之」？老者、少者都是弱勢群體，一個社會有沒有文明，就看這些弱勢團體能否受到照顧。誰不曾經過幼年時代、誰將來不會變老呢？所以孔子的志向一看就知道很不平凡，他這樣一種思想是人類歷史上很少見的。古今中外，要找出這樣的思想，屈指可數。越是往古代上溯，階級、地位的區分越明顯，甚至是個奴隸社會，大多數人都是奴隸，中國如此，西方也一樣。後來慢慢到了封建社會，貴族出現，一般老百姓還是被統治。請問誰能給人類一個共同的目標，不要計較富貴或貧賤，而純粹從人格的角度上肯定人人平等？每個人都有責任讓自己走向完美，從向善到擇善到止於至善，孔子有這樣的學說和理想，卻沒有人了解他。這是他的損失嗎？是沒有理解他的人，當時的人的損失。後代如果還是不理解孔子，則是後代的損失。所以我們對於這段話要特別用心思考，知道孔子有他的委屈。而我們今天要讓他的委屈逐漸化解掉，從自己開始，讓孔子的理想可以在我們每一個人身上得到實現的機會。

【第223講】

《論語・憲問第十四》第三十六章，這一章的內容是：

公伯寮愬子路於季孫。子服景伯以告，曰：「夫子固有惑志於公伯寮，吾力猶能肆諸市朝。」子曰：「道之將行也與，命也；道之將廢也與，命也。公伯寮其如命何！」

公伯寮在季孫面前誹謗子路。子服景伯告訴孔子這件事，說：「季卿的想法已經被公伯寮所迷惑了，不過現在我還有能力對付他，讓他的屍首在街頭示眾。」孔子說：「政治理想果真實現的話，那是命運在決定；政治理想最終幻滅的話，那也是命運在決定。公伯寮怎麼能左右命運呢？」

這段話的背景應該是子路在季氏家族開始要受到重用，這時有人進讒言，說子路的壞話。魯國有三家，孟氏、叔氏、季氏，代代相傳，這些家族的子孫，又稱爲孟孫、叔孫、季孫。子服景伯因爲聽到有人對子路有意見，便好意向孔子報告，說季氏已經被迷惑了，我現在還有一點兵力，可以把進讒言的公伯寮殺了。肆諸市朝，就是把他的屍首放在街上讓別人看到。如果孔子同意把他殺了，這樣子路就有機會繼續做官，那必然釀成黨派之爭，此非孔子的作爲。孔子當然反對隨便殺人，所以提出「命」的觀念。孔子希望學生可以把他的想法用在實際的政治上，造福百姓。他說政治理想如果能實現，那是命在決定的。命，代表大勢所趨。古代人相信一切都來自於天，《詩經》中有「天生烝民」，烝民就是眾多百姓，都來自於天。還有「天作高山」，我們所見自然界最宏偉的高山也是天創造的。人類和大自然都來自於天，人類存在自然界中，有人擁有富貴，有人陷入貧賤，一切都要歸之於天，用一個具體的名稱，就是命。所以天與命在根源上都是以天為主，命代表遭遇。比如我們說每一個人都有命運，命運是指每個人不同的遭遇。為什麼遇到這件事，為什麼在這個時間點碰上，這就是命，換言之，不能理解而發生的事，就是命。《孟子》裡有一句話可以作為參考：「莫之為而為者，天也；莫之致而至者，命也」。沒有人知道這件事情怎麼做成的居然做成了，那是天；沒有人知道這件事情怎麼發生的居然發生了，那就稱為命。所以命是結果，就遭遇而言的；天，是就事情的運作過程來說的。講天，是將所有的一切都歸之於天；講命，是特殊的事件、某一個人的遭遇便稱為命。

本章孔子說政治理想要實現，魯國要上軌道，那是命；魯國不上軌道，那也是命。公伯寮算什麼？怎麼可能因為他一個人就左右整個命運呢？意思如果季孫氏聰明，能夠看清誰是人才，公伯寮怎麼講季孫都不會受影響；相反的，如果季孫本身沒有什麼見解，也不能分辨好人壞人，就算公伯寮不來這邊進讒言，還有很多公伯寮第二、公伯寮第三，想進讒言的人多的是。意即季孫當政，他本身如果明智，誰來說話都不受干擾，魯國自然就上軌道了。如果他很容易輕信別人的讒言，即使把這個進讒言的人殺了，一樣會有別人講讒言。所以孔子把這一切歸之於命，代表大勢所趨，不是一、二個人所能決定的，形勢比人強。對於像這樣的情況，儒家就把它理解為「命」。

我們談到命時，可以把它當做各種條件的總和。所謂天時、地利、人和，天、地、人這些不是條件嗎？像孔子這樣的人才，從任何方面觀察都可以發現，他學問這麼好、德行這麼高，有為有守、能進能退，對任何事情的判斷都那麼準確，該做就做，有人用他就出來發揮抱負，沒人用他就隱藏起來，所謂以道事君，不可則止。真是大臣風範，在不同的時代肯定會有特別的作為。但是孔子也只好說這是命。但是沒關係，就因爲這樣的限制，使孔子的生命有如河水沖刷下來，遇到大的岩石擋道，激起的浪花更加精彩，讓我們從浪花裡面看到河流是多麼強勁。

簡單說來，「命」至少有兩種：第一是無可奈何的遭遇；第二是使命。外在的遭遇不是我們可以決定的。這是什麼時代，這是什麼社會，誰來當政，誰有什麼問題，不是由我們決定的，稱爲命運，無可奈何；但是我們可以有自己的使命。孔子自述「五十而知天命」，天命就包括兩個意思：第一個是命運，這一切不是我要它發生的；第二個是使命，我知道自己要往哪裡走。命運是盲目的、無奈的、黑暗的，使命是自己選擇的、主動的、光明的。我爲了我的使命而犧牲，是殺身成仁、死得其所。比如顏淵，孔子說他「不幸短命死矣」，短命就是不幸了，誰能保證一定活得很久呢？這是命運。但是顏淵雖然年壽有限，只有短短的四十年，但煥發出多少光彩？他並沒有絢麗的社會成就，但只要提到儒家，誰能不學習顏淵呢？像他這麼貧賤卑微、這麼窮困，卻依然快樂。有多少人富貴而不能快樂呢？如果讓顏淵身處富貴，他會不會反而不快樂了？無庸置疑，他即使富貴也一樣快樂，因爲可以照顧更多人。窮則獨善其身，達則兼善天下。這是儒家的思想。

所以，有理想就好好做，能不能做成不要太執著。很多事情還是要各種條件的配合，不要以成敗論英雄，因爲成敗從來就不是英雄主要的考慮。

【第224講】

本講要介紹的是《論語・憲問第十四》第三十八章，它的原文是：

子路宿於石門。晨門曰：「奚自？」子路曰：「自孔氏。」曰：「是知其不可而爲之者與？」

子路在石門過了一夜。第二天清早入城，守門者問：「從哪裡來的？」子路說：「從孔家來的。」守門者說：「就是那位知道行不通還一定要去做的人嗎？」

這段話眞有意思。它的背景其實很簡單，就是子路回來太晚了。古時候的城門有宵禁，晚上十一點之後城門關了，不讓人通行。因爲子夜時分，不關門便有引來盜賊的危險。所以十一點門一關，子路就只好在門外過夜了。第二天一大早，城門剛開他就進城，別人當然要問了：你從哪裡來的，進城要去哪裡？子路回答是從孔家來的。這個時候孔子在魯國應該是當司寇，是大夫之家，大夫相當於是部長級別，古代一個國家部長級的官員並不多，一說從孔家來，守門的人就知道了。

古代守海關的、守關卡的人，確實比較見多識廣，如果沒有這些守關的人，誰留下老子的《道德經》呢？當然這是一個傳說。老子在周朝負責管理國家檔案，當圖書館館長，後來退休了，看透了許多事情，就騎青牛出函谷關。守關的人攔住他說，知道你是有學問的人，把你的智慧留下來吧。所以老子就寫下《老子》五千言。當然，這做爲趣談是可以的，《老子》這本書怎麼可能幾天寫下來？它應該是一群人長期共同生活的智慧結晶。但是不論如何，這個故事說明道家也不是不談學問。一般人以為道家眞是太好了，儒家老是教我們念書，道家說最好不要念書，求道就好了。錯了，老子是管圖書館的，該看的書都看過了。莊子呢？在司馬遷筆下，說他是沒有書不念的，叫做「其學無所不窺」。這是道家，要了解了之後才能超越。還沒有念完書，便談超越，要超越什麼呢？

我們看到這些守關的人是不簡單的，此人對孔子的這句評論，千古以來只要說「知其不可而為之者」，便是指孔子。孔子到底是什麼樣的表現，他自己的學生也說不清楚。還記得葉公問孔子於子路嗎？子路不回答，他怕講錯了不好意思。所以孔子就教他你以後要這樣說、那樣說。現在，一個守門的人，閱人多矣，旁觀者清，他對孔子的理解是：知其不可，明明知道行不通；而為之，還是要去做。究竟動力從何而來？為什麼有這麼強的動機呢？一般人知道行不通就不做了，或者等待別的機會，或者半途而廢。孔子不同，雖行不通仍照樣做。旁人都覺得奇怪，分明行不通，天下人都知道，他為什麼還執意去做呢？因為孔子的動力在內不在外。人性向善，這個向善是我眞誠帶來的力量，不是他人給我的力量。力量來自他人，就如同氣球，不給它力量，不久便消氣了；自己有力量，則好比發電機，力量是內在的，本身可以發電。如果不是由內而發，而是別人鼓勵、給掌聲才努力奮鬥，當外來的力量消失了，就如同洩了氣的皮球，為什麼還要奮鬥呢？

孔子知其不可而為之的理由在一套完整的人性論，不是要不要選擇，而是身為一個人，就沒有第二個選擇，只有一路往前走，堅持始終行善了。與他形成有趣對照的是後世的莊子。莊子的年代和孟子一樣，是戰國時代中期，屬於梁惠王的時代。莊子說「知其不可奈何而安之若命」。意思是知道事情無可奈何，我就安心接受它，當做自己的命運。道家不主張在行不通時繼續努力，他們會繞個彎等待時機成熟了再做，事半功倍。所以道家的關鍵在於智慧，要判斷什麼時候做什麼事是時機成熟。儒家是有智慧的，智者不惑。但是一個仁者，內心的力量身不由己，非要往前走不可，雖然知道行不通，但是沒辦法停止。最後能不能做成是另一回事，往前走的奮鬥精神就足以感染天下人，讓天下人都知道做人沒有別的選擇。後來孟子就發揮得很好，他說，孔子說過「道二，仁與不仁而已」。人生的路只有兩條：一條是行仁，一條是不行仁。該選哪一條？當然是選擇第一條了。

我們談人性向善時，肯定人生只有一個方向，就是善。不能避開人群，必須身不由己地，由內而發地，眞誠地與所接觸的每一個人都建立適當的關係，這是唯一的選擇。很多時候我們會覺得生在這個時代，遇到這些人成為我的同學、同事，眞倒楣。如果能換另一個環境，和更好的人做同學、做同事，說不定自己就表現更好了。不要抱怨，就因為有這些你以為不好的同學同事，正好對你加以磨練。要感謝他們給你修養的機會。想想看，如果身邊都是好人，需要修養什麼呢？

所以很多時候，我們的家世、環境、背景不理想，反而是一個磨練的機會，讓我們精益求精，把最好的一面，人性的精彩一面不斷地表現出來。

【第225講】

本講要介紹的是《論語・憲問第十四》，第三十九章，這一章的原文是：

子擊磬於衛，有荷蕢而過孔氏之門者，曰：「有心哉，擊磬乎！」既而曰：「鄙哉，硜硜乎？莫己知也，斯已而已矣。『深則厲，淺則揭。』」子曰：「果哉！末之難矣。」

孔子留居衛國時，某一天正在擊磬。有一個挑著草筐的人從門前經過，說：「磬聲裡面含有深意啊！」停了一下又說：「聲音硜硜的，太執著了吧？沒有人了解自己就放棄算了。『水深的話穿著衣裳走過去，水淺的話撩起衣裳走過去。』」孔子說：「有這種堅決棄世之心，就沒有什麼困難了。」

這段話再次說明孔子認爲沒有人了解他。如果只有以前講過的「子曰：莫我知也夫」，你恐怕會認爲《論語》材料這麼多，只有一次，大概是偶爾感歎一下吧。現在證據確鑿了。這一次孔子在衛國擊磬。我們在博物館看到過，磬是石頭做的樂器，排成一排。怎麼擊磬我們也不太清楚。孔子的音樂技術非常高超，他可以透過擊磬表達自己心中深刻的情感。他在衛國的時候，很可能是住在蘧伯玉家中，他在屋內擊磬，有一個人挑著竹筐經過他門前。這個人叫做荷蕢者。古代很多人不印名片的，你問他什麼名字，他不理你，那你怎麼辦呢？就把他形容一下。比如你一說荷蕢者，大家都知道這個人，就是挑著竹筐的人，這變成他的名字了。其他還有人叫接輿，就是靠著你的馬車的人。這個人曾經說過孔子，「鳳兮鳳兮，何德之衰」，是楚國的一個狂者。

這個挑竹筐的人顯然是個高人，整部《論語》裡，孔子在演奏音樂時，只有這麼一位知音。而這個知音與他是不同門派的，但是聰明之至。很多時候我們會覺得，不同門派的人成為知音很累，金庸小說裡面寫道，兩個人一正一邪，成為知音之後演奏「笑傲江湖曲」，旁邊的人看著都覺得不忍心，因為在江湖上兩個人是勢不兩立的。這個荷蕢者說，「有心哉擊磬乎」，擊磬的這個人內心裡面有很豐富的感情啊，有心意要表達。他就繼續聽。聽了之後就說，聲音太執著了。「鏗鏗」這兩個字孔子用過，「鏗鏗然小人哉」，現在別人居然用這個來講孔子。說你這個聲音太執著了。然後他聽出孔子在感歎沒有人了解他，所以這個人就說了：沒有人了解你就算了，放棄吧。他眞是個知音者啊！

我們也替孔子高興，總算有一個人是知音了，但是這個人對孔子的做法不以為然。勸他不要知其不可還要去做，放棄算了。他引用《詩經》的話「深則厲，淺則揭」，水深的話穿著衣服過去。因為把衣服脫下來舉在頭上，恐怕連頭都淹沒了，衣服還是濕掉了。既然知道衣服非濕不可，那何必還要擔心衣服會不會濕呢？就穿著衣服過河去吧。淺則揭，揭這個字古音念「棄」，水淺的話就把衣服撩起來走過去。不要在岸邊猶豫不決，看看水的深淺，趕快決定吧。可見聽的人都替孔子著急，磬聲中傳達了很多意思，你究竟想做什麼？他像是在質問孔子。古時候房子沒有很好的隔音設備，外面人大聲講話，常常是有意讓屋內人聽到。孔子在房間裡聽到他的話，就回應他：「果哉，末之難矣。」像你這麼堅決地要離開這個世界，那還有什麼困難呢？《論語》提到好幾次有些人脫離塵俗世界，我們沒有談這些篇章，因為一般來說，我們怎麼可能脫離這個社會呢？要下定決心不再去關懷同情老百姓受苦受難，不是一件容易的事。

道家與儒家有何不同呢？從整體上看，道家知道天下一定有人受苦受難，你能救幾個人？一個人能改變潮流、改變趨勢嗎？太難了，怎麼做都不會有效果的。所以道家就是靠智慧，知道趨勢何在，他不願意費太多力氣，或者不願意白費力氣；儒家則不考慮自己費多少力氣，也不在乎能不能達成結果，而是問自己該做的事是否做到。道家並沒有非做不可的事，因爲都在整體裡面，我今天失敗下次成功，今天成功下次失敗，所以不管成功失敗，都不要得意、也不要難過。這是道家。儒家不同，成功便與別人分享，失敗則設法再改善。不斷修練自己、不斷努力奮鬥。目的是爲了把儒家的善的概念，即我與別人之間適當關係的實現做到最好。道家不談善，道家知道善永遠談不清楚。標準何在？是誰定的？把這一代人救好了，下一代人怎麼辦？那爲什麼不讓每一個人自己覺悟？所以不同的學派就有不同的思想。

我們對先秦這兩派特別重視，因爲他們都有完整的系統。其他先秦各家學說問題很多，漏洞很明顯，除非做專業研究，否則花時間去研究墨家、法家、名家、陰陽家，沒有必要。對一般人來說，要以儒家爲主，年輕的時候學會儒家，中年之後再學道家。這兩派掌握住之後，年紀更大一點學《易經》。這樣就夠用了。

所以我們要發揚傳統文化，儒家是最根本的學說，絕不能繞過它，一旦忽略它便找不到生命正確的理解和方向。

本章要配合前面孔子說的「沒有人了解我」。現在有一個人了解孔子，但是他所了解的就是孔子在感歎沒有人了解他。而這個人偏偏不是孔子的學生，道不同不相爲謀，所以孔子想與他溝通也沒有用。於是孔子很感慨，他說我與你不同路，像你有這麼堅決的棄世之心，準備脫離這個世間的各種煩惱，那就很容易了；我難道不知道？但是作爲儒家就是放不下。我曾經和一位佛學大師討論過佛教與儒家的差別。他告訴我佛教是六個字：「看得透、放得下」。我說儒家和你有一個字不同：「看得透、放不下」。佛教看得透，儒家看不透嗎？一樣看得透，但是儒家放不下。因爲我的心不安，天下有一個人沒有安頓，我的心就不安、就不忍。

佛教有另外的境界，我們這裡不宜做比較。我們只是說不要以爲儒家只是一個入世的學說，只教做人處世的道理而已，那樣的認知是把儒家看得太簡單了。

【第226講】

《論語・憲問第十四》，第四十二章。這一章的內容是：

子路問君子。子曰：「修己以敬。」曰：「如斯而已乎？」曰：「修己以安人。」曰：「如斯而已乎？」曰：「修己以安百姓。修己以安百姓，堯舜其猶病諸？」

子路請教怎樣才是君子。孔子說：「修養自己以至能認真謹慎地面對一切。」子路再問：「這樣就夠了嗎？」孔子說：「修養自己以至能安頓四周的人。」子路又問：「這樣就夠了嗎？」孔子說：「修養自己以至能安頓所有的百姓。修養自己以至能安頓所有的百姓，堯舜也會覺得這是很難做到的事啊。」

這段話最後提到連堯舜都很難做到。「堯舜其猶病諸」這個詞曾經出現過，在〈雍也第六〉，當時是對子貢說的。子貢問，如果能夠廣泛地對百姓施恩，又能夠眞正地幫助大多數人，這樣算是行仁嗎？孔子說，這不只是行仁了，已經到達聖了，連堯舜都覺得很難做到。堯舜是天子，要照顧天下人，所以正好是博施濟眾，但是能照顧多少人？像堯舜聯合起來統治天下五、六十年，社會上依然有很多壞人。這一代的人你照顧好了，下一代呢？所以堯舜都很難做到。這裡再度出現連堯舜都覺得很難做到的話，是什麼事呢？「修己以安百姓」。我們今天講百姓是指一般老百姓，古時候眞的是一百種姓氏，代表各個部落、各個家族。

子路這個學生的學習態度我們可以參考一下。他首先問老師怎麼樣算是一個君子——孔子說過很多君子的好話，子路就問怎麼樣才算是君子呢？孔子說「修己以敬」，不管怎麼樣，一定要從修養自己開始。「敬」這個字，就是認眞負責地面對所有的一切。所以一個人修養自己到最後有一種嚴肅的態度，對任何事情都認眞去做，絕不要視之為小事。我們做事的時候會分辨重要與否，但是任何事只要是我做的，別人以為再小的事我都以為是重要的，因為花的是我的時間，我的時間就是我的生命。我就是花一小時做這件事，我也要把它看作是大事，因為我這一生活到現在，這一小時除了這個事之外別的事我不能做。所以每一件事都與我的生命結合在一起，沒有什麼事是小事。當然這樣聽起來太嚴肅了，我們換一個方式來說。我們去看醫生時，醫生可能會認為我們得的是小毛病，也許眞的是小毛病，相對於大毛病來說，這病才剛開始，很容易治療。這是醫生的判斷，它有程度的區分，有小病大病之分。但是如果我們去找一個宗教家，對他說我們現在的困難，對他來說就是大事，因為他要拯救我們的靈魂。他不能說我們的問題是小事，他對於別人的苦惱、別人的痛苦一定要認眞對待，不能夠忽略任何細節，那是和靈魂有關的，除非他是假的宗教家。儒家也同樣具備類似的態度。只要是我在做的事就沒有小事。因為我這一生，今天此時此刻做這件事就不能做別的事，所以對我來說這事就和我的生命聯繫在一起了。這樣有時候會有一種壓力，所以人需要休閒、需要調節，需要搭配起來，不能老是處於這麼緊張的狀態。比如我現在去慢跑，你說慢跑是大事，那也太嚴肅了一點。儒家講到的大事一定是和別人互動，如果是自己的食衣住行，那眞是不用在意。孔子不是說過嗎？「士志於道，而恥惡衣惡食者，未足與議也」。所以對我來說什麼是小事呢？和自己有關的反而變成小事了。吃什麼、穿什麼不要在意；但是一旦答應別人的事情，只要是正當的事，赴湯蹈火在所不辭，這是大事。

儒家分辨這些事情的時候，第一步，我修養自己以至於敬，我們翻譯成認眞謹慎地面對一切，不能夠鬆懈。很多事情就是一點點疏忽了、大意了，後果便不堪設想。多少事情都是由於不夠認眞造成的。西方有一個很簡單的趣味故事，說將軍騎著馬準備帶兵作戰保衛國家，但是鐵匠替他的馬釘鐵蹄的時候，一根釘子釘歪了，結果將軍帶著軍隊上戰場，因爲那個馬蹄沒有釘好，馬摔了一跤，將軍死了，軍隊打敗了、國家滅亡了。請問這個國家爲什麼滅亡？就是因爲那個鐵匠沒有盡責任。有本書叫做《細節決定成敗》，只看到書名，也覺得有它的道理，因爲這種故事是很多的。比如寫小說，往往是一個靈感促成的，這個靈感什麼時候出現呢？法國存在主義作家卡繆就說，很多靈感是在經過飯店的旋轉門時出現的。他是諾貝爾獎得主，他講這個當然也有道理，很多細微末節一般人不在意，但是作爲作家就會很注意。一個人要有敬的態度，認眞謹愼面對自己身上所發生的事，不能有任何鬆懈。這是成爲君子的第一步。所以儒家到後來，特別強調「愼獨」兩個字，獨處的時候要特別謹愼。因爲我與別人來往時別人都看著我，我當然很謹愼，每一個表情都要注意，希望給別人好的印象；但是我一個人在房間獨處時，誰管我啊？以前也沒有監控設備或針孔攝影，安全得很。所以這時候就是一個檢驗的機會。當然曾參在《大學》裡面說得很好，「十目所視、十手所指」，代表我一個人在房間裡的時候，也好像旁邊有五個人，十個眼睛看著我，十隻手指著我，當然也要很謹愼。德行不是做給別人看的，而是一個人獨處時，養成好的生活習慣，如此與別人相處時，自然表現良好，不用僞裝。

從修己以敬到修己以安人，到修己以安百姓。說明善就是我與別人之間適當關係的實現，我修養自己最後能夠安頓天下的百姓，這一點連堯舜都不見得做得到。「止於至善」就是這個情況，這個要求是永無止境的。如果了解儒家對善的界定，也知道人性向善，所有這些言論自然就形成了。由此可以明白孔子何以要求一個人修養自己，到最後能照顧好天下百姓。

【第227講】

本講要介紹的是《論語・憲問第十四》第四十三章，它的原文是：

原壤夷俟。子曰：「幼而不孫弟，長而無述焉，老而不死，是為賊。」以杖叩其脛。

原壤伸開兩腿坐在地上，等候孔子來。孔子來了之後對他說：「你年少時不謙遜也不友愛，長大了沒有什麼值得傳述的貢獻，現在這麼老了還不死，真是傷害了做人的道理。」說完，用拐杖敲他的小腿。

原壤是孔子的老朋友。歷史上沒有完整的資料，有些人說他很像莊子筆下的那些道家人士。據說他母親過世時他不哭，孔子去他家裡弔喪，他是坐沒有坐相，站沒有站相，所以孔子很不能接受，又因為是老鄰居、老朋友，一起長大的，所以孔子就不客氣了。古代人坐有坐相，大部分是盤腿而坐，要不然就是坐在自己的腳後跟上，有客人來的時候上身就立起來，叫做正襟危坐。原壤坐在地上，雙腿張開，實在是沒有坐的樣子。事實上他在自己家裡，可以很自由，但孔子畢竟是客人，客人來了主人就要有基本的禮貌，結果他就這樣坐著等孔子來。孔子對他也很直接，分三段批評他：你年輕的時候不謙虛也不友愛，長大的過程裡面沒有任何好事值得別人稱讚，如今活到這麼老還不死，這不是傷害做人的道理嗎？賊，在這裡不是說小偷，意思是傷害、賊害。

一般人都以為一個人活得很老，是有善報。可以參考《尚書・洪範篇》，有五福之說，壽、富、康寧、攸好德、考終命。排第一的是什麼？壽、長壽；第二是富、有錢；第三是康寧，平安；第四個呢？攸好德，代表所愛好的是德行；第五個考終命，可以活得很老安享天年。所以第一個壽，最後一個考終命，都是指年歲很高，稱爲高壽。一個人能活得很老，更應該做爲示範，讓年輕人看到能活到這麼老，是因爲做了很多好事，年輕人便會期勉自己這一生也要多做好事，將來可以活得久一點。這才是老人家對年輕人最好的啓發。可是，原壤從小沒做好事，卻活到很老，年輕人看了可能會認爲反正他這麼混也活到這麼老，爲什麼我不能跟他學呢？這不是教壞了年輕人嗎？古人對於長壽有報應的觀念，壽排第一，其實是比較古老的思想。經過儒家之後，德行排第一。眞正的福報是一個人懂得修德行善，讓他的人性順利發展。我們常說福與德一致，是說一個人有什麼樣的德行就有什麼樣的福報，這稱做「圓善」，圓滿的善。

哪一個人不希望這樣呢？好人有好報，天下人就更願意做好人。做好人若是爲了好報，似乎動機不太單純，先不論動機如何，就看他行善與否。我有時候覺得行善得到好報不見得是過於功利的想法。英國人講道德很喜歡就功利面來看，道德對人有益，大家才願意行善。英國哲學家休謨有句話說得很好，他說：一個人行善時，不是爲了別人的稱讚，但是行善之後有人稱讚他，他是不會反對的。所以要注意到因果關係。我今天很孝順，不是爲了得到別人稱讚才孝順的，但是我孝順之後有人稱讚我，何樂而不爲呢？代表行善被別人肯定了，別人看到之後覺得很好，行善會被人家肯定，也願意行善，那這個社會不是更好嗎？這是英國哲學家的觀點。德國哲學家康德有不同的看法。康德談行善，是我該做我就做，不要管什麼效果，別人知不知道是別人的事。這很高尚，但是不太符合人情世故。一般人是能夠行善，也希望別人知道。這有什麼不對呢？有一個正面引導風氣的作用。康德說如果人們行善的時候覺得快樂，那將來可能爲了快樂而行善，而不再爲了行善而行善。這也有道理，現在是該行善便行善，絕不考慮快樂與否。一旦考慮快樂，將來可能爲了快樂而行善，就不是單純的行善了。那請問如果哪天行善很累，還要不要行善呢？

差別就在這裡。康德的做法，和儒家很接近，該行善便行善，別人知道與否，稱讚與否，根本不考慮，因爲一考慮這些，將來就可能爲了得到別人稱讚去行善，沒有人稱讚就不行善，動機複雜化了。我們不在這裡評論西方哲學家的優劣，只是把他們的見解拿來參考。

孔子感歎老朋友沒有改變的希望，所以用拐杖敲他的小腿。但是這老朋友一點都不在乎。孔子批評原壤是有他的思考脈絡，老而不死，傷害了做人的典型，對年輕人是一個負面的教材。有些人就把「老而不死是爲賊」簡化爲「老賊」，這一點我不能接受。因爲說到老賊，我們在學校教書三十幾年，在年輕的學生與同事眼中，我們都是老賊級的。那可以嗎？不能亂用這種成語。老賊需要具備三個條件，年紀大只是其中之一。還有前面兩個呢，「幼而不孫弟」，我小時候還是很謙虛、很友愛的，你就不能說我是老賊。「長而無述焉」，成長的過程沒有什麼事情可以讓別人稱讚。我們總還是有一點作爲，出了不少書。所以不能因爲我很老，占著位置就說我是老賊，很不恰當，批評別人的時候一定要先自我反省。

我們都希望好人長壽，但這個世界上偏偏好人不見得長壽。我們看了特別痛心。那麼好的一個人，到中年就結束了；相反的，有些人言行比他差太遠了，還多活了幾十年。就像司馬遷寫〈伯夷列傳〉的時候，就感歎天道無情。哪裡有天道呢？像伯夷這麼好的人遭遇這麼慘，而像原壤這樣的人居然可以活那麼老。所以孔子遇到這種情況時，也無可奈何，只能說這句話來留點材料讓我們警惕一下。

【第228講】

本講要介紹的是《論語・憲問第十四》最後一章，也就是第四十四章，它的原文是：

闕黨童子將命。或問之曰：「益者與？」子曰：「吾見其居於位也，見其與先生並行也。非求益者也，欲速成者也。」

闕黨的一個少年來傳達信息。有人談到他，就問：「他是肯求上進的人嗎？」孔子說：「我看他坐在大人的位置上，又見他與長輩並肩而行。這不是一個想求上進的人，而是一個想走捷徑的人。」

這段話的意思相當清楚。童子在古代是指十五歲以下的人，他們有時候會負責傳達信息。有人談到這個年輕人，就問說：他是一個肯求上進的人嗎？這其實是生活中常常發生的事，只是就身邊瑣碎的事情來問一下，想了解孔子如何觀察一個年輕人。因爲孔子對於年輕人很尊重，他說年輕人是値得我們敬畏的，你怎麼知道他們的表現不會比我們更好呢？有這樣的想法，國家社會才會進步。今天老一輩的大師凋零，很多人便擔心起這個社會的將來，大家都忘了幾十年前這些大師也是學生。著名的學者梁漱溟先生，他當然是一位大師。有一位美國學者寫博士論文時就寫到梁先生，他的書名是《中國最後一位儒者》。當時我們看到書名，就覺得過於誇張，中國哪一個時代沒有儒者？儒家的傳統只要不斷絕，各代都會有學者出現。梁先生也不會認爲自己是後一位儒者。讀過《論語》就知道「後生可畏」四個字，我們今天也一樣，別看年輕人年紀輕，誰知道他們將來發展如何？江山代有才人出，一代新人換舊人。

對年輕人要全面肯定嗎？也不一定。有些年輕人基礎不夠扎實，稍微站穩了就覺得自己有機會了，現在和一些前輩在一起，就想要趕快與這些人並駕齊驅。其實年輕人只有一個責任，就是「下功夫」，不要著急，只怕學問不夠，不要怕沒有機會出人頭地。所以對這位傳達消息的年輕人，孔子觀察入微，他坐在大人的位置上，大人有大人的座位，年輕人就不應該坐在正式的位置上，應該找別的旁邊的凳子，因爲還沒有和大人平起平坐的資格。歷史上也有些聰明的孩子。魏晉時代的《世說新語》記載：有一個小孩子很聰明，口才也很好。當時讀書人喜歡清談，專門談《老子》、《莊子》、《易經》三玄，根本是漫無邊際。這個小孩子表現很傑出，能和大人一起談論。結束後大家就稱讚他像顏淵。這個小孩子不到十歲，他怎麼回答？他說：在座沒有孔子，怎麼知道我是顏淵？這樣回答，大人都下不了臺，都覺得這個年輕人實在太厲害了。聰明早發不見得是好事，往往就不願意下工夫了。另外一家人有兩個兒子，一個七歲一個九歲。家裡面有幾個客人在清談，都是大人、都有學問，談了一個晚上。走了之後這兩兄弟就跑出來，把當天晚上大人所談的你一句、我一句全部背一遍。他爸爸說，沒想到我們家道中落，現在又有希望了。有什麼希望？你越聰明，長大之後越危險。因爲魏晉時代是一個亂世，「名士少有全者」，有名的念書人很少能保全性命。這是魏晉時代的故事。所以很多時候我們看到小朋友非常乖巧，又背《三字經》，又背《弟子規》，然後連〈長恨歌〉都會背了。這個時候大人應該要讓孩子緩一緩，不要急，一步一步慢慢來。人生還是要按部就班。所以當孔子看到這個年輕人坐在大人的位置上，好像是他該坐的。又看到他與先生並行，也就是和長輩並肩而行。這些日常的規矩，都沒能謹守本分。這種規矩看似外在的規範，但是更重要的是內心的態度。我自己教學生的時候，看到有的年輕學生拿到博士學位開始教書了，就以爲天下都是他的了，根本不把老師放在眼裡。這樣的學生能走得很遠嗎？直到現在我遇到以前教我的老師，小學老師、中學老師、大學老師，一定是恭恭敬敬，雖然我知道就專門學問來說，我已經教哲學那麼多年了，一個中學老師教我《論語》，有好幾個地方都講得不太正確，我現在都可以加以修正，但是只要見到這個老師照樣畢恭畢敬。人怎麼能說將來有了成就，就覺得老師已經比不上自己了呢？老師在我們小時候給我們好的教育，這要終身感激。沒有這些老師教導，我們會有今天的發展嗎？

這個童子一定是有相當特殊的能力，比如天資聰穎、口才不錯，但是孔子發現兩個問題，知道他是想要速成。今天有很多速成補習班，這個詞用得不是很好，速成就是沒有基礎，欲速則不達，將來能有什麼成就呢？

衛靈公第十五

【第229講】

《論語．衛靈公第十五》第二章的原文是：

在陳絕糧，從者病，莫能興。子路慍見曰：「君子亦有窮乎？」子曰：「君子固窮，小人窮斯濫矣。」

孔子在陳國沒有糧食充飢，跟隨他的人病倒了，沒有辦法起床。子路帶著怒氣來見孔子說：「君子也有走投無路的時候嗎？」孔子說：「君子走投無路時仍然堅持原則，換了是小人，就胡作非為了。」

這是對歷史情況的眞實描寫。孔子帶著學生周遊列國，在陳、蔡兩國之間曾經被圍困過一段時間，非常狼狽。《莊子》裡也多次提到這件事。當然，莊子對儒家走投無路的情況特別有興趣，他說，儒家這麼喜歡服務社會、貢獻人群，結果別人不買帳，自己反而陷入困境。不過，莊子基本上還是很能理解孔子，其中有一篇寫孔子被圍困的時候，他的學生子路、子貢在外面採野菜，準備帶回來充饑。他們一面採野菜，一面抱怨老師到底怎麼回事呢？批評他的人沒罪，要殺他的人沒事，他居然還彈琴唱歌，實在是有一點不知道羞恥。顏淵聽到了，心裡很難受，就向老師報告說這兩位同學認爲老師莫名其妙。孔子說，把他們找來。然後，孔子告訴他們：「君子窮亦樂，通亦樂，所樂不在窮通，而在於道。」就是說，君子在窮困的時候快樂，在得意的時候也快樂，他的快樂不在於窮困，也不在於得意，而在於道，子路與子貢聽了才覺悟。所以，我們常常強調，一定要安貧而樂道。有了道讓我們內心快樂，才能不在意貧窮。子路與子貢聽了之後，知道自己誤會老師了，子路立刻拿起干戈，跳起武士之舞；子貢說，我們不知道天多高，地多厚啊。這是莊子的手筆，在更可靠的資料《史記．孔子世家》中，有一段話也讓人感動。孔子帶著學生在路上，忽然想到《詩經》裡有一句話「匪兕匪虎，率彼曠野」，意思是，不是犀牛也不是老虎，爲什麼在曠野中跑來跑去呢？他把這句詩用在自己身上，就分別問三個學生，這詩是什麼意思。第一個先問子路。子路當然知道老師講的是他自己，孔子帶著一群學生，他們既不是犀牛也不是老虎，在曠野中跑來跑去。子路說，眞正的仁者，應該得到別人的肯定；眞正的智者，應該有機會出來做官。孔子說，那我現在問你，伯夷、叔齊呢？微子呢？不是仁者、不是智者嗎？得到重用了嗎？都死得很慘啊。顯然，子路不太理解孔子。他覺得，是不是老師需要自己反省一下。因爲子路曾經很直接地問老師，哪裡有君子像你這樣走投無路的？孔子接著問第二個學生子貢。子貢說，老師你的道太高了，你降低標準，降格以求，把自己的理想講得淺顯一點，別人就能了解了。孔子答說，你叫我降低標準來迎合別人，君子可以這樣做嗎？他也不太滿意。第三個就是顏淵了。顏淵說，老師，你的道是對的，別人不了解是別人的損失，你還是堅持你應該有的道，何必擔心呢？孔子聽了特別高興，居然說「顏氏之子，使爾多財，吾爲爾宰」！就是說，顏家的這個年輕人啊，假如你發財，我給你當管家。這就是孔子。司馬遷的手筆很生動，說明這三個學生常常爭論，他們的性格、理解力和層次有差別。學生沒吃東西，餓得起不來了，其中一定有顏淵，他身體一向不好。這時候，子路受不了了。很少有學生敢給老師臉色看，這時子路「慍」，生氣的臉色就擺出來了，對老師說，君子也有這麼窮困的嗎？孔子說，君子遇到窮困的時候，堅持原則。君子固窮的「固」，意思是堅持，不是堅持要貧窮，而是貧窮的時候仍要堅持原則。這就是擇善固執、絕不妥協。小人在窮困的時候往往胡作非爲，先吃飽再說，不去考慮什麼原則了。這一段很能表現儒家思想的特色。

司馬遷又記載，孔子與弟子們在鄭國附近走散了，學生找不到老師，老師也找不到學生。子貢見人就打聽。有人告訴他，有一個人站在東門那裡，長相特殊，但是像隻喪家狗。子貢聽到描述，覺得很像我們的老夫子，就跑過去找，果然是孔子，於是向孔子報告，剛才我向別人打聽時，那人描述你的頭臉手腳，但是最後總結說像個喪家狗。孔子說，說我像堯、像舜、像禹都無所謂，長相並不重要，說我像喪家狗，確實很像啊。這是幽默的話。哪裡有人連這種幽默的話都聽不懂，眞的把孔子當成喪家狗？孔子是喪家狗嗎？在這個世界上，沒有一個人是歸人，每個人都是過客。不論買了多少房子，還是過客，終究要離開的。哪個人不是喪家狗？誰在這個世界上有家？能待多久？相反的，儘管孔子風塵僕僕周遊列國，但他的心很安，他在哪裡，哪裡就是中國文化的核心。這樣一個人，說他是喪家狗，其實不合適。如果只從一個角度與時代，看一個人不得志，顛沛流離，惶惶不可終日，就說這個人沒有出息，沒有發展的話，怕是無法看清歷史。蘇格拉底活了七十歲，被人誣告，被判死刑，喝毒酒死了。耶穌只活了三十三歲就被別人冤枉，釘在十字架上死了。但是，有誰能否認他們的成就？釋迦牟尼本來是王子，也沒什麼了不起，天下哪一國沒有王子呢？但是，他出家了，當乞丐，托缽為生，創建了佛教。你能說他是乞丐嗎？有誰比他更富足？人類歷史上偉大的精神文明的創造者，用普通人的眼光來看，哪一個不是很可憐？他們眞的可憐嗎？大家還是先可憐自己吧。

君子是儒家的人格典型。孔子說「君子固窮」時，當然認爲自己就是君子，他也希望學生們可以做到這一點。中國人之所以受人尊重，不就是儒家的君子理想所建構的嗎？尤其在患難之中，一個人的生命特質與思想高度才能眞切地顯示出來。

【第230講】

《論語・衛靈公第十五》第三章的原文是：

子曰：「賜也，女以予爲多學而識之者與？」對曰：「然。非與？」曰：「非也。予一以貫之。」

孔子說：「賜，你以為我是廣泛學習並且記住各種知識的人嗎？」子貢回答說：「是啊，難道不是這樣嗎？」孔子說：「不是的，我用一個中心思想來貫穿所有的知識。」

「一以貫之」在〈里仁第四〉已經出現過了，「參乎，吾道一以貫之」。子貢喜歡比較誰優誰劣，甚至把老師也比了進去。這篇就是證據。說一個人「多學而識之」不見得是正面的肯定，天天在圖書館看書，肯定學識很豐富；識之，「識」讀音與用法同於「誌」，意思是記下來，就是廣泛學習之後，博聞強記。博聞強記是當老師的必要條件，如果沒有廣泛地學習並記下來，怎麼講課呢？講幾句就查一下資料嗎？有些人問我上課怎麼不用電腦輔助呢？那多方便啊，一按就出來了。是很方便，但如果哪天上課上到一半，停電了、電腦壞了，怎麼辦？什麼也講不出來了嗎？所以，有些細節必須要記下來。只要有心做，非成不可，再難的書也能背下來了。我講課時經常提到一些西方的學者，其實我教西方哲學也教了很多年。很多西方哲學家的名字一出來，我就能說出他的生卒年，這沒有什麼技巧，多念幾遍就會了。所以，多學而識之沒什麼稀奇。我以前上中學的時候，有一個女地理老師，更是厲害。她上課的時候從來不看書，拿起筆一畫，要畫中國哪一省就是哪一省，要畫世界哪一國就是哪一國，你打開書一對照，眞的一樣。我們給她取了個綽號，叫江山美人，並問她，老師你怎麼那麼厲害，閉著眼睛一畫一個地圖就出來了？她說，你們以爲我是靠什麼吃飯的？這叫專業，是應該做到的。那麼，孔子是這樣的人嗎？當然不只如此。如果孔子僅僅是「多學而識之」，那就只是一個老教書匠，後世怎麼會如此推崇他呢？顯然，子貢在背後這樣說過老師，這話傳到了老師耳中。古時候，師生關係比較親密，學生常常跑來問，哪個同學這樣說你，你贊不贊成他的說法？所以，孔子很直接，上課上到一半就問，子貢，你認爲我是多學而識之的人嗎？子貢一聽就知道有人告密了，有點下不了臺，可是他還強辯說，是啊，難道不是嗎？孔子說，不是的。我們今天看文言文的對答，覺得很文雅，我們的白話文也翻譯得很客氣。其實，孔子的口氣很衝。他對子貢說，你亂講！我不是你說的多學而識之，我是一以貫之。我的各種見解，我掌握的知識有一個中心思想貫穿起來成爲系統。我們之所以說孔子是哲學家，就因爲這句話。哲學家一定要有連貫的系統，思想構成體系。哲學家，就要了解人的生命。一定要清楚人生總是難免一死，生死的關係如何？要爲什麼理由而死。此外，應該如何與別人相處，這是人我關係。還有天人之際——天是一切的來源，我的生命也要歸之於天，那天與我關係又爲何？哲學家要把所學的知識連貫、整合起來，並且實踐，力求做到知行合一。

所以，一貫，首先是思想一貫，第二是知行一貫，第三是天人一貫，第四是生死一貫。對儒家而言，這四個一貫都統一於「仁」的概念下。

當老師說了我是一以貫之後，如果子貢問何謂也？孔子就會進一步講清楚。子貢很聰明，肯定明白老師的意圖，但他沒問，大概剛才被老師斥責了，心裡有壓力，不好意思了。

孔子覺得很可惜，想利用另一次上課的機會把這個問題說清楚，就找到曾參。曾參比孔子小四十六歲，又比較魯鈍，孔子覺得這個學生一定不明白，會追問「何謂也」。結果，孔子又失敗了。他問曾參，吾道一以貫之，本來希望得到的回答是「何謂也」，他就可以解釋了。沒想到，曾參居然說「唯」，是的。孔子反應很激烈，立刻離開了教室。同學們就問曾參，「何謂也」。這不是悲劇嗎？結果，曾參說：「夫子之道，忠恕而已矣。」已經講了兩個字「忠恕」，還說「而已矣」，這怎麼是答案呢？我是「一以貫之」，忠恕兩個字怎麼去一以貫之呢？而且，忠恕講的只是人我關係，屬於知行一貫，沒有包括其他三種關係。

這一章反映出孔門弟子的理解程度，而且孔子確實有自己的想法，學生並不了解。如果曾參所說的忠恕是標準答案的話，孔子爲什麼後來會說沒有人了解他呢？這是最好的證據。

【第231講】

《論語・衛靈公第十五》第五章的原文是：

子曰：「無爲而治者，其舜也與！夫何爲哉？恭己正南面而已矣。」

孔子說：「無所事事而治好天下的人，大概就是舜吧！他做了什麼呢？只是以端莊恭敬的態度坐在王位上罷了。」

這裡提到無爲而治的概念。一般認爲，無爲而治是道家的專利。道家講無爲，但是，在無爲後要加一句，無不爲。也就是說，道家認爲，宇宙有它的規律，社會的發展也是一樣，所以，眞正的領導者不需要刻意做什麼事，否則，做了東邊，西邊出問題，左支右絀，不可能做得完美。不用主動做任何事，所有的一切自然就發生了。比如，我負責一個花園，刻意去選擇某些花種，使花朵的顏色搭配起來很漂亮，但是，這不見得符合自然規則。相反，我把種子撒在花園裡，該長什麼就長什麼，順其自然，最後長出來的花反而非常漂亮。自然就是美啊！人爲安排使花朵顯示某種秩序，看久了會覺厭煩。它能顯示這種秩序，就不能顯示別的秩序，太死板了，不像自然風景，任何時候看，都有不同的味道。無爲——我沒有安排，無不爲——該做的全部做完了。道家的無爲而治，需要最高的智慧，只有將人才放在合適的位置上使用，最高的統治者才能完全無爲。老子舉無爲而治的時候，並沒有特別舉出某人的例子，因爲一個國家本來就有自己的發展軌跡，何必一定要某人來治理呢？

儒家的無爲而治強調德行，所以孔子以舜爲例。天下人都知道，舜的德行很高。「正南面」是面向南方。在《易經》裡面，南方代表光明。古人認爲，國君面向南方，意味著向著光明治理百姓，讓百姓進入光明的世界。「恭己」就是本身恭敬端莊。這兩個字說明德行高。可見，儒家是德治，以道德來統治，最高領袖要有最高的道德，然後百姓就都上軌道了。就像〈爲政第二〉說的：「爲政以德，譬如北辰，居其所而眾星拱之。」這兩段話都印證了，孔子主張人性向善。如果人性不是向善，國君再怎麼恭己正南面，也不見得能夠治理好天下，無爲而治就落空了。無爲而治說明，無所作爲、無所事事，國家卻治得很好；恭己正南面，說明君主德行很好，不需要特別做什麼事就可以把國家治好，唯一的可能就是因爲君主德行很高，樂於行善，老百姓看到就自然跟隨了。不用拉攏老百姓，百姓內在的力量會驅使他跟隨。孔子多次說過類似的話，如果在上位的人講究禮儀，講究道義，講究誠信，四方的老百姓都會抱著孩子來追隨。四方是指包括別國的百姓都來了，因爲他們都是人，也都是人性向善。

我們也記得，「四海之內皆兄弟也」、「君子敬而無失，與人恭而有禮」。做到敬與恭，就能四海之內皆兄弟，與別人相處沒有問題。還有「德不孤，必有鄰」，「必」字很重要，德行是不會孤單的，一定有人來支持你。因爲人性向善，認識你的、不認識你的，看你行善都會來支援你。學習孔子的思想，如果沒有理解人性向善的觀念，很多內容都會變成死板的教條或信念，那就不是哲學了。我們討論向善，很多朋友最大的擔心是如果沒有本心、本善，怎麼會向善呢？的確，這個問題值得好好討論分析。重點在於指出：只要我們是眞誠的就夠了，若當不眞誠，就不是以人的身份來活動，而是以一般生物的角色在活動，在計較利害關係。如果眞誠，那才是眞正的人，這時行善的力量由內而發。這就是我們說「向善」而不說「本善」的理由。善一定要落實在行爲上，沒有行爲，怎麼會有善？如果善只是心中所想的，那何必眞的去孝順，眞的去講信用，眞的去友愛呢？既然善是行爲，就不能講本來有什麼善的行爲，因爲本來只是向善而已。

儒家講人性向善的前提是眞誠，眞誠就有力量，力量就是「向」。當人不眞誠的時候，根本沒有本善、本惡的問題，只是個生物而已，只看利害關係。眞誠，就要考慮我與他人的關係是否適當，我孝順了嗎？我友愛了嗎？我講誠信了嗎？我講道義了嗎？這樣才能把握孔子思想的精髓。

【第232講】

《論語．衛靈公第十五》第六章的原文是：

子張問行。子曰：「言忠信，行篤敬，雖蠻貊之邦，行矣。言不忠信，行不篤敬，雖州里，行乎哉？立，則見其參於前也；在輿，則見其倚於衡也，夫然後行。」子張書諸紳。

子張請教怎樣可以行得通。孔子說：「說話真誠而守信，做事踏實而認真，即使到了南蠻、北狄這些外邦也可以行得通。說話不誠而無信，做事虛浮而草率，即使在自己的本鄉本土，難道可以行得通嗎？站的時候，好像看到這幾個字排列在眼前，坐在車中，要好像看到這幾個字展示在橫木上，這樣才能夠行得通。」子張把這句話寫在大衣帶上。

本章最有趣的在於最後一句「子張書諸紳」。六藝，禮樂射御書數的「書」字終於出現了，有人寫字，而且是寫在衣帶上。那一定有像筆一樣的物品，只是具體形狀我們現在不是很清楚，據說發明毛筆的是秦始皇時代的大將軍蒙恬。從子張的行為可以推測，其他學生也會把老師的話寫在衣帶上。大家各記各的，後來才彙集在一起，成為《論語》這本書。

這次，子張問，到外國去，到任何地方去，我應怎樣待人接物、做事相處才能行得通？孔子就說了六個字——言忠信，行篤敬。說話真誠而守信。忠是自己負責，盡己之謂忠，我自己盡心盡力來自我反省；信是我履行諾言。行篤敬，做事認真而負責。能做到這些，就算到了蠻貊之邦，偏遠落後的未開化民族地區，都可以行得通。

我們現在要在外國行得通，第一當然是學好英文了。那麼，在古時候，是不是也要學習其他民族的語言呢？否則，連問路都不會。孔子不在乎這個，只要有善意就行。比如，兩個人坐著船，在海上見面，就互相揮手致意。最早的時候，人們在海上用揮手來分辨敵人或朋友。揮手表示手裡是空的，沒有拿武器，也沒有暗器，請對方放心。假如我們到一個陌生的地方，與別人語言不通，還能和別人相處嗎？當然可以，最好的語言就是微笑。所以，是否行得通，和語言關係不是很大，關鍵是履行自己的諾言。我在一九九七年隻身到荷蘭去教書，就以「言忠信，行篤敬」爲信條。我這樣講，絕對不是對荷蘭不尊敬，把它當做蠻貊之邦。我覺得，連蠻貊之邦都行得通，何況荷蘭這個先進國家呢？人生往往需要從頭開始的機會，否則，會被過去的習慣、形象壓得喘不過氣來，有時想改善，別人並不接受，甚至說我們看你長大的，你再改也改不了。所以，來到新的地方恰恰是個機會，重新開始，自我修練。到了新地方，與別人都是第一次見面，想給別人留下好印象，那就好好修行吧。所以，我和別人說話的時候，特別注意聽自己怎麼說，我說的每一句話都要眞誠而守信。我還留意自己的行爲。練習讓自己分離開來，其實就是站在對方的角度看自己。一面和別人說話，一面檢討我這話說出來別人能理解嗎？如果對方的表情看起來有點迷惑，我就馬上舉個例子，多加幾句說明。否則就會造成溝通困難。做事亦同，通常我們很主觀，會把從小養成的習慣搬到一個新地方去，心裡想，我們家鄉都是這樣做，爲什麼在這邊不行？其實，我們應該入鄉隨俗。否則，在國際化的社交中很容易產生矛盾。比如，很多人學英文都學過，荷蘭那一套，Go Dutch，意思是各付各的帳。在荷蘭，不用說這句話，幾個朋友、同事說喝咖啡去，千萬不要以爲提議者會請客，依然是大家各付各的。荷蘭人特別節儉，尤其在吃喝上一點也不浪費。有個笑話說，怎麼判斷海面上的船是不是荷蘭人的呢？如果船後面沒有海鷗在飛，那一定是荷蘭的船。因爲荷蘭人很節儉，絕不會有剩下的食物給海鷗的。所以，海鷗一看到荷蘭國旗，就知道沒有食物，扭頭就飛走了。

所以，在任何地方都要記得「言忠信，行篤敬」，否則，就是在自己家鄉也行不通。

【第233講】

《論語．衛靈公第十五》第八章的原文是：

子曰：「可與言而不與之言，失人；不可與言而與之言，失言。知者不失人，亦不失言。」

孔子說：「可以同他談話卻不去同他談話，這樣就錯過了人才；不可以同他談話卻去同他談話，這樣就浪費了言詞。明智的人既不錯過人才，也不浪費言詞。」

這段話的重點是說話。人與人交往，就靠說話互相理解，但問題是和誰說話？要怎麼說話？又要說什麼話？孔子在這裡特別強調明智。如果可以和他談話，卻沒有談，就錯過了人才。有時候我們碰到一些朋友，事後覺得當時沒有珍惜相處的機會。人在社會上到了一定年齡之後，彼此來往都有一些矜持，總覺得，我的身份是什麼，我怎麼好意思老和別人說話呢？或者我怎麼能主動和別人說話呢？年輕人反而不太在意這個。我們年輕的時候參加學術會議，見到有名的學者、長輩，一到休息的時間就蜂擁而上，前去請教。我還記得，很多年前，有一個德國學者到我們大學訪問。八十幾歲的老教授是某個學派的重要代表，我們曾經用過他的書作教科書。所以，我對他非常崇敬，趕快把我的英文著作送給他。外國人有時候很直接，他說，請你不要送我書了，我沒有時間看。是啊，他八十幾歲了，眼睛也不好，再怎麼偉大的學說，他也沒辦法消化了。如果你看了他的書，發現了什麼問題，向他請教，也要先弄清楚他的記憶力好不好。

他寫書的時候四十幾歲，現在隔了四十幾年了。你再問他，您在哪一本書上寫的什麼怎麼樣。我寫過嗎？什麼時候？四十幾年前！太難為他了。所以，對於前輩學者，眞正要接觸的是他的書、他的思想。像孟子所說的一樣，如果沒有辦法親自向一個學者請教，那就私淑諸人。我私底下去學習、去改善我自己。

孟子講學習方法時說過，隔了好幾代之後，我們研究、揣摩前輩留下的書或資料，也是一種學習方法。學生與老師不一定直接見面，更沒必要對一個人過度崇拜。比如，我自己休閒的時候最喜歡聽音樂，而且只聽某幾位西方歌手。有一次，我早年最喜歡的歌手到臺灣開演唱會。我非常喜歡她的歌，任何時候聽到她的歌聲，我都會停下來幾秒鐘，心裡想，多幸福啊，能聽這麼好的歌。於是有朋友邀請我去聽演唱會，我婉拒了。因為那個時候，歌手已經七十一歲了，我怎麼可能去聽一位七十一歲的老太太唱情歌？她最精彩的曲目是她四十幾歲的時候演唱的情歌，非常動人。但是，饒了她吧，那麼大年紀還要全世界巡迴演唱，恐怕現場只會讓人覺得失望。對於我喜歡的歌手，他的唱片我一定買來聽，但是他本人，還是讓彼此活在各自的世界吧。所以喜歡一個人，就設法去選擇他最擅長、最傑出的地方來欣賞、來學習，不一定要和他本人有所接觸。孟子說，如果找不到合適的人來學習與結交，那就「尚友古人」，往上與古人做朋友。我們雖無法見到古人，通過讀書、了解他的事蹟、想像當時的情況，仍可以和他做朋友。孔子則提醒我們，對人要注意，可以同他說話，而沒有說話，錯過了人才，會讓人感到遺憾。

再則沒有必要與他說話的人，卻和他說了半天，浪費了言詞。比如，有個人很好學，跑來找我。他其實有自己的意見，我怎麼說都無法改變他，他只是希望得到我的認同罷了。曾經有一個年輕人跑來跟我說，傅教授你贊不贊成我們恢復穿漢代的服裝？我說，這不太適合吧。他就開始講服裝多麼重要，日本學了唐朝的，有和服，我們中國人就要恢復漢朝的，比你日本還早了幾百年。既然你講求時間早晚的話，那為什麼不穿春秋時代的服裝呢？按照這個邏輯，穿原始時代的服裝最好了。你怎麼證明漢朝的服裝最適合現代呢?漢服做一套要好幾萬,誰穿得起?我向他說明我的看法,他認爲我太不重視文化了。其實,他不知道,文化分三個層次,有器物層次,就是衣食住行的需要;還有制度層次,就是禮儀、法律等等;最上面是理念層次,這才是精華。如果只關注器物層面,那怎麼不恢復坐馬車呢?我和他談了半個小時,才發現完全是浪費力氣。其實我們根本不用討論,他說希望恢復漢服。我說,好吧,你儘量去努力提倡吧。他要我支持,不可能。後來,他就公開批評我說曾經和我討論要恢復漢朝的服裝,我說那爲什麼不坐馬車呢?好像我很頑固,不可理喻。我們今天學儒家,學孔子,並非從頭到尾都打扮得像孔子一樣,頭腦中的思想才重要。決定一個人價値的,不是外在的服裝,而是理念。

孔子說,眞正明智的人既不會錯過人才,也不會浪費言詞。這太難做到了。我們說話都有一個循序漸進的過程。交淺言深不行,第一次見面,就對別人說起祖宗三代,對方心中會感到驚嚇。當然交情很深了,還諱莫如深也不好。我有一個好朋友,要出國教書了,卻沒告訴我。我反而從別人那兒聽到消息,問他,他才講,我心裡就有點不舒服。儘管這個朋友做事很謹慎,沒有十足的把握他不願意說,但是,這件事也太見外了吧!所以,有時候,該不該說話,說到什麼程度,確實很不容易判斷。

【第234講】

《論語・衛靈公第十五》第九章的內容是：

子曰：「志士仁人，無求生以害仁，有殺身以成仁。」

孔子說：「有志者與行仁者不會為了活命而背棄人生理想，卻肯犧牲生命來成全人生理想。」

這段話的重要性不言而喻。我們現在用的成語「殺身成仁」就出自這裡，而孟子後來發揮的時候，說「舍生取義」。我們要特別分辨一下這兩句成語。殺身成仁用的是身體的身；捨生取義用的是生命的生。孔子說，志士、仁人這兩種人的目標應該是相同。志士是有志於行仁的人；仁人是正在行仁的人。他們不會爲了活命，而犧牲了仁。仁指的是人生的理想。仁有三個層次：人之性、人之道、人之成。我這一生的目的就是要成就仁這個理想，即便犧牲生命也在所不惜。此時，犧牲不是放棄、不是損失，而是獲得、完成。因爲人性向善，行善正好滿足了人性最根本的要求。這一章可以作爲儒家最基本的標誌。

讀《論語》與讀別的經典相同，只要看到生死之事就要特別用心。因爲生命只有一次，人死不能復生，怎麼可以隨便談到死呢？既然談到死，就要清楚地告訴我理由何在。何謂仁？何謂義？值得我犧牲生命嗎？後代很多人把仁義界定爲某些具體的行動。比如，做到國君的要求，就是仁義。但是，國君所言未必都對，很多國君爲了自己的利益，要求屬下忠誠。文天祥的〈正氣歌〉說：「孔曰成仁，孟曰取義。」

正氣的意思是天地有正氣。孔子很少談到氣，孟子講浩然之氣。正氣的說法顯然是受孟子的影響。中國人講的氣，是一種無形可見的精神力量，精神上的原則。所以，氣可以與精神狀態配合。氣是無形可見的，但是又充滿各處。它至大至剛，直養而無害，充塞於天地之間。天地之間有正氣，其實是說，一個人如果行得正，坦坦蕩蕩，在天地之間到處都暢行無阻，走得通。

孔子說殺身成仁，孟子說捨生取義。作爲儒家代表的荀子也有類似的說法，「君子畏患而不避義死」，君子害怕災難，但是從來不逃避爲義而死。只要是儒家，就無法迴避這個問題。讓我們來分析一下，什麼叫儒家。儒家至少有以下幾點共同主張：第一，每個人都「可以」成爲君子。第二，每個人都「應該」成爲君子。人生沒有別的選擇，只有仁與不仁而已，要擇其一當然是仁了。也就是說，有可能性還不夠，還要有強制性。第三，當一個人成爲君子，一定會影響或者幫助別人也成爲君子。因爲當我們行仁時，不能脫離與某些人的相互關係。我們把善界定爲我與別人適當關係的實踐，原因就在這裡。比如舜，他想做個好兒子，一定會影響父母；他努力做個好哥哥，一定會影響弟弟。如果父母完全不受影響，那只能說明兒子的孝順沒有感動父母；如果弟弟完全沒有受影響，那只能說明哥哥沒有盡到責任。《易傳》的困卦提到「君子以致命遂志」，我犧牲生命來完成我的志向。可見，只要是儒家經典，沒有例外，都會爲了仁義，代表人格完成的目標，來犧牲生命。而這時候的犧牲，其實是完成。這一章就是一個開端，影響後面整個儒家思想。如果不能了解生命的目的在於成就生命向善的要求，止於至善，就不足以理解這句話的意思。

【第235講】

《論語・衛靈公第十五》第十章的內容是：

子貢問為仁。子曰：「工欲善其事，必先利其器。居是邦也，事其大夫之賢者，友其士之仁者。」

子貢請教怎樣走上人生正途。孔子說：「工人想要做好他的工作，一定要先磨利他的器具。你住在一個國家，要侍奉大夫之中賢良卓越的，並且要結交士人之中努力行仁的。」

之前，顏淵問仁、仲弓問仁、司馬牛問仁；而這一次，子貢請教為仁。仁前面加一個為，說明子貢知道仁是一種行動，不是一個名詞，是動態，不是靜態，需要做選擇。孔子先用個比喻：工欲善其事，必先利其器。工人要把工作做好，要先磨利工具。這是事實。法國一位名廚做的菜好極了，別人說，你做的菜眞好。他說我做菜完全靠這幾把快刀，我這幾把刀磨得很利，沒有這幾把刀的話，怎麼可能把菜做好呢？你說蘿蔔切絲，切了半天，變成蘿蔔塊了。菜要做得精緻，必須有幾把快刀才行。說到這裡，我們可以引申一下，講一點有趣的事。《莊子》裡有一個「庖丁解牛」的故事，非常精彩。庖丁就是廚房的工人，專門負責殺牛。一般聽到殺牛，會覺得血淋淋，太可怕了。但是，他宰牛的時候，牛一點也不覺得痛苦，旁邊看的人覺得，他的動作像舞蹈，宰牛的聲音像演奏音樂。為什麼能做到這樣呢？庖丁說，起初的三年，我所看到的是一整隻牛，不知道該怎麼下刀；現在我宰了十九年，牛在我眼前只是骨架而已。就是說，我殺牛殺久了以後，彷彿練就出可以透視的眼睛，一眼就看到牛的骨架，而忽略了血肉。所以，我下刀的時候，刀子輕輕一動就行了。我這把刀用了十九年了，依然好像剛剛從磨刀房磨出來的。一般的廚師每個月換一把刀，因爲他用刀砍骨頭；好廚師一年換一把刀，因爲他用刀割肉。我這把刀用了十九年，完好如初。因爲牛那麼大，骨頭與骨頭之間有很多縫隙，我用這麼薄、沒有厚度的刀進入這麼寬的骨縫裡面，眞是遊刃有餘啊。所以只需要稍稍一動，就把牛解開了，牛還不太清楚發生了什麼事。所以，做任何事情，都要記得工具的重要性。每一個行業的人都有自己的工具。比如說，電腦我是外行，忙得沒時間學，看到有些人精通電腦，我眞羨慕。他把所有教材做成檔案，上課的時候一按，與所講的內容完全配合。我有一位老師，上課鈴一響他進教室，開始講課，最後一句話講完下課鈴正好響。他不像有的老師，提早講完了，只好東拉西扯找個故事來拖時間；要不然就是講不完了，下課鈴響了，同學們別走，聽我把故事講完，這樣太不夠水準了。那麼，這位老師是怎麼做到的呢？他每天在家裡對著鏡子，拿著碼錶練習，所以上課時，說話節奏、前後邏輯都井井有條，簡直就是表演藝術。其實，這還是工欲善其事，必先利其器。

接著，孔子建議子貢，如果想要走上人生正路的話，在任何國家都要記得，近朱者赤——這是好的；近墨者黑——這是不好的。所以，大夫中的賢者，誰比較傑出，誰比較卓越，就多親近他們。與好的大夫、好的士交朋友，這才是相輔相成，以文會友、以友輔仁。如果只靠自己走上人生正路，那比較困難，獨學而無友，則孤陋而寡聞。與正在努力走上人生正路的人交往，就好像走了一條捷徑，工具得手，效果自然就好了。

孔子回答子貢的時候，知道子貢是個人才，將來可能去做官，就給他舉了這樣一個具體的例子。我們也知道，交朋友其實是雙方的事，我們選擇朋友，也被朋友選擇。有時我們選擇的好人不理會我們，壞朋友卻找上門來。要記住，交朋友的時候，無友不如己者，不要交與自己志趣不相似的朋友，因爲道不同不相爲謀，彼此理想不同，最好少接觸。所以，交朋友的時候，要先打聽。古代社會對於人的風評比較公開，孔子到了衛國，就打聽公叔文子這個人如何？他眞的是不言、不笑、不取嗎？

在讀書人中，要找仁者爲友。仁者就是行仁者，而不是已經完成仁的。因爲孔子自謂：「若聖與仁，則吾豈敢？」孔子沒有見過仁者，他自己都說自己豈敢。讀書人的目標就是要行仁，與他們做朋友，目標一致，這不是爲仁最好的方法嗎？

【第236講】

《論語・衛靈公第十五》第十二章很短：

子曰：「人無遠慮，必有近憂。」

意思是：

孔子說：「一個人不做長遠的考慮，一定會有很快就來到的煩惱。」

「遠、近」是就時間上相對來說的。其實，長遠考慮是一個習慣。眼前的問題是過去沒有長遠考慮留下來的；今天若沒有長遠考慮，將來又會有今天沒有考慮所造成的結果。所以，人生應該做整體的規劃。

老子說：「輕諾必寡信，多易必多難。」一個人輕易承諾別人，很少能夠守信，因爲你沒有遠慮，沒有考慮清楚。我年輕的時候也有這個毛病，朋友要我做什麼，沒問題，結果眞的要做的時候才發現很難，最終沒做成，別人就責怪我。我答應了別人，他就不再找其他人幫忙了；如果我一開始說自己做不到，他就會找其他人幫忙，我也不失面子。誰規定我一定要隨時候教，任何時候都要把別人的事情做好呢？每一個人都有自己的生活要面對。多易必多難的意思是，如果把事情看得很容易，將來就會出現很多困難。所以，做任何事一定要謹慎，不要以爲它那麼容易。任何事都可能出現困難，如果很容易別人不就自己做了嗎？關於遠慮與近憂，我們可以找出很多例子。比如，健康問題。哪個人中年之後的健康問題不是年輕時造成的後果呢？年輕時不注意飲食、不注意運動、不注意休閒，中年之後就來要債了。父母把你生下來都很健康，爲什麼中年之後毛病那麼多呢？身體方面的問題往往是自己造成的。一個人每天運動，就說明他有遠慮，他不會將來再拚命找醫生幫忙。如果人沒有恆心，不願意花時間游泳、運動。既然沒有遠慮，近憂就來了，花錢看醫生吧。身體方面的事如此，別的方面不也一樣嗎？我們說，書到用時方恨少，也是因爲過去沒有遠慮，等用的時候才發現近憂，眼前的麻煩來了。哪一個人不希望在碰到問題的時候胸有成竹？但是，胸有成竹不是天生的，需要提前下工夫準備。可見，身、心各方面莫不是如此。

我常常答應別人去演講，每次上臺之前，就會想到人無遠慮必有近憂。這個下午的時間本來要睡午覺的，因爲很爽快答應了別人演講，只好不睡午覺去準備了。人都有惰性。開始答應別人的時候，心裡想還早，三個月之後、半年之後有什麼關係呢？一定可以從容準備。可是，任何事情要做好、做到很完美，都是沒有極限的。而且，演講沒有準備，就是浪費別人的時間，實在是太不應該了。我曾經在美國上學，眞是很苦，因爲用英文與別人競爭，功力先打對折了，根本是不公平的競爭。那時，學校要求考法文和德文，而且要在兩年之內考完。念英文已經很辛苦了，還要考法文、德文。怎麼辦？既然來了，只好拚命，苦不堪言。兩種考試，在美國本土每三個月有一次全國統一測驗，各系自己規定合格標準。我們系屬於人文方面，要求特別高，考法文滿分七百五十分，六百分算及格，德文也一樣。我大學時代學過法文，所以準備了三個月，一考，六百四十分，過了。德文從來沒學過，就開始自修，借了一本用英文寫的德文教科書，四百多頁，三個月之內學完，去考試，考了五百九十分，差十分。我很不甘心。結果，有一個老師給我出了一個主意，現在想起來，實在不高明。他建議我去和所長說，五百九十跟六百差不多，能不能算通過？他如果不同意，就與他商量，既然需要兩種外語，能不能把中文算做一種呢？我很天眞，就跑去找所長。結果，外國人眞是一板一眼，他說，五百九十就不是六百，六百才能過；而中文是你的母語，怎麼能算外語呢？這話很有道理。我立刻知難而退，再去念了三個月，然後考過了。我想以自己的經歷告訴大家，不要想太多，做就對了。所謂人無遠慮必有近憂，是希望大家做長遠的考慮，做任何決定之前，都要想想將來的後果。如果不能承擔將來的後果，就先不要答應。一旦上了這條船，就一路往前走，不要再回頭，更不要抱怨。最後走出了一條路，就是人生。我們學習儒家，要把其心得變成對整個人生的指導。

【第237講】

《論語・衛靈公第十五》的第十五章原文是：

子曰：「躬自厚而薄責於人，則遠怨矣。」

孔子說：「責備自己多，而責備別人少，就可以遠離怨恨了。」

「怨」字在《論語》裡出現了二十次，是所有描寫情感的詞彙中最多的。可見，人生很難沒有抱怨。怨分兩種，第一種是別人抱怨我。因爲我事情沒做好、話說錯了，別人抱怨我；第二種是我抱怨別人。所以，怨是雙向的，但不見得一定是你抱怨我、我抱怨你，互相抱怨。在《論語》裡跟抱怨相關的字還有很多，像「人不知而不慍，不亦君子乎」，「慍」是生悶氣。心裡面生氣，臉色難免不表現出來，這不也是抱怨嗎？還有更嚴重的厭惡，那不是抱怨之至嗎？儒家講修養時，明確說沒有經過儒家教育與修練的一般人，就是有怨而無恥，老是抱怨，很少有羞恥心。我們看看，社會上不都如此嗎？很多人事事抱怨，塞車了、加班了，一切都是別人不對，社會有問題，自己沒有羞恥心，從不自我反省。一個人接受儒家教育，對孔子思想稍有了解，他只要倒過來，做到無怨而有恥就成功了。就是不抱怨，任何事情發生先自我檢討；改變了自己，周圍環境自然也隨之改變。所以，我常常說，儘管我教書教了很久，但從來不敢想像去改變一個學生，我只能改變我自己。學生要不要改變，主要靠他自己，沒有人可以從外在改變一個人，主動的力量不可替代。很多人看《論語》，都希望學會怎麼教育孩子。我有一個朋友，他的兒子從小上學都很開心。因爲他在班上總是倒數第一，不會給別人壓力，所以人緣很好。但是，他缺乏信心。於是，他父親對他說，我們來玩一個遊戲吧，從今天開始，老師上課教的東西，回家之後爸爸再教你一遍。小孩學習，只要有人陪他，增加趣味性效果就很好。結果，下一次考試，孩子考了全班第一，他嚇了一跳，老師嚇了一跳，同學也嚇了一跳。小孩回家跟父親說，我考第一名了。父親說，你要有自信，你看，只要你願意，就可以考得好，但是爲了你的幸福著想，以後你還是考最後吧。這個孩子就這樣，直到小學畢業都是最後一名，玩了六年，度過了非常快樂而有趣的童年。上初中之後，他自己覺得不對了，主動對父親說，我覺得我應該好好念書了。此後，功課就很好了。讓孩子自己願意念書，這才是重要的。老是靠父母威脅利誘，從後面推著、從前面拖著，那是沒有什麼效果的。

從有怨而無恥進步到無怨而有恥，其實是培養人的高度自覺，絕不抱怨任何事、任何人，所有問題先自我反省，自我修正。對於如何遠離怨恨、或者減少怨恨，孔子提出了三點建議：第一，像伯夷、叔齊那樣，不念舊惡，怨是用希。伯夷和叔齊不記得別人過去犯的錯誤，別人對他們的抱怨就減少了。哪一個人年輕的時候沒有犯過錯，所以最怕老朋友記得你過去的錯，念念不忘，大家聚會的時候，一見面就提醒你，記不記得你以前做過什麼糗事。你肯定在心裡想，我已經這麼大年紀了，你還提當年做過的一些壞事，多尷尬啊。伯夷、叔齊從來不提別人過去的錯誤，見到一個人，總覺得是新的人，過去的錯誤一筆勾銷，好像沒有發生過一樣，對人永遠非常溫和，希望對方努力向上。這樣別人怎麼可能抱怨你呢？就算你知道他過去的錯誤，他也不會擔心你到處去宣揚啊。所以，不要老記得別人過去的錯誤和缺點，別人對你抱怨自然就減少了。

第二，孔子說，放於利而行，多怨。和別人相處，總計較利害，很容易引起各種怨恨。利益一向是僧多粥少，一個社會裡面，好處就那麼一點，誰不想要呢？但是，有些人也眞是貪得無厭。你和他談利益的時候他都要，你教他利益應該做合理分配，他不見得接受。你對他做了九件好事，有一件事沒有順他的心，他立刻忘記前面的九件事，只記得那一件不合意的事，這樣的人怎麼交往？只好道不同，不相爲謀了。

第三，孔子告訴樊遲，批評自己的過錯，不要批判別人的過錯，就能減少別人的積怨。就是說，責備自己多而責備別人少，就遠離怨恨了。

怨是很普遍的社會現象。我們從以上三點著手，修養自己，應該會有效的。

【第238講】

《論語・衛靈公第十五》第十六章、第十七章都是孔子的感歎。第十六章原文是這樣的：

子曰：「不曰『如之何，如之何』者，吾末如之何也已矣。」

孔子說：「不說『怎麼辦、怎麼辦』來提醒自己的人，我對他也不知道怎麼辦才好。」

聽起來這段話很平常，好像大家日常生活中都可以聽到。這是孔子第二次提到「我對他也不知道該怎麼辦」了。第一次是說，你聽到義正詞嚴的話，你跟著做嗎？你如果沒有了解的話、沒有改善的話是沒用的。你聽到婉轉順耳的話，你沒有想通它的含義也是沒用的。你光是聽到了不去改、聽到了沒有想它的含義，我對這種人也不知道該怎麼辦才好。說的是走上正路要靠自己下工夫，老是靠老師在旁邊提醒是不可能的。此處講得更普遍了，一個人遇到困難的時候，要先自己反省該怎麼辦。你如果從來不想自己該怎麼辦，孔子也將無可奈何，幫不上忙。

行爲的主體是每一個個人。人一定要常常想，我該怎麼辦。個人的選擇雖然是獨特的，但是也有一般情況。我常常提醒年輕朋友，要想了解自己，最簡單的方法就是每天晚上睡覺之前，花十分鐘自我反省，今天發生了什麼事，從這些事情中我得到的教訓是什麼。一個月之後，自己就開始透明化了。什麼是透明化呢？白天和別人來往，一開口說話，就知道說出來會有什麼結果；一動手做事，就知道完成後別人的反應。因爲過去的經驗使我反省之後發現我與別人互動的模式與效果大概是什麼樣子。人最怕不知道自我反省。不知道自我反省，就會不斷地重蹈覆轍，成為自己性格的奴隸。西方有一句話說得很好，一個人有什麼樣的觀念，就會帶來什麼樣的行為；有什麼樣的行為，就會養成什麼樣的習慣；有什麼樣的習慣，就會塑造什麼樣的性格；有什麼樣的性格，就會決定什麼樣的命運。從觀念到行為，到習慣，再到性格，再到命運，一步一步發展下來。命運就是遭遇。今天有這樣的遭遇，恐怕是個人的觀念出了問題。所以，人一定要接受好的教育，有好的教育就有正確的觀念，有正確觀念就養成正確的行為、習慣，一路下來，到最後，周圍都是善人、貴人，誰不幫助你？可見，了解自己是人生的第一課。但是，這一點太難了。眼睛可以看到別人，但卻看不到自己；照鏡子只能看到外表，所以，人一定要有內省的功夫，同時要有榜樣可供學習。孔子強調的是一定要先問自己，我該怎麼辦、我該怎麼辦。就是說，老師給了指點後，就要自己歸納方法，因為老師不能永遠陪伴在身邊的。離開學校後，沒有老師指導，我們還是應該擇善固執。如果自己不研究如之何、如之何，將來需要獨立思考的時候，就真的不知道該怎麼辦了，連孔子也幫不上忙。天下沒有老師一輩子在身邊的，所以，老師指點幾次後，就要靠自己進行判斷了。

那麼，遇到問題，我們應該怎麼辦呢？掌握三點即可：第一，我的真誠如何。我面對這件事、這個人要真誠，不要只計較利害關係。第二，我要看看與我相處的人，包括父母、朋友，對我有什麼要求。我達到了嗎？我能做到嗎？如果要求太高，請他們降低；如果太低，請他們提高。這是雙方互動。第三，社會規範。我們應遵守社會規範與共識。再怎麼孝順，也不能違法。孟子談到舜的時候就說，舜的爸爸如果殺人，舜就必須選擇，是要繼續做天子，還是辭職只做一個兒子呢？舜的選擇很清楚，既然不能兩者都要，只有把社會規範先放一邊，帶著爸爸逃跑，讓別人來追捕吧，先做一個好兒子。世界上兩難的事情很多。舜也一定猶豫過，如之何、如之何。

我們遇到事情，應該自己考慮怎麼辦，而不要一開始就去請教別人，別人給的答案也不見得真的適用。這一章說明，孔子希望每一個學生能夠早一點站在自己的角度上思考自己的問題。

【第239講】

《論語・衛靈公第十五》第十七章的內容是：

子曰：「群居終日，言不及義，好行小慧，難矣哉！」

孔子說：「一群人整天相處在一起，說的是無關道義的話，又喜歡賣弄小聰明，實在很難走上人生正途。」

說到言不及義，何謂義？爲什麼說話一定要和義有關？這確實是一個問題。我有一個朋友在中學教書，有一天，他想聽聽學生在談什麼問題。校園中間有一棵大樹，大樹周圍有石頭凳子，大家可以坐在樹下聊天。他過去的時候，幾個學生渾然不知老師坐在另一面。他後來告訴我，聽學生聊了半個小時，沒有一句話是有意義的。我說，學生下課的時候當然要聊一些無聊的事，調劑一下。況且，學生認爲有意義的事，老師聽起來恐怕覺得毫無意義。學生也許談起某些歌星、明星很興奮，但老師會認爲，這和課業有什麼關係？這和做人處世有什麼關係？如果學生都照老師的要求，下課之後坐在樹下聊天還要談道義，那恐怕壓力太大了吧！有時候，老師眞的太嚴肅了，難怪學生見到我們就跑，很少主動找老師請教。當然，言不及義並不只限於學生中，我們一般人和朋友聊天喝咖啡，十分鐘之後談什麼？談八卦吧，誰說了什麼話，誰做了什麼事，誰如何如何，都是沒什麼根據的，但是聽起來很有趣，講完之後則是一無所獲。《聖經》上有一句話說，人們耳朵發癢，喜歡聽新奇的話。這是一個很有趣的比喻。如果我們現在坐下來聊天，也要及義，一坐下來就說孔子說、孟子說。誰受得了？恐怕咖啡都不喝了，奪門而出。孔子說、孟子說都是對的，但那是在具體生活中，與別人來往時要做的，隨時隨地談這些未免太嚴肅了。

好行小慧，就是賣弄小聰明。也有的版本把「慧」寫作「惠」，喜歡施一點小恩惠。不過，與前邊的言不及義相對應的，當然應該是賣弄小聰明了。孔子對這種行爲的評價是，難矣哉。不是說這樣很難，而是說，這樣很難走上人生的正路。孔子所謂的難，一定是走上人生正路有困難，不容易達到走上正路的目標。意思是，缺乏警惕，缺乏自覺，整天與別人相處在一起，說的都是一些無關道義的話。儒家追求道義之交。道代表人類共同的正路，義指的是在這個時候這個地方該做什麼事。其實，我們和朋友來往，最好有一個主題。我平常不太接受邀宴，別人說一起吃個飯吧，我會問什麼事，如果這個事電話裡可以講清楚，那就不用浪費時間見面了，否則見面吃飯就成了負擔，已經那麼胖了還吃那麼多，並且最關鍵的是浪費時間。所以，我們應該儘量簡單明瞭，有什麼事要說、有什麼事要做，可以做就做，可以不做就不做。現代生活節奏很快，每天都有事要做，甚至已經排到一個月、兩個月、三個月以後。以我來說，只要有人找我，我就充滿感恩，心裡想，他一定經過考慮、經過選擇才請我做這件事，我要尊重他的想法。但是，我後來慢慢發現，有時候不需要太考慮這一點。我只是很多候選人之一，我不去，換一個人就行。我不去，他就不開課嗎？眞的開天窗嗎？當然不會。如果我們太爲別人考慮，就會把自己的時間分割得太嚴重。所以，有時候不得不有些原則，儘管有些不近人情。比如，我面對一些邀請會考慮，這件事別人可以做嗎？如果別人可以做，我儘量不做。大家分工。如果我到處接受別人邀請，什麼演講都去，那我怎麼能有時間讀書呢？所以，我不能講，或我不願講的時候，讓別人去講不是很好嗎？

人與人是有緣分的。因事生緣，就是因爲某些事情而結緣，事情結束以後緣自然就滅了，叫做緣起緣滅。所以，不要執著。交朋友也一樣，要結緣，要惜緣，要隨緣。那爲什麼會言不及義呢？一群朋友固定要見面，從幾年前開始就幾個月見一面，到最後眞的是無話可說。因爲人的進步沒那麼快，書沒念那麼多，再見面，他還沒開口，你就知道他要說什麼；他說了之後，另外一個人會接什麼，你也一清二楚。那何必參加這樣的聚會呢？天下無不散的宴席，很多時候要自己選擇，有時候難免覺得困難，因爲人總是有感情的，與一群人在一起時間長了，投入了某些感情，會覺得我們是一個團體，很有向心力、能夠凝聚在一起，不願意分開。

以文會友、以友輔仁，相處才能長久，否則，到最後難免變成群居終日，言不及義，好行小慧，很難走上人生的正路。這一章孔子談到阻礙人走上人生正路的方式，但偏偏是很誘惑人的，因爲它不必費什麼力氣。我們應該特別警惕。

【第240講】

《論語・衛靈公第十五》第十八章的內容是：

子曰：「君子義以爲質，禮以行之，孫以出之，信以成之。君子哉！」

孔子說：「君子以道義為內心堅持的原則，然後以合理的方式去實踐，用謙遜的言詞說出來，再以誠信的態度去完成。這樣做真是一個君子！」

這裡提到四個重點。要做君子嗎？要記得自己的本質，即內在眞實的基礎，就是義。義指的是正當的行爲表現。第二，要以合乎禮儀的方式去實踐。不管再怎麼樣存心善良，如果行爲不合乎禮儀、禮節，又忽略了禮貌，那也不行。禮包括我們現在說的禮儀、禮節、禮貌。儒家重在眞誠。內心裡面有眞正的、正當的情感，表達出來的時候，還是要合乎禮的規範。所以，禮是形式，眞誠的情感是內涵。第三，孫以出之，用謙遜的言詞說出來。謙遜是不會有壞處的。在《易經》中有一個謙卦，卦象是地山謙，上面是平地，底下有一座高山。在古代，高山的意思是停止，因爲那麼高的山，讓人感覺有壓力。但是，現在把山藏在底下，上面是平地，一望無際，沒有壓力。在《易經》六十四卦中，只有謙卦是六爻非吉則利。其他卦的六爻裡，總是有好有不好。所以，一個人不管有什麼樣的特殊成就或才幹，外表謙遜溫和，就不會給人壓力，誰不親近他呢？相反，稍微有點本事，就拒人於千里之外，擺出高傲的神色，誰願意接觸這樣的朋友呢？第四，還要以誠信的態度去完成。四點加起來就是君子。禮、孫、信著眼於實踐、表現和完成，義是一切的根本。

講這段話時，我往往覺得材料不太夠，因爲孔子很少直接談義。一般講到義都會強調內在和外在如何配合。因爲義代表正當性，正當性不能離開適當性，適當性不能離開適宜的情況。所以，我常常強調，仁是出於內心的情感；義一定要考慮到外在，然後由內而發，到外面去實踐叫做義。《孟子》裡面有一段很有名的辯論，究竟尊敬長輩的義是由內而發，還是純粹就外面來看的？比如，我看到一個長輩，我尊敬他，這是義。但是，所謂長輩是從外表判斷的，這樣就變成義是由外而來的。但是，孟子強調，尊敬長輩的行爲表現在外，而尊敬長輩的心還是內在的。儒家思想怎麼可能忽略內在眞誠的心呢？但是，孔子的義以爲質，似乎把問題弄得複雜了。因爲禮儀是外在的，義反而變成內在的實質了。於是，有人把孔子的思想總結爲「攝禮歸義」。攝就是統攝過來、收過來，把禮歸於義。禮是外在的形式，其核心是義。然後再「攝義歸仁」。義最後還是要回到眞誠的內心。歸根究柢，要用眞誠的內心情感去判斷一件事該不該做；至於如何做，則和禮有關。該不該做，是義；爲什麼要做，是仁。

比如，我坐在車上，看到老太太上來，一定是出於眞誠才會讓座。怎麼讓座，這是禮。如果我站起來說：坐吧！態度很傲慢，老太太一定心中不樂意坐，感覺這個人讓座給我，怎麼講話那麼難聽呢？好像是施捨似的。可見，如果忽略了禮，就是做了該做的事也沒有效果。禮的重要性就在於它是大家共同接受的人際規範。有眞誠的心，做該做的事，別人就接受嗎？還要看你的表現方式。孔子對君子的討論不少，不論如何，君子絕不是天生的。「君子」是一般念書人立志的目標，然後多方學習修練，最後結成的善果。所以，首先就是動機問題。我們常常講，起心動念。要知道，人是社會性的動物，大家都一樣，我想要的別人也要，我討厭的別人也討厭。如果把別人當成自己來看，就要經常以眞誠的心和別人相處。如果沒有這樣的心態，只爲自己著想，那是標準的小人。人要有志向才能成爲君子。孔子基本上也認爲自己在努力做這件事，而且認爲自己應該做得還不錯，不過對於仁者、聖者，那還是有距離的。君子這種儒家的人格典型，是每一個人經過學習、努力都有可能完成的。這是儒家的基本信念。

【第241講】

《論語‧衛靈公第十五》第二十一章、二十二章、二十三章都很短，而且都談到君子與小人的對照。第二十一章是這樣的：

子曰：「君子求諸己，小人求諸人。」

孔子說：「君子要求的是自己，小人要求的是別人。」

類似的話我們亦讀過，「古之學者為己，今之學者為人」。小人只會怪別人，因為他要求別人；君子要求的是自己，要求別人的很少。因為能改變自己的話，是對自我性格的提升和圓滿，等於是改善了自己的生命，真正受益的、成就的是自己。所以，求諸己，是非常正確的路。至於小人，很多事都去要求別人、責怪別人，別人改善了之後，小人依然如故，還是和以前一樣。這一來，不是得失差別很大嗎？如果一個人懂得自我要求，他的生命便會每天進步，日新又新。相反的，一個人要求別人，他自己則完全原地踏步。之後，周圍的人都因為他的要求而改善了，他自己卻還是原樣。就拿我的小學同學來說吧，本來大家都差不多，後來慢慢不在一個層面上了。我從小上學的座右銘就是，強行者有志。所以，放假的時候我比別人多念一個星期，每天比別人多念十分鐘。不要小看這十分鐘，十年二十年下來就是這十分鐘造成的差異。歸根究柢，就是我要求我自己。考試考不好，不會怨老師出題太偏，而是自己準備不夠，下次努力改善。不能說，沒考好是因為今天下雨了，心情不好；老師出題太偏了，我念到的都沒出，他出的我都沒念到。怎麼那麼巧呢？自己沒有責任嗎？我上學時，父母到週末就和鄰居、朋友打麻將。麻將也是我們的國粹之一，很好的休閒活動，但是不要賭得太厲害，否則就玩物喪志了。那時，父母親和別人打麻將，我就在旁邊的桌子上做數學。有一個長輩打麻將休息的時候，沒事就在後面看我寫。他問了一句，怎麼旁邊有人打牌，你還能那麼專心啊？他不知道，我早就訓練出來了。如果父母一打牌我就分心，那我念書還有希望嗎？所以，君子求諸己，要自我要求，不要怪環境，而要慢慢培養專心的功夫。

接著再看第二十二章，原文是：

子曰：「君子矜而不爭，群而不黨。」

這話和前面講過的「君子和而不同」、「君子泰而不驕」很類似。意思是：

孔子說：「君子自重而不與人爭鬥，合群而不成幫結派。」

君子最大的特色就是沒有私心；小人最明顯的特徵就是私心太重。矜的意思是自重，不與別人爭，別人要爭的話，我就讓。群而不黨更難做到，我與別人合群但絕不成幫結派。這個世界上最怕黨同伐異。我們是一幫人，謀求自己的利益，別人和我不同我就批評他，在學術界尤其如此。其實，學者的特色就在於有獨立的人格，我讀書懂得道理，我堅持我的原則。比如，我研究儒家三十多年始終講人性向善，沒有改過一次。很多人批評我，那就根據經典來探討。但是，有些人成幫結派，認爲他們就是屬於人性本善派，非要堅持不可。他們恐怕也認爲自己是擇善固執，那我也沒什麼好爭的，只能說各有所見吧。大家都認爲自己是憑良心做研究，你不能說我一定錯，我也不能說你一定對。這是群而不黨，我能夠合群，但是一旦談到學術問題，就不能不爭辯了。

第二十三章的原文是：

子曰：「君子不以言舉人，不以人廢言。」

這也不容易做到。意思是：

孔子說：「君子不因為一個人話說得好就提拔他，也不因為一個人操守不好就漠視他的話。」

我們很容易做到的是以人廢言，比如，我知道張三是個壞人，各方面表現都不好，他說什麼話，我們都會傾向於把他否定。有一句俗話說「狗嘴裡吐不出象牙」。但是，一個人素行不良，做過一些壞事，他就不可能說出有價值的話嗎？還是可能的。他也可能哪一天看書、看電視受到啓發，說出很有價值的話來。我們要把一個人和他說的話稍做區分。同樣，再回到前一句，君子不以言舉人。如果碰到一個人口才非常好，像宰我一樣，你說，這個人話說得眞漂亮、眞得體，我就好好提拔他。但是，他話說得好，有眞正的德行配合嗎？孔子說過，有德者必有言，有言者不必有德。什麼意思？有好的言論的人、會說話的人不一定有德行配合。兩相對照，可見，孔子的意思是，聽一個人說話要儘量客觀，不要先認定這個人的好壞，同樣的，他話說得好也不要太高興，覺得這是個人才。且慢判斷，要再做進一步的觀察。

【第242講】

《論語・衛靈公第十五》第二十四章的原文是：

子貢問曰：「有一言而可以終身行之者乎？」子曰：「其恕乎！己所不欲，勿施於人。」

子貢請教：「有沒有一個字可以讓人終身奉行的呢？」孔子說：「應該是『恕』吧，自己所不想要的一切，就不要加在別人身上。」

「己所不欲，勿施於人」幾乎成了孔子的標誌。這八個字在《論語》中出現了兩次。第一次是在《論語・顏淵第十二》的第二章，仲弓請教如何行仁，孔子提出己所不欲，勿施於人。這次子貢問，有沒有一個字可以終生受用呢？學生畢業的時候，往往請老師寫下臨別贈言。老師根據對學生的觀察、了解，結合豐富的教學經驗，幾句話就能讓學生終身受用。我中學畢業的時候，請訓導主任寫臨別贈言。他是一個非常精明的中年人，目光犀利，學生都很怕他。他說我是「小心謹慎」。說實在，高中畢業時聽到這四個字，我心裡實在不太開心。老師說我小心謹慎，那我還有什麼出息呢？年輕人應該有理想吧，我想了很久，我確實小心謹慎。也許有人覺得，這個學生沒什麼出息。但是，小心謹慎保平安有什麼不對嗎？我素來沒有冒險精神，危險的地方從不去。別人說游泳很冒險，來衝浪吧，我從來不去試。既然知道自己沒有多大本事，何必去冒險呢？另一方面，我也接受了孟子的教訓。孟子說，君子不立乎危牆之下，君子絕不會站在一座搖搖欲墜的牆底下。我的寶貴生命怎麼能夠隨便冒險呢？所以，多年以後，我仍然常常想起老師給我的贈言。

本章的背景應是子貢要暫時離開老師了，他請老師給一個字，終身奉行。孔子說，恕。這個字眞好，上面是如，下面是心，如心爲恕，代表將心比心，設身處地替別人著想。具體作爲就是八個字：己所不欲，勿施於人。聽起來簡單，做起來可不容易。通常，我們都是在別人對我不好之後，提醒對方，己所不欲，勿施於人——你對我不好，你一定也不希望我這樣對你吧。我們大多用這八個字告誡別人，不要做對我不利的事。那我們自己是不是也偶爾做了對別人不利的事呢？在背後批評別人、數落別人缺點時，也用這八個字提醒一下自己。通常，我們會把人設定一個範圍，我的朋友都在這個範圍內，對朋友都應該像對自己一樣，但是朋友圈子以外的人就不同了，我何必在乎他呢？這樣一來，己所不欲，勿施於人的範圍就很窄了。比如，我對本國人很好，對外國人就不一定了，尤其是膚色不同、語言也不通的。你叫我把他當做和我一樣的人去如心爲恕，將心比心，設身處地太難了。我做不到，外國人做得到嗎？外國人有時候難免有一點歧視？我記得，我到美國上學的時候，拿到申請表，底下一定有一句申明：沒有任何歧視。爲什麼要寫這句話？正因爲有歧視，所以要申明沒有歧視。外國人來中國上學，中國人會對外國人說，你們來我們非常歡迎，我們中國沒有任何歧視。需要這樣寫嗎？中國人對外國人哪裡有歧視？我們一向非常好客，有朋自遠方來，高興還來不及呢。我們常常碰到這種情況，一個美國人找不到路，立刻有很多人過來說，我能幫你嗎？我們到外國去，別人會這樣好客嗎？不一定。比如，你會講英文，到了法國恐怕行不通，因爲法國人不喜歡別人講英文。法國在歷史上曾經非常輝煌，法國人至今念念不忘，而聽到今日作爲世界語言的英文，法國人有壓力。所以，和法國人講英文，很多人乾脆裝作聽不懂。到德國去講英文比較容易。德國在二次大戰戰敗以後，德國人覺得自己應該改一改，要學習英文。在東德、西德統一的時候，我在德國待了四個月。路上常常會碰到東德過來的年輕人，用德文問我，有沒有兩塊馬克？這麼容易的問題我怎麼會聽不懂呢？但我就要假裝聽不懂。否則，給不給他錢呢？兩塊馬克我當然有，但問題是，我爲什麼要給他呢？說實在，如果碰到自己朋友，二十塊也給了。所以，己所不欲，勿施於人，這八個字比較容易用在自己的同宗、同鄉、同學、同道之內。超出這個範圍，對於不認識的一般人，或者外國人，也能做到己所不欲，勿施於人，那才是眞正的修養。這是我們要學習的。

己所不欲，勿施於人，包括天下每一個人在內。這才是儒家眞正的精神。區分是不是同鄉、是不是同國，那就違背儒家的理想了。

【第243講】

《論語・衛靈公第十五》第二十七章的原文是：

子曰：「巧言亂德，小不忍則亂大謀。」

孔子說：「動聽的言詞足以混淆道德判斷，小事情不能忍耐就會攪亂大的計畫。」

這裡分兩段，首先是言與德的關係。巧言就會混淆道德判斷。人活在世界上從小就接受許多教育，對於道德判斷有基本認知，總認為某些事是善的、某些事是惡的，但是，進入社會之後發現，很多事情沒有那麼單純，以至於有些人口才很好，可以顛倒是非黑白。他做一件事，你說不對，他至少可以找出好幾個理由。第一，別人都這麼做，為什麼別人可以，我不行呢？比如，開車闖紅燈。很多人闖紅燈沒有被抓到，為什麼專門找我麻煩呢？這是很簡單的事情，還有很多在道德判斷上更加複雜的問題，也都被歸結於別人先做了。這世界上什麼事情沒有人做過？任何可怕的事情、難以想像的事情都有人做過。第二，不能怪我，誰叫我有這種能力呢！這種觀念在古希臘時代很流行。我們把它歸結為一個公式：能夠就是應該，應該就是必然。就是說，我有這個能力，能夠做，就該做，不然上天為什麼給我這麼大的能力呢？這種觀念非常可怕，我能夠做的就是我該做的，我該做的就是我必然要做的，結果就有很多悲劇無法挽回。第三，用歷史人物作支持。我這樣做錯嗎？歷史上誰這樣做還不是贏了？《莊子》中的〈盜跖篇〉對此進行了有趣的描寫。柳下惠是有名的好人，但是他弟弟盜跖是個大強盜。孔子建議說，哥哥那麼好，弟弟這麼壞，哥哥應該勸弟弟。柳下惠很誠實地說，這個弟弟我勸不來，他心如湧泉，意如飄風，太聰明了。他的心像泉水湧出來一樣擋也擋不住，他的念頭和飄風一樣誰都猜不準。孔子喜歡當老師，所以就自告奮勇，說：你給張名片吧，我替你去教你弟弟，並真的跑去找這個大強盜。結果，和強盜一辯論，被駁得灰頭土臉下不了臺。盜跖專門搜集了很多資料，誰忠心耿耿當忠臣死得很慘，誰當孝子苦得不得了，可見，做忠、做孝、守信義都會很慘。其中就講了這麼個故事，有一個人叫尾生，很守信用，他和女孩子在橋下約會，結果下大雨洪水來了，他就抱著柱子活活淹死了。他難道不會上橋嗎？他說，不行，我約了在橋下，就不能上橋，一定要守約。人家女孩子到時間沒來，人家不守約定，但我要守信用。孔子的理論是實踐忠孝仁愛，會給內心帶來快樂。但是，盜跖專門講外在遭遇已經這麼慘了，內心快樂又有什麼用？一些壞人反而過得很得意。一聽之後，自然覺得，爲什麼要做好人呢？孔子講不過他，只好下山。子路、子貢在旁邊陪著他，把駕車的轠繩交到孔子手上，轠繩三次掉落孔子都不知道。回到魯國的都城，碰到了柳下惠。柳下惠看孔子風塵僕僕怎麼搞得如此失魂落魄？就問是不是見到我弟弟了？孔子說，是啊，我到了虎口，捋了虎鬚，差點被老虎吃掉。這是《莊子》裡最調皮的一篇，借一個強盜的口來批判儒家。這恰恰就是孔子所要批評的。你批評我，我還要說你巧言亂德呢！你現在說的這些話能不能用來教孩子呢？能不能用來一輩子實踐呢？你現在正當盛年，胡作非爲別人管不住你，你就開始宣揚這種偏差的觀念，哪一天你有了孩子，怎麼教？你對他說你不要孝順嗎？那你自己先就受不了。等你老的時候，你不希望晚輩尊敬你嗎？你怎麼教他們呢？這就是巧言亂德。

古希臘時代也有一派專門搞辯論的，而且主要和蘇格拉底辯論。他們說，哪裡有什麼道德標準，此一時也，彼一時也，這個社會和那個社會法律不同，一件事在這邊是好的，在那邊變成不好不壞，再到一個地方變成壞的。蘇格拉底就一一加以質疑批判，所以，很多人把蘇格拉底稱爲西方的孔子，因爲他也試圖建立道德標準。

其次，講到小不忍則亂大謀。當你有大計畫時，如果在細節小事上不能忍耐，那就麻煩了。舉個簡單的例子，假設我要參加高中入學考試，但恰好有個歌星開演唱會，我受不了誘惑非要去，隔了幾天又有運動會和演出，我也非去不可。這些小事不能忍耐，還怎麼參加考試？高中入學考是大事，三年的努力奮鬥就看這一關了，所以必須要忍耐，儘量收斂自己的的心性，集中時間、力氣，針對最重要的目標，才能實現自己的理想。我對於小不忍則亂大謀，也有很深的切身體驗，說起來實在是有點難堪。我在美國上學的時候，因爲勤奮，很快就把學分修完了，又把語言考試考完了，在班上，我的進度最快。然後，在正式寫論文之前，還要通過一個博士生資格考試。這個時候出問題了。所長告訴我，資格考試要請一位研究佛學的猶太教授當口試委員。他曾在日本讀過碩士，受日本人觀念影響很深。日本人以前統治過臺灣四十年，總覺得臺灣是日本的屬地。而這位教授也是這麼想。爲了安排考試時間，我就特地在他教室門口等著。教授出來看到我，很得意地說，你終於來找我了。因爲我們兩人的研究領域沒什麼關係，平時沒交道可打。我說，是啊，所長要我來找您，請問您什麼時候有空，可以安排我的考試。他說，你從臺灣來的嗎？我說，是啊。他問，今天什麼日子，你知道嗎？當時是二月，我心想，二月對我們中國人來說只有農曆新年，或是元宵節了，可今天什麼也不是啊，只好答說不知道。他說，你從臺灣來，怎麼可以不知道？我說，我是從臺灣來，但是我確實不知道今天是什麼日子。他說，今天是日本的開國紀念日啊。當時，我有個衝動，想打他一頓，但是一打，我的博士就沒有了，只好在心裡默念，小不忍則亂大謀。如果這時候不能忍耐，我辛辛苦苦讀了幾年的博士不就沒有了嗎？忍耐，不和他計較，這個狂妄之人懂什麼，他接受日本人教育，以爲日本人做的都對，和他去爭也講不清楚。我的親身經驗告訴我，人的一生不可能完全順利，很多時候只能受委屈，就看能不能忍耐，在這種時候修養自己。

【第244講】

《論語・衛靈公第十五》第二十九章特別重要，它的原文是：

子曰：「人能弘道，非道弘人。」

孔子說：「人可以弘揚人生理想，而不是靠人生理想來弘揚人。」

有一次，有個記者問我：「你能不能用一句話概括孔子的理想？」我就選了這一句話，因爲它充分體現了儒家的人文主義。聽到道，大家會覺得很偉大、很高尚，人生本來就應該立志了解道、追求道，但是，人是主體，所有價值的基礎在於人性。所以，孔子討論人與道的關係時說：人能弘道，非道弘人。假設我是一個鄉下人，沒有受過教育，不知道什麼是道，更不懂儒家、道家，那麼我這一生還有希望嗎？儒家的回答一定是肯定的。就算是文盲，只要眞誠，憑良心做事，也照樣有希望。因爲道是從人性延伸出來的。《中庸》的第一句話講得很好：「天命之謂性，率性之謂道，修道之謂教。」「率性之謂道」，意思是，順著人性的要求去走，就是人生的正路，哪怕沒有老師教，只要眞誠，依舊可以走上人生的正路。相對的，一個人從小接受了很好的教育，掌握了各種文化知識，懂得道，那他就是一個完美的人嗎？不一定。有些人讀很多書，但實際生活上的問題很多。如此，學問再好，就算把各家的道全部了解了，又有什麼用？他沒有做到眞誠。

這種觀念對中國的影響很大，發展到宋朝分爲兩派：一派爲理學，另一派稱爲心學。理學以朱熹爲代表，主張格物窮理，就是儘量去正確地理解萬物的道理，然後才能走上正路。他們要人念書，越多越好，而且還要思考。但問題是，念多少才算夠？書是念不完的。心學的代表陸象山有一句話很值得參考。他說，就算一個字都不認識，也照樣可以做一個堂堂正正的人。這才是眞正的儒家精神。理學當然也有可取之處。孔子強調「學而時習之，不亦說乎」，立志求學、好好念書，以便懂得道理，學會變通，才能夠應對人間各種複雜的情況，才能做到四十而不惑。但是，誰能保障天下人都受到良好的教育呢？受教育還不夠，還要受到良好的教育。有很多人受過教育，最後反而走偏了。我們當老師的人都知道，不見得所有老師都是合格的，有的老師因爲自己的遭遇而心情不好，個性偏激，說出話來對學生的影響可能是負面的。誰來保障學生的權益呢？如果仍然強調格物窮理，那些環境比較特別，沒有機會念書的人還能不能做好人呢？沒有接受過教育的人，這一生還有希望嗎？理學家恐怕沒辦法回答這些問題。但是，對於心學這一派來說，就沒有問題了。只要憑良心做事，眞誠，內在的力量就會引導人走上正確的人生之路。比如說，我很眞誠，看到父母，內心中自然會有力量要孝順，不用別人教。眞誠的力量讓人對該做未做的事覺得不安、不忍，這就是動力。而讀書的目的，是要讓人知道選擇適當的方法和方式來表達內心的眞誠。最重要的是心中有主動的力量。寧可有動力而不懂得方法，這樣至少比較純樸。

「人能弘道，非道弘人」八個字在這麼早的年代，就明確肯定人具有普遍的、共同的特質，就是內心眞誠就有力量由內而發，引導人走上正確的人生道路。這是儒家很重要的特色。我們今天學習孔子的思想，就要緊緊把握住人這個主體。有些人強調儒家特別重視群體，從家庭到社會，好像把個性忽略了。這種說法有部分道理，但不是全部眞理。在《論語》裡，我們多次發現，孔子強調的是自己要負責——每一個人只要願意，走上人生的正路都不是問題，就怕沒有誠意，就怕缺乏堅定的意志。如果缺乏誠意與意志，就算讀很多書，知道所有的道又有何用？即令孔子親自教學，也有學生趕不上，這個學生就是冉有。

他說：「非不說子之道，力不足也。」我不是不喜歡老師的道，但是老師的道太高了，我力量不夠。冉有在孔門弟子裡排在前十名，不能說他不懂得道吧。可是，道對他沒什麼太大幫助。他後來做官，才華很高，但是方向不對，忘記去照顧百姓，反而替他的長官聚斂錢財，被孔子嚴厲批判了。

「人能弘道，非道弘人」這句話也反映孔子的思想非常開闊。他沒有說，大家一定要聽我的話、聽儒家的話。如果一定要聽孔子的話，那孔子以前靠誰呢？有些人寫文章很誇張，韓愈就說「天不生仲尼，萬古如長夜」。孔子本人怕也不願意聽到這種話，因爲孔子崇拜周公，難道周公那時候也是一片漆黑嗎？難道其他學者沒有任何有價値的見解嗎？這種觀點叫道統觀念，太封閉了，太具有排斥性了，必然造成派系對立，互相攻擊。把道理說出來就好，沒必要喊口號，沒必要神化孔子。宋朝學者朱熹就有這樣的問題。學生問，老師，孔子也會有過失嗎？朱熹說，孔子是聖人，哪裡會有過失呢？這話實在太離譜了。孔子是一個知過能改的人，他經常自我反省。他曾經表示德行沒有修養、學問沒有好好研究、聽到該做的事沒有跟著去做、有不善沒有改過，這些是我憂慮的事啊。而且，孔子還說「知之爲知之，不知爲不知」，沒有什麼好客套的。我們學習儒家要記得，正因爲孔子作爲平凡人取得如此不平凡的成就，我們平凡人才有希望。如果孔子生下來就是聖人，我們怎麼學呢？我們平凡人的努力會有意義嗎？

【第245講】

《論語・衛靈公第十五》第三十章的內容是：

子曰：「過而不改，是謂過矣。」

孔子說：「有了過錯卻不改正，那才叫做過錯呀。」

這句話非常符合人性的特點。人是軟弱的，意志不堅定，容易受誘惑，有時因為愚昧無法認清形勢，做出錯誤判斷，行動沒有原則，結果便犯錯了。這裡談到「過」，很多人犯錯是重複再犯，一而再，再而三，這是孔子所批評的。能犯了一次錯就改的是顏淵。被孔子稱讚為好學的只有顏淵一人，評價就是兩句話，「不遷怒，不貳過」。好學與此有什麼關係？可見，好學一定要與德行配合，好學卻沒能改變自己，學習有何用呢？只是賣弄學問而已。好學的目的就是要改善自己的行為。不遷怒，與張三吵架絕不怪李四；不貳過，絕不犯同樣的過錯。

《易經》復卦，特別提到顏淵，說不善的事他沒有不知道的，知道之後沒有再去做的。做錯事的時候，大家一般都會知道，當然，可能是做完才知道，或是做了一半才發現，已經煞不住車了。如果還沒做就知道錯，但還堅持去做，那就是居心不良，放縱欲望了。顏淵一旦做錯事，絕不再犯第二次。這是不容易的。性格造成許多習慣，致使人們總犯同樣的過錯。西方有句話說，第一次上當是別人壞，他騙了你；第二次上當是自己笨，怎麼沒有學會教訓呢？第一次受騙時還可以原諒自己。我受騙了，不能怪我，是騙子太壞了，設計各種陷阱讓我相信他。這個時代，詐騙電話及資訊越來越多，媒體經常提醒大家，什麼樣的電話及簡訊是詐騙，以致有些人明明是眞的得獎了，收到通知電話，他反復問，你們是不是在詐騙？即便如此，騙局也是防不勝防。但是，有過一次教訓後，第二次上當就不要怪別人了，那是自己笨。我自己受騙的例子很多，都不全怪別人。我女兒曾對我說，你編一本書一定暢銷，叫做《受騙記》。很多人一定覺得，這個人在學校教書，好像應該懂得道理，比較聰明吧？錯了，我做人處世有時候太單純了，把人性看得太簡單。我講儒家認爲人性向善，我也眞的相信每一個人都是向善的。看到別人做壞事，我也可以理解，這是因爲他不夠眞誠，是他自己的責任。而我自己一再受騙，根源也在自己，絕不會因爲多次受騙，心灰意冷，就開始說人性是惡的。

一九八七年，我到新加坡開會，來自世界各地的四十幾位學者一起討論儒家思想。與會者分成兩派，絕大部分的人講本善，只有我一個人講向善。那時候，我很年輕，雙方辯論得很激烈。最後一天的閉幕式上，新加坡的教育部長來致辭。他說，聽說你們在討論人性本善還是向善的問題，根據我擔任公職三十幾年的經驗，我可以向各位報告，人性是本惡的。他所謂的經驗就是他看到的事實，看到一些人忘恩負義、欺軟怕硬等劣跡。一位教育官員居然說人性是惡的，這在學術上沒有任何價值。如果從年輕時起，三十幾年來都深信人性是惡的，那今天竟能官拜部長，難道他是惡中之惡嗎？或者說，唯獨他自己是善，因此能受到提拔呢？所以，我們不能根據自己的個人生活經驗隨便下判斷。比如說，我這個星期總是遇到壞人，就說人性是惡的，但卻忘記了上個星期常遇到好人，走在路上下雨，有人幫我撐傘，人性太美好了。哲學研究是要透過一時、一地的特別情況，發現其背後的普遍眞理。

「過而不改，是謂過矣。」啓發我們不要太苛責自己，犯錯之後就改，改了之後重新開始；並且對於別人犯錯，也應該理解，因爲人是很軟弱的。

【第246講】

《論語．衛靈公第十五》第三十一章的內容是：

子曰：「吾嘗終日不食，終夜不寢，以思，無益，不如學也。」

孔子說：「我曾經整天不吃，整夜不睡，全部時間用於思考，可是沒有什麼益處，還不如去學習。」

孔子曾強調「學而不思則罔，思而不學則殆。」學習應該與思考配合。學習時所學的是別人的心得，思考之後才能把它轉化成自己的心得。於是，我不用親身去經驗這麼多複雜的人生遭遇，通過讀書、體會可以使我的生命更爲豐富，使我對不同背景的人了解得更爲準確、更爲深刻。有時候，我們覺得，書上寫的都是古代的、其他國家的事情，我自己身邊的事情不是應該多想想嗎？孔子年輕時也做過這樣的實驗。他整天不吃飯、整夜不睡覺地思考，但是沒有用，如果不讀書光思考，所思考的內容一定是每天道聽塗說的各種資訊。此外還能想什麼？想這些又有什麼用？這些資訊太複雜、太多了，而且很多不可靠。我經常與媒體來往，知道他們下筆的時候有一些技巧。有些媒體報導的，並不是我說的；或者就是採訪完畢後聊天的那句話反而變成了聳人聽聞的標題。如果依據這些材料思考，很可能走上歧途，因爲材料不見得正確。於是，孔子說，不如去學習。這裡的學習，指的是讀書。找老師學習，老師不見得隨時候教；並且在孔子那個時代，連孔子也沒有讀過大學，他向很多老師求教，但還要看老師有沒有空，如果老師在很遠的地方，交通也是個問題，所以，閱讀是最直接的學習方法，通過閱讀可以知道天下許多事。當然，不要忘記《孟子》中的「盡信書不如無書」。如果完全相信書上所寫的話，那還不如不要看這些書。孟子特別提到，周武王起來革命時，《尚書・武成》上記載「血流漂杵」，死了很多人，血流出來可以把用來舂米的杵漂起來。孟子說，這一定有問題。周武王是最有仁德的，商紂王是最不仁的，以最仁德的去討伐最不仁德的，怎麼可能死這麼多人，到了血把杵都漂起來的程度？

今天這個時代，出版太方便了。據說，每個月上架的新書大概幾千種以上。這些書都可信、可靠嗎？都值得閱讀嗎？讀了之後，都對人有幫助嗎？先不說能不能讀懂，有些書讀了之後，反而弄不清楚眞相。古代比較單純，書是一頁一頁刻成的，要去造假或者亂寫，也很費時費事。現代人就要謹慎選擇所讀之書，否則，開卷不見得有益。當然讀《論語》、《孟子》這些儒家經典絕對是開卷有益，它們已經通過兩千多年來所有讀書人的檢驗。但是有些書就要愼重了。假設我喜歡歷史，翻開二十四史的任何一本都有益嗎？倒也不見得。宮廷鬥爭、勾心鬥角，有多少複雜的事情啊。當然，這個有益能夠提醒我們，人類社會很複雜，不要太天眞。除此而外，正面的幫助不見得很多。再比如看《三國演義》，到最後曹操贏了。我會覺得，劉備、關羽、張飛這些人這麼講道義，不還是輸了嗎？而曹操這樣兇悍陰險的人卻成功了。學曹操嗎？我們往往不能做，也不忍心這樣做。所以，選擇合適的書來閱讀是非常重要的。如果你自己不能選擇，那就請教長輩、老師。人的時間有限，今天讀了這本書，就不能讀別的書；今年讀了這幾本書，就不能讀其他的書。很多人喜歡找老師開一張必讀書目。我是不太敢開的。誰規定你這些書非讀不可呢？而且，很多學者前輩開的必讀書目，誰讀得完呢？連十三經都出來了，就是讀完又有什麼用呢？恐怕也消化不了。只需就近尋求長輩、老師的建議，選擇一兩本多看幾遍，溫故而知新就行了。書不怕重複閱讀，只要是好書，越讀心得越深。像《論語》這樣的書，一定要放在案頭，放在枕邊，隨時看一看。

【第247講】

《論語・衛靈公第十五》第三十二章的原文是：

子曰：「君子謀道不謀食。耕也，餒在其中矣；學也，祿在其中矣。君子憂道不憂貧。」

孔子說：「君子追求的是人生理想而不是衣食無缺。認真耕田自然得到了食物，認真學習自然得到了俸祿。君子掛念的是人生理想而不是窮困生活。」

這段話的意思本來很單純，但因爲中間有一個字不容易解釋，所以出現了較多的討論。我們常常說，爲稻粱謀就是謀食。稻粱是我們的食物，一般人活在世界上都是要先讓自己衣食無缺。但衣食無缺又可分爲最低標準與無限要求兩種。一般來說，如果我們在衣食方面著眼於最低標準，便不需要費太多心思。人應該去謀的、追求的是道，就是人生理想。道作爲人生理想，不但是一個認知問題，更進一步，還要去實踐。所以，孔子經常提到，一個君子應該追求道，那就不應該爲吃得不好、穿得不好而煩惱，因爲實踐道，需要花一輩子的時間，並且要精益求精，永遠還有更完美的程度，這是孔子的基本觀念。「謀道不謀食」不是說不要去找東西吃了，而是心思不要放在如何吃得越來越好、如何穿得越來越好這些事上，人應該將道實踐得越來越多，越來越完全。

耕者就是農夫，耕田有了收穫，吃飯沒有問題了。但是，問題是「餒」作何解釋呢？餒的現代意思是饑餓。所以，有些人就把這一句話翻譯成，就算你好好耕田，可能還是會有挨餓的時候，但是你好好學習的話，就可以得到俸祿。這話實在不通。事實上，「餒」有不同的寫法與用法。在古代，它指的是食物，左邊是食，右邊是委，見於《康熙字典》。所以，這句話的意思是，你認眞耕田，就有飯吃；你好好學習，就有俸祿、薪水。在古代，只有貴族子弟才能上大學，完成學業後，將來要從事政治活動。在大學中所學的禮樂制度是將來做官必須具備的條件。

《論語》的版本很多，而且古書在傳抄過程中難免發生訛誤。我講《論語》時在文字上非常謹愼，沒有絕對的理由不會輕易更改一個字，但是，有的字非改不可。比如孔子對子貢說，貧而樂道，富而好禮。很多版本就是「貧而樂」，沒有「道」字。類似的問題，我在講解時都做了必要的說明。有些篇章如果不增減字，整個思想都模糊了，好像孔子講話有很明顯的語病，而且在邏輯上、思維上有明顯的障礙，與其他地方的表述無法對照。

孔子最後的結論是，君子憂道不憂貧。不是說「仁者不憂」嗎？怎麼又憂呢？借孟子的話來說，這就是「君子有終身之憂，無一朝之患」。君子有一生的憂愁，舜由普通人變成聖人，而我還是普通人，沒有成爲聖人，這是我一生的憂慮；而沒有一朝之患，朝就是早晨。我不會煩惱今天吃什麼、喝什麼。也就是說，儒家的憂，是擔心一生沒有成就完美的人格，而絕不是擔心每天吃什麼、喝什麼。

【第248講】

《論語・衛靈公第十五》第三十五章的內容是：

子曰：「民之於仁也，甚於水火。水火，吾見蹈而死者矣，未見蹈仁而死者也。」

孔子說：「百姓需要走上人生正途，勝過需要水與火。為了得到水與火，我見過有人犧牲了生命，但是卻不曾見過有人為了走上人生正途而死的。」

這段話我們平常很少注意。本章說到仁，又提到死亡，大家自然會想到殺身成仁。其實，它不但與殺身成仁的意思相同，而且更具體地指出，應該分清楚輕重。何者爲輕？何者爲重呢？人類生存一定需要水與火。如果家裡沒有水了，或者沒有柴了，需得向鄰居借，否則如何度過那麼寒冷的夜晚呢？柴米油鹽醬醋茶是生活所需，但水與火是最基本的。除了水與火，老百姓更需要的是人生正途。有了水與火，可以做食物，活下去了。但是，哪種生物不是活著呢？耶穌說過，天上的鳥不耕田，也不除草，但你什麼時候見過鳥餓死的，很少啊！天生的天會養。還有地上的百合花，什麼時候見過它辛苦地織布？但是，即便是所羅門王最盛的時代，他的王袍也沒有這些百合花漂亮。所以，人活在世界上，如果不追求人生正途的話，與生物相比也沒有什麼特別的，你的漂亮比不過一朵花，你生活的悠哉比不過一隻鳥。人也許會羨慕自然界裡面的不少動物。自從兩隻熊貓到臺灣之後，很多年輕人就很羨慕牠們，說：如果有下輩子的話，希望做熊貓，生下來就那麼可愛，整天就是拚命吃，吃完就睡。如果人生只有吃和睡兩件事的話，那你爲什麼要成爲一個人呢？有些人覺得委屈，早知道我生下來是一隻熊貓多好！但你已經是一個人了，人是萬物之靈啊，你還沒有發現做人的快樂啊。

我到各地講《論語》時，獨自一人住在旅館裡，有時孤獨，於是就聽音樂。有些音樂眞是好聽，欣賞時感覺到眞幸福，做人眞好。尤其在這離鄉背井，又時常十分忙碌的時候，忽然有半小時可以休息，優美的旋律會把人的所有煩惱全部掃淨。不但如此，還能讓我自由想像，舒展心靈，這就是音樂的作用。古往今來，多少偉大的藝術家把他們的研究和心血貢獻出來，讓我們平凡人享用。這是多麼幸福的事。其他動物不可能想像這些，牠們靠本能生活，生活就是一個詞——單純。而人聽音樂、吃飯、與別人來往、工作，總的目的都是要走上人生的正路。

孔子感歎說，我見到有些人爲了得到水火而犧牲生命，也就是說，人爲財死，鳥爲食亡。錢是身外之物，是讓人快樂的一個手段。如果拚命賺錢，最後反而犧牲了生命，那是本末倒置。人生就是要分辨何者根本，何者次要。賺錢是次要的，根本的是有錢之後要過什麼樣的生活。錢是替人服務的，不能倒過來，爲了賺一點錢而犧牲了健康、甚至犧牲了生命，那就太不值得了。所以孔子說，我見過很多人爲了水火而犧牲生命，爲了賺一點錢而陷入困境，卻沒有見過有人爲了實踐人生正途而犧牲的。眞的非犧牲不可嗎？到了關鍵時刻，肯定要做這樣的選擇，但是，各位不要擔心，這種關鍵時刻平常不會出現。比如，文天祥被關在監獄裡，要他抉擇是活著當宰相，還是要以死報效宋朝。這樣的情況一般人很難碰到。有的學生擔心，動不動就孔曰成仁、孟曰取義，學儒家看起來好像很危險，似乎動不動就要犧牲生命似的。不用擔心，其實儒者強調的是絕不能爲了自己的利益而犧牲道義。比如爲了錢要出賣朋友嗎？這絕不能做，朋友的價值遠遠勝於金錢。但是，在這個社會上，爲一點錢出賣朋友、向朋友借了錢不還的人，還是不少。孔子不是眞的叫我們去蹈仁而死，而是提醒我們，爲了實現仁德，再大的犧牲都是應該的。

【第249講】

《論語．衛靈公第十五》第三十六章的內容是：

子曰：「當仁，不讓於師。」

孔子說：「遇到人生正途上該做的事，即使對老師也不必謙讓。」

這句話很精彩。通常，老師與學生有年齡差距，聞道有先後，但目標都相同，希望將來可以實現理想。人有長幼之分，基本禮貌是應該有的。孔子曾教導子夏：「有事，弟子服其勞；有酒食先生饌。」有事情要做，讓年輕人來服務；有酒菜食物的時候，長輩先吃。但是，也不是任何事情都要謙讓老師，特別是攸關行仁之事就不必謙讓。比如，我們幾個人都坐在公車上，一位老太太上來了。我們這些人的仁是一樣的，因為大家都是乘客，一樣的處境裡該做的事相同。很多時候，我們的角色、身份是相對於別人而言的。我上課的時候是老師；下課的時候走在路上就是路人甲、路人乙；上車的時候就是乘客甲、乘客乙。結果學生說，老師我們有讓座的機會了，請你先示範。這怎麼可以呢？儘管老師應該示範，但是，在這個時候，學生應該按照「當仁不讓於師」這句話，遇到人生正途上該做的事，對老師也不要客氣，立刻就做。我自己當老師很久了，坐車也經常碰到自己的學生，但是我讓座的速度絕對勝過我的學生，這一點我非常自信。大家乘車都想坐著。但既然是大眾的運輸工具，人人可坐，憑什麼就我該坐，我上車就是我該坐嗎？不是的。所以我上車找到位置坐下後，心裡的想法是，任何時候只要有人需要，我就讓座，這個座位不是我的，是暫時借我的。把座位讓給需要的人，是一件非常快樂的事情。於是，我一直提醒自己不要睡著，只要看到有老人、孕婦、行動不便的殘障者，我一定立刻站起來讓座。我年輕的時候比較計較，總想著，我又不是最年輕的，還有人比我更年輕，身體看起來比我更好，氣色不錯，他怎麼不讓，要我來讓呢？於是就坐著稍微等一等。結果，老太太快要站不穩了，我才站起來讓座。這時候，別人就會瞪我一眼，好像說，你終於良心發現了。可見，做好事就應該第一時間做，一有念頭立刻做。拖延的話，不但中間的掙扎很痛苦，而且還會被別人鄙視。所以，我把當仁不讓於師，改爲當仁不讓於任何人。我坐車時，感到最痛苦的是看到很多年輕學生坐著，但老太太站著卻沒有人讓座。當然，我也站著，沒有座位可以讓。這些學生在學校受了教育，放學的時候因爲學校離起點站近，上車就有位置坐，一路上嘻嘻笑笑、打打鬧鬧，看到老人上來卻無動於衷。我對這種情況眞是痛心疾首。千萬不要小看這種事。年輕的時候對別人不同情、不體諒，難道家裡沒有老人嗎？難道將來自己不會老嗎？這樣的學生，我肯定不收。其實，不只我這樣想，大家都有共識。美國曾經有一任總統叫麥金萊。他在回憶錄中說，在考慮派某人去擔任駐英國大使的時候，忽然想起，年輕時，有一次下班兩人同乘一班車。麥金萊坐在車子最後一排，此人坐在前面一排。一個老太太上來之後，此人居然假裝打瞌睡，沒讓座。於是，麥金萊總統改變主意，任命了別人。我們固然不應該長期記得別人的缺點，但是，這樣的細節反映出此人缺乏愛心。如果他當時知道再過幾十年麥金萊會當美國總統，而他有可能被任命爲大使的話，一百次的座位他也會讓。絕對沒有想到的是，他這一生最大的機會，就因爲年輕時一次沒讓座而失去了。

當仁不讓於任何人，這是人類共同的準則。因爲走上人生正路是自己要負責的，不能找藉口，也不能推託。

【第250講】

《論語・衛靈公第十五》第三十九章的原文：

子曰：「有教無類。」

孔子說：「我教導時，不會區分學生的類別。」

有教無類的重點有兩個：第一，老師有所教。當老師要先備好課再來教學生。古代教學，基本上是五經與六藝。五經是傳統的知識，六藝是傳統的技能。教學要有教材，並據之培養學生；第二，無類。類指的是類別，比如階級、地區、貧富、智愚等。只要十五歲以上，孔子沒有不教的。在古代，十五歲以下有鄉村教育。

孔子提出有教無類。對照之下，有人開玩笑說，今天的時代是有類無教。把學生分類，工科、農科、文科、法科……；然而無教，什麼都教了，就是沒有教會做人處世的道理。學生掌握了專業技能，但是人格教育缺失了，人文教育也忽略了。

除了孔子之外，歷史上所有偉大的老師都是有教無類，只要學生誠心來學，老師爲什麼不教呢？老師也是別人教出來的呀。我今天教書，心裡想的都是我的老師們。他們教過我，我今天可以接過他們的衣缽，教年輕的朋友。教書與教武功不同。教武功的，師父都要留一手，否則，將來徒弟回頭對付師父怎麼辦？這也說明，學生的人格教育是有問題的，所以師父才會擔心弟子造反。教書沒這個問題，恨不得學生比自己好。如果我教出來的學生比我好，我以他爲榮。當然，學生也必須要有人格教育，欺師滅祖當然不行，忘恩負義也不好。我對於以前的老師，都是終身以師禮待之。如果學生對我不好，我會先自我檢討，是不是我這個老師沒做好？這一章爲我們反思教育問題提供了一些線索。

再看第四十章，原文是：

子曰：「道不同，不相爲謀。」

孔子說：「人生理想不同的話，不必互相商議。」

這句話值得我們思考。首先，人生的路本來就有很多選擇。大家各有志向。孔子問學生的時候也說，「各言爾志」，各說各的志向，不用互相商量。我重視的你不在意，你重視的我不在意，商量什麼呢？商量之後只有互相批評，沒有必要如此。其次，人生的路除了志向不同之外，還有先後的問題。比如，因爲閱歷不同，我今天談的觀點你不贊成。最簡單的例子就是父母與子女。孩子對父母的苦心不太體諒，所以我們有一句話說得很好，養兒養女之後才知道父母的心情。我有個學生，結婚之後第二年生了個女兒，我到醫院探望，這個學生的太太就對我抱怨說，人性果然不是本善的。我生的女兒每三小時哭一次。她難道不知道媽媽很累嗎？我說，沒錯，人性本來就不是本善的。如果本善的話，小孩子知道媽媽很累就不哭，那她怎麼活呢。哭是人的生物性反應。這時候，你應該說，我做了父母，才發現原來父母是這麼辛苦。我最小的妹妹在家裡排行老七，從小大家都照顧她。她畢業結婚了，生了女兒之後給我打電話，說當了媽媽才發現自己有這麼豐富的愛心，以前是接受的多，不需要付出，當了母親之後，才發現要付出、要給予，而自己的愛心是很多的。

孔子是非常溫和的一個人，他說，大家理想不同，何必互相商議，不用浪費時間。道並行而不相悖，最後會殊途同歸，因爲大家都是人。儒家有這樣的自信。孔子認爲自己對於人生理解得很透徹，他所講的人生正路也是對的，他不但自己實踐，也讓學生們學會了之後去實踐。實踐時就會發現，內心感到充實圓滿並且充滿了快樂，人生的目的不就是如此嗎？哪一個人不希望過得快樂，但是首先要分辨快樂有哪些。吃飽喝足是一種快樂，但這是生物性的快樂。吃飽喝足之後呢？又不快樂了。念書、求知、交朋友是一種快樂，但如果沒有交到好朋友，或是與朋友吵架翻臉了，那就很痛苦。人生最高的快樂就是完成生命最根本的要求，人性向善，擇善固執，最後止於至善。學習儒家之後，就會明白與別人相處應該怎樣盡自己的責任。讓自己接觸的人都因爲自己的努力而得到安頓，還有比這更大的快樂嗎？

【第251講】

《論語・衛靈公第十五》第四十二章的內容是：

師冕見，及階，子曰：「階也。」及席，子曰：「席也。」皆坐，子告之曰：「某在斯，某在斯。」師冕出。子張問曰：「與師言之道與？」子曰：「然，固相師之道也。」

師冕來見孔子，走到臺階前，孔子說：「這是臺階。」走到坐席旁，孔子說：「這是坐席。」大家坐定之後，孔子告訴他說：「某人在這裡，某人在這裡。」師冕告辭走了。子張請教說：「這是與盲者說話的方式嗎？」孔子說：「對的，這確實是與盲者說話的方式啊。」

我相信，很多人已經發現了，這一章講的是生活上的一個細節。這樣的篇章特別值得注意，只講大理論、冠冕堂皇的觀念是不夠的，生活細節才能眞實反映出孔子如何做人處世。師冕是一位盲樂師。古代很多音樂家都是瞎子。眼睛看不到，他選擇專業的範圍就有限，使用樂器演奏時，聽覺必須加倍努力才能掌握好。聽覺用得越多，它就越靈巧。師冕和孔子約了見面，他來到孔子家中，孔子看到臺階就說，這是臺階。當然，作爲一個盲者，他一定有自己的生活能力，不可能說看不到了，索性滿街亂走，那太危險。也許有人帶他走，也許他自己拄拐杖。但是，就算拐杖用得再熟練，健全人看他也會捏把汗。明眼人要體諒盲人的狀態，是最難的。孔子並沒有刻意去做什麼事，他很自然地說，這裡是臺階；到了座位的時候，就說這邊是座位；然後就介紹，子路在這邊，顏淵在這裡，接著是子張，還有子游、子夏這些學生都在這裡。孔子也許特地安排學生們與師冕相見，和他聊聊天，閒話家常或者請教專業問題。

子張很細心。師冕走了之後，他問，這是與盲者說話的方式嗎？孔子說，對的，這確實是與盲者說話的方式。可見，孔子並沒有主動教學生說，各位同學，今天要來一位盲樂師，你們要照我的做法去學習，以下看我示範。如果這樣，就好像刻意演出了。孔子很自然，因爲這是日常生活，所有的道德不就在日常生活裡面實踐嗎？道德需要轟轟烈烈、敲鑼打鼓說，我要孝順了，請大家注意嗎？不需要的，日常生活的細節就是一切。

從這麼簡單的一段文字裡就可以看到，孔子的爲人是能將心比心，站在別人的角度來考慮。這是值得我們特別學習的。我記得有一次坐朋友的車，經過斑馬線時，一位老太太慢慢走、慢慢走，朋友不耐煩了，直按喇叭。我馬上勸他不要按。我說，人家老太太走路慢慢走，這是可以理解的，你按喇叭做什麼呢？難道你要開過去嗎？那不是更危險嗎？等一下就行了，不要著急。年輕時，如果沒有人教，那是不幸；有人願意教，那是幸運。我何必多此一舉，多管閒事呢？他每天就是這樣開車的，我今天這樣講了之後，他會改變嗎？我不知道，但至少我看到就非講不可，恐怕這是當老師的習慣吧。每個人將來都會老，將來走在路上，也希望別人不要按我喇叭，也希望別人讓我慢慢走，那爲什麼現在這麼急呢？

學習儒家之後，就要從這些細節著手改善及提升自己。若是學了之後覺得生活沒有改變，爲什麼要學呢？根本沒用啊。這一章之所以能夠留下來，顯然因爲是一個生活細節。比較有趣的是，子張的提問「與師言之道與」，把盲者稱爲「師」，這是與盲者說話的方式嗎？孔子回答「故相師之道也」，「相」意思是幫助；師專指師冕這位樂師。古代把盲者稱爲師，有尊重的含義。而且，師放在名字前面代表他有專業，是專家。學術圈中有些人喜歡別人稱他大師，其實沒什麼必要。教書，有老師的身份就行了，不一定需要特別的稱呼。孔子也沒有要學生稱他大師，「子」在那個時代就是老師的意思。儒家對外在的稱呼與頭銜並不太重視，重要的是，是否做到了這個頭銜應該有的標準，也就是君君、臣臣、父父、子子，還要加一句，師師、生生，老師要像老師，學生要像學生。正常人就要有正常的表現，看到別人有困難，就要體諒他的困難，從他的角度來設想，如果我是他，我希望別人怎麼待我呢？我們就要這樣對待他。

季氏第十六

【第252講】

《論語・季氏第十六》第一章很長，討論的是政治，分析社會、國家應該怎麼發展。原文很長，我們分兩段來念：

季氏將伐顓臾。冉有、季路見於孔子曰：「季氏將有事於顓臾。」孔子曰：「求！無乃爾是過與？夫顓臾，昔者先王以為東蒙主，且在邦域之中矣，是社稷之臣也。何以伐為？」冉有曰：「夫子欲之，吾二臣者皆不欲也。」孔子曰：「求！周任有言曰：『陳力就列，不能者止。』危而不持，顛而不扶，則將焉用彼相矣？且爾言過矣，虎兕出於柙，龜玉毀於櫝中，是誰之過與？」冉有曰：「今夫顓臾，固而近於費。今不取，後世必為子孫憂。」

季氏準備攻打顓臾，冉有與子路一起來見孔子說：「季氏準備對顓臾用兵了。」「事」就是要作戰了。孔子說：「求，難道這不該責怪你嗎？顓臾，古代君主讓他主持東蒙山的祭祀，並且其領地在魯國境內，是魯國的附庸藩屬，為什麼要攻打他呢？」「求」就是冉有，他在季氏家擔任總管，子路則負責軍事事務，所以兩個人一起來見孔子，報告說，我們的上司季氏要對魯國境內的一個小國——我們稱為藩屬——動兵了。結果孔子就怪冉有。冉有說：「是季孫想要這麼做的，我們兩個做臣下的都不贊同。」冉有找藉口把責任推給了老闆，說是老闆要做的，我們沒辦法。所以，孔子以前說過，這兩個學生是職業臣子，叫「具臣」，不是大臣。真正的大臣以正道來服侍國君，行不通就辭職；他們兩個行不通仍然繼續留任，所以孔子對他們有不少批評。

孔子說：「求，周任說過一句話：『能夠貢獻力量才去就任職位，做不到的人就下臺。』這句話今天還是有效，你能夠貢獻力量、有專長、有能力、可以完成任務，你再去做這件事；做不到，就換別人做，國家的事情不能耽誤。」

然後，孔子繼續說：「看到盲者遇到危險而不去保護，快要摔倒而不去扶持，那麼這樣的助手又有什麼用呢？」這句話實在有些刺耳，把季氏的大家族領頭季孫比作盲人，需要別人扶持。不過，有些政治領袖眞的與盲者差不多，需要賢能的大臣來扶持。即便是唐太宗，如果沒有魏徵，也很難想像他的表現。至於冉有與子路這樣的臣下，連君上遇到危險時都不扶持，這樣的臣子又有何用？

孔子接著說：「你的話眞是錯了。老虎與野牛逃出了柵欄，龜殼與美玉在櫃子裡毀壞了，這是誰的過失呢？」古時候，犀牛與老虎很多，所以，大家談話時自然會用這些東西做比喻了。老虎與犀牛逃出了柵欄，這是誰的責任呢？你們做臣子的應該事先把柵欄修好，確實關鎖住老虎與犀牛。龜殼和美玉藏在櫃子裡面，毀壞了誰負責？是你們沒有保護好！最終，冉有終於說出了眞話：「眼前這個顓臾城牆牢固，而且離季氏的采邑費地很近，現在不佔據它，將來一定會給子孫留下後患。」看來，季氏想得很遠，他大概也聽過「人無遠慮，必有近憂」。既然顓臾離我們的屬地很近，那就先把它拿下來，我們的城池將來才能保得住，子孫也可以過得安穩。聽到冉有的狡辯，孔子發表了一段長長的議論，陳述了一個基本的政治主張。原文是：

孔子曰：「求！君子疾夫舍曰欲之而必爲之辭。丘也聞有國有家者，不患貧而患不均，不患寡而患不安。蓋均無貧，和無寡，安無傾。夫如是，故遠人不服，則修文德以來之。既來之，則安之。今由與求也，相夫子，遠人不服，而不能來也；邦分崩離析，而不能守也；而謀動干戈於邦內。吾恐季孫之憂，不在顓臾，而在蕭牆之內也。」

孔子說：「求，君子討厭那種不說自己貪心而一定要找藉口的人。」一方面批評了冉有，同時也批評了季孫，他不說自己貪心，反倒說是爲子孫著想。「我聽說，諸侯與大夫不擔心人民貧窮，只擔心財富不均；不擔心人口太少，只擔心社會不安。因為如果財富平均，便無所謂貧窮；人民和諧相處，就不會覺得人少；社會安定，就不會傾危。能做到這樣，遠方的人如果還不順服，就致力於禮樂教化，使他們自動來歸，然後就要安頓他們。現在由與求二人輔助季孫，遠方的人不順服卻沒有辦法讓他們自動來歸，國家分崩離析卻沒有辦法保全，反而想在國境內發動戰爭，我恐怕季孫所憂慮的不在顓臾，而在魯君呀。」

這段話的內容確實精彩。孔子深刻指出，社會貧窮是一回事，但貧富不均才是問題。直到今天，我們仍然沒能杜絕貧富不均的現象。有錢人也是努力辛苦掙錢的，他們的成功也推動了社會發展。但是，一個社會一定要想辦法縮小貧富差距，否則，貧富不均會導致嚴重的社會動亂。西方有這麼一句話：「光腳的不怕穿鞋的。」我窮得沒有鞋子，那就和你打爛仗了，反正你穿著鞋子怕弄髒啊。到了這個地步，富人有財富也不能享用，社會怎麼能安定呢？只要大家平均一點，就不會出現大問題了。「修文德以來之」才是重點。提高文化水準和個人的品德修養，讓遠方的人來順服，這是上策。隨便就動手打仗，絕對是下下之策。「牆」指的是屏牆，比如國君在堂上，他面前常常會有屏牆。「蕭」本來作「肅」，意思是肅穆的、嚴肅的。「蕭牆之內」，在那個嚴肅的屏牆後面的是魯君。儘管當時季孫與孟氏、叔氏執掌魯國大權，但是魯君仍然保有名分。所以孔子說，我想季孫所擔心的不是顓臾，而是魯君——關鍵時刻魯君可能會動手，挑起內戰。

【第253講】

《論語・季氏第十六》第四章大家都很熟悉。它的原文是：

子曰：「益者三友，損者三友。友直，友諒，友多聞，益矣。友便辟，友善柔，友便佞，損矣。」

孔子說：「三種朋友有益，三種朋友有害。與正直的人為友、與誠信的人為友、與見多識廣的人為友，那是有益的；與裝腔作勢的人為友、與刻意討好的人為友、與巧言善辯的人為友，那是有害的。」

交友並不是完全可以由我們自己做主。同學、同鄉，甚至一起出去旅遊的人都可能成爲朋友。所以，朋友是各種機遇促成的，所謂「有緣千里來相會，無緣見面不相識」。「緣」就是條件，但是，認識之後如何選擇，則可以自己掌握，並且應該由自己掌握。孔子這裡所說有益的、有害的朋友，是就一般情況進行的大致分析。

三種朋友有益。第一種是「友直」。「直」在《論語》裡，意思是眞誠而正直。若只強調正直，則難免給人壓力，一見面就如同看到法官，所以除了正直還加上眞誠感情，就可以協調了。朋友之間一定要眞誠，不用多說客套話，也不必說假話，我們有過失，朋友會直接指出；朋友有過失，我們也要眞誠坦白地告訴他，並好好引導他。這種朋友像鏡子一樣，讓我們看到自己性格上、做人處世上，甚至言語表達上的缺點，這樣才能有過就改。如果有這樣的朋友，我們的成長會更爲迅速。第二種有益的朋友是「友諒」。「諒」本來是指誠信。朋友講誠信就是好朋友。但是，我覺得不妨再加一個小注解，「諒」也可以理解爲體諒。就是說，朋友看到我們的做爲，能加以體諒。比如說，管仲做過很多莫名其妙的事，鮑叔牙就很體諒他。雖然，在古代，「諒」主要是指誠信，但是，如果把現代的意思加上去，讓它顯得更充實，也未嘗不可。第三種有益的朋友是「友多聞」。這當然很好了。大家在一起聊天時，任何事情他都能講出道理來，因爲他博學多聞，什麼都知道。這樣可以增加知識，也可以增加生活的趣味。否則，聊著聊著，好像沒話說了，因爲想說的話大家都聽過了。這時候，只好找人講笑話，讓大家開心一下。所以，我有一個朋友專門背笑話，每次聚會，他都講十幾個笑話給大家聽。所以，他一來，大家就放心了，絕無冷場。這也算是一種「友多聞」吧！

另外，還有三種朋友有害。第一種是「便辟」，就是裝腔作勢。有些人喜歡裝腔作勢的朋友，和這種人在一起，排場很大，說話痛快，只要有他在，彷彿天下無難事。第二種損友是刻意討好，不夠眞誠與正直，所以說話就委婉柔順。第三種是巧言善辯。這種人說出來的話也很好聽，好像很有學問，但他並不是眞的懂道理，而是自己瞎猜的、亂編的，顚倒黑白是非，把事情說得很像一回事，其實未必如此。

如果有兩個朋友，一個眞誠而正直，很盡責任，和他相處的候難免覺得有點兒壓力；而另外一個則善於用言語刻意討好。你喜歡哪一個？有些人會喜歡後者，「友善柔」，很好相處；因爲和「友直」的在一起會有壓力。但是，如果沒有壓力，人會進步嗎？我們常說的「良師益友」就是這個意思。爲什麼把「良師」與「益友」放在一起呢？老師是前輩，在許多方面可以給我指導。那麼益友呢？我們與朋友相處的機會顯然要比和老師相處的機會多多了。如果這個朋友正直、眞誠，會對我們幫助很大。相反的，刻意討好的、說話動聽的，不能幫助我們進步，反而使我們安於現狀。顯然，「友直」之人才是我們生命的助力。

再如，有兩個朋友，一個是「友諒」，很誠信，說話算話；另一個裝腔作勢，說話誇張不可靠，雖然聽起來好像氣魄很大。我就遇到過後者。無論什麼事，都包攬在他身上，自謂能做這個、做那個，最後都沒有下文了。後來，我接受了教訓，再遇到這樣的人，我聽聽笑笑，就算了，謝謝好意；還是交個「友諒」的朋友吧。又如，有兩個朋友，一個是「友多聞」，什麼事情都了解得很徹底，喜歡翻查百科全書；另一個是巧言善辯，憑藉三寸不爛之舌，把許多事情說得很熱鬧，很有趣，聽完之後，什麼都沒有。我們當然希望能夠交到「友多聞」這樣的朋友。

我們在分辨益友、損友時，一定要記得先問自己，我們自己屬於哪一類？益友呢，還是損友？這是最重要的。如果想交到好朋友，就應該使自己先成爲益友，讓別人願意與我們交往。這才是孔子的眞正用意。

【第254講】

《論語・季氏第十六》第五章的原文是：

孔子曰：「益者三樂，損者三樂。樂節禮樂，樂道人之善，樂多賢友，益矣。樂驕樂，樂佚游，樂宴樂，損矣。」

孔子說：「三種快樂有益，三種快樂有害。以得到禮樂的調節為樂，以訴說別人的優點為樂，以結交許多良友為樂，那是有益的；以驕傲自滿為樂，以縱情遊蕩為樂，以飲食歡聚為樂，那是有害的。」

這一章與上一章的「益者三友」、「損者三友」類似。此處講的是快樂，有的快樂有益，有的快樂有害。很多時候，我們會覺得有害的快樂蠻有吸引力的，所以，我們先看三種有害的快樂。

第一種，以驕傲自滿爲樂。驕傲自滿有什麼可快樂的？與別人在一起時，吹噓、自誇，認爲自己很了不起，別人都很羨慕，這不是以驕傲自滿爲樂嗎？就好像孟子筆下有一妻一妾而處世的那位齊人。他每日出門到墳墓區，看到有人祭拜祖先準備的酒、肉，就向他們乞討，吃飽喝足了回家，「驕其妻妾」，對自己的家人驕傲的誇耀說自己與哪些大人物來往。對他這個沒用的人而言，只有在這個時候，驕傲自滿的他才覺得快樂，其實很可憐。這是有害的快樂，會妨礙人進步。第二種是縱情遊蕩的快樂。我這一生，只去過一次賭城，不是著名的拉斯維加斯，而是加州的一座小賭城，叫做「Lake Tahoe」。人在裡面，很難把持住自己，大多縱情遊蕩，不到錢輸光絕不出來。因爲總有一種幻想，覺得下一把就會被幸運之神眷顧。到了賭城，花花綠綠的好不熱鬧，的確很有吸引力，偶一爲之便罷，若常常去，甚至沉溺於此，還有什麼志向可說呢？第三種有害的快樂是飲食歡聚。就是吃喝，三日一小宴，五日一大宴，每隔幾天，原班人馬聚會一次。年輕人經常有這樣的活動。我在年輕時也一樣，當時覺得很有趣。滿桌菜肴，不用費腦筋就有人幫忙準備好，每道菜的口味都不同，當然吃得很高興了。但是，現在我發現它眞的有害，對身體有害。年齡大了，身體因過度飲食出了毛病，怪誰呢？只能怪自己。

三種有益的快樂又是什麼呢？這才是我們應該學習的。第一種，「樂節禮樂」，用禮來調節人我關係，用音樂來調節自己的情緒，並因而覺得快樂。與別人來往的時候，要有禮儀、禮節、禮貌，保持適當的分寸。欣賞音樂會讓人愉悅，而且，這種快樂對別人不會產生壓力；對自己而言，能體會到生命的深刻意義。第二種快樂不容易做到，是「樂道人之善」，樂於訴說別人的優點。通常，我們會喋喋不休地談論別人的缺點。現在要開始改變，說別人的優點了，並且要以此爲樂，津津樂道。以訴說別人的優點爲樂的人，心胸會越來越開闊。我也有過這樣的經驗。年輕時，有個同學被誤會做了一件壞事。二十幾年後，有一個從國外回來的朋友問我，那個被誤會的人是否眞的做了這件事？我說，根據我對他的了解，他不會做這事；而且，也沒有任何證據顯示他做了，同學們都是猜測而已，他因此受了很多委屈。沒想到，國外回來的朋友把我的話告訴了那個被冤枉的同學。他因此對我很感激。本來，我們也不太來往，此後，他見到我就很友善，我又多了一個朋友。可見，講別人優點，或者替別人「辯冤白謗」，辯明他的冤屈，是很好的事。如果有人在背後替我辯護，說我不是壞人，說我做了什麼好事，大家想想看，我會怎麼對他？當然是感激涕零了。同樣的，如果在背後講別人的好話，別人知道了，就會覺得你是個眞朋友。因爲，只有朋友才會在背後替你辯護，不是朋友的人何必出頭呢？第三種是「樂多賢友」，樂於結交優秀的朋友。

「賢」是傑出。如果我有很多傑出的朋友，向別人說起時自己也感到「與有榮焉」！但是，要結交傑出的朋友，首先要問自己：我夠不夠傑出呢？傑出的人願意把我們當朋友，一定也是有某種判斷，至少認為我們和他相差不算太遠。所以，結交傑出的朋友，代表自己也是努力向上的，因此朋友看得起我們，認為還有機會提升，所以願意和我們交往。天下沒有便宜事，交了很多傑出的朋友，但自己偏偏不傑出，那別人不是被我們拖累了嗎？不過，朋友們並駕齊驅，不見得都是一個標準，有些人有德行，有些人有才華，有些人有智慧，有些人有能力，總之，各有所長，互有啓發。

我們要明白，有害的快樂對人的誘惑很大，要設法排除、化解；而有益的快樂，則需要配合某些修養與覺悟。

【第255講】

《論語・季氏第十六》第六章的原文是：

孔子曰：「侍於君子有三愆：言未及之而言謂之躁，言及之而不言謂之隱，未見顏色而言謂之瞽。」

孔子說：「與君子相處要注意三種過失：不到該說話的時候就說了，叫做急躁；到了該說話的時候不說，叫做隱瞞；沒有看他的臉色反應就說了，叫做眼瞎。」

這段話討論的是「說話」問題。首先，誰是君子？在這裡，君子是指德行、地位、年齡、輩分比自己高的人，所以前面用了「侍」字。與長輩或是前輩在一起時，說話要特別小心，不要犯三種過失。人與人之間來往，總是要說話的，就算是長官，也要與周圍的朋友、學生、司機等等說話。說話的時候，晚輩要遵守規矩。

首先，不該說話時說話，稱爲急躁。有些年輕人的個性很急，他要說話時忍不住，一定要別人都停下來聽他說。其實，他的話也不是非說不可。我年輕時也有這種毛病，想到什麼事情，怕忘記了，希望趕快說；或者，別人已經談完了一件事，我才想到自己有話要說，就打斷別人插話。大家就會覺得，這個人太沒修養了。人的一張口要管好，非常不容易。《易經》有個卦叫做頤卦，卦象就是一張口張開來，上下兩個陽爻，中間四個陰爻。陰爻是空的，所以，一張口張開來，準備吃東西了。這一卦特別提到，要謹慎說話，節制飲食。頤卦的特別之處在於六爻中有三爻為凶。在《易經》中，大概只有四五個卦是這樣的。這就要多多小心了。凶代表重大的困難。所以，談到張口，就應該謹慎，不要急躁。第二種情況則到了另一個極端：該說話的時候不說，就是隱瞞。比如，我們來自不同的單位，你那個單位出了一點事，我們聊天，該你說了，最近到底發生了什麼事？不說。別人就覺得你隱瞞了，太不坦誠了，尤其是，如果長輩問話，還不回答，那就大錯特錯了。第三種更有趣了，沒有看別人的臉色就說話，叫做瞎子。我們應該知道長輩現在臉色不好，那就別提他不喜歡的事情。《論語》中多次提到要察言觀色。這絕不是虛僞。儒家一向強調，言語要表達心聲，即「言爲心聲」。但是，說話時，還是要看對方能否聽懂或接受，否則，即便說的都是眞話，都是事實，別人聽不進去也白費。也有可能是，別人還沒有準備好聽這些事。結果，我們說了之後，對方不明白爲什麼要這樣說，就算講的是眞理，又有什麼用呢？很多時候，說話需要判斷——是說話的時機嗎？該說什麼話？孔子在這裡尤其強調判斷。儒家固然講究眞誠，但是，如果沒有適當的判斷，如何顯得出眞誠來呢？表達方式是非常重要的。

眞誠是基礎，要說眞話。但是，如何表達是藝術。說話的藝術是要講究的，有些人說話時，聽者並沒有壓力，但是卻很清楚地明白自己應該怎麼做。另一些人說話，會給聽者帶來很大的壓力，令人越聽越煩，即使明知對方所言甚是，仍不樂意聽從！所以，說話別人能聽懂，之後還願意接受及實踐，那就是高明的藝術了。

我們學習儒家，一方面固然要知道把握其根本，眞誠使行善的力量由內而發；另一方面，要學會方法。一般來說，方法就是禮和法律，就是守法而重禮的原則。所以，年輕的時候要特別注意自我修養。如果說話恰到好處，這個年輕人就是個人才了，因爲他說話得體。說話得體，反映出人的細心，也反映出他的耐心。孔子有個學生，閔子騫。孔子說，這個人平常不說話，一說話就很中肯。中肯就是講的是關鍵的地方。如果說了半天，別人都不知道重點何在，那有什麼意思呢？有時候，別人會問我們對某件事的看法。比如，最近有幾位國學大師過世了，人家就問，你怎麼看他們？我沒有研究過他們的思想，他們的專業也不是我的研究領域，我怎麼可能有什麼意見呢？我的意見又有什麼價值呢？所以，在這種時候，我的第一句話就是，恭喜他高壽——活了九十幾歲當然是高壽了；其他的意見，我沒有。人活在世界上，每個人各盡其力即可。他們都忠於崗位，認眞研究、教書，培養了很多好學生。但是，哪個老師不是這樣呢？只是每個人的崗位不同罷了，有人教小學，有人教中學，有人教大學。不能認爲只有教大學，當教授的才是良師。很多人教小學一輩子，認眞勤勉，也培養出很多人才。

掌握說話的藝術，確實很不容易。我們和別人來往，除了說話，還有行爲。而孔子就提醒我們：「敏於事而愼於言。」

【第256講】

《論語・季氏第十六》第七章的原文是：

孔子曰：「君子有三戒：少之時，血氣未定，戒之在色；及其壯也，血氣方剛，戒之在鬥；及其老也，血氣既衰，戒之在得。」

孔子說：「要成為君子必須有三點戒惕：年輕時血氣還未穩定，應該戒惕的是好色；到了壯年血氣正當旺盛，應該戒惕的是好鬥；到了老年血氣已經衰弱，應該戒惕的是貪求。」

本章談的「君子」指的是「立志成爲君子的人」。如果已經是君子了，何必戒這個、戒那個呢？在《論語》中，很多詞都要理解爲「正在進行式」。人有血氣，就有本能的衝動與欲望，就會帶來相應的問題。

年輕時，正在成長，血氣未定，很容易受到誘惑，甚至朝三暮四、想東想西的。孔子建議，這時候不要好色。爲什麼？因爲美色讓人眼花撩亂，怎麼能把持得住呢？人到了壯年，血氣方剛。這時，在社會上往往要分出高下，誰能繼續往上走，誰只能留在原地踏步，競爭十分激烈。那就要小心，不要好鬥，與別人爭來爭去。到了老年，血氣衰了之後，缺乏安全感，於是貪得無厭，抓得越多越好。孔子的這三句話是對人的生命做了全盤的觀察，說明人活在世界上，不論少年、中年、老年，每個階段都要特別小心。可見，孔子確實是一位哲學家，他對人生的經驗進行了全面的反省，沒有錯過或忽略任何細節。

本章展示了人性的問題，說明了人性的確不可能本善。如果人性是善的，怎麼還會有好色、好鬥、好得這些血氣帶來的缺點？至於如何避免這些過失呢？儒家認爲，一定要從眞誠開始。孔子之後一百多年，孟子扛起了儒家的大旗。孟子去見齊宣王，談了幾次之後，齊宣王對孟子很佩服，於是就坦白對孟子說：寡人有疾。說實話，千古之下，我們應該肯定齊宣王。從來沒有一個國家領袖會對學者說：我有毛病，病得還很嚴重。什麼病呢？三個毛病：寡人好色、寡人好勇、寡人好貨。也就是好色、好鬥、貪財。孔子本來只是說，人生的三個階段，要小心三種毛病。結果，齊宣王同時有這三個毛病，眞的很嚴重。孟子說，大王好色嗎？那要知道天下人都好色，如果讓國家外無曠男，內無怨女，不就行了嗎？不要只是自己一人好色，並到處去找美女；而要讓老百姓都男有分、女有歸，每一個人都有適當的歸宿。大王好勇嗎？其實，勇分兩種，一種是小勇，一種是大勇。身爲大王，要哪一種呢？小勇就是，在路上有人瞪了我一眼，我立刻拔刀喝斥你還瞪我嗎？這和地痞流氓有什麼差別？國君應該學周文王、周武王的大勇，一發怒、一生氣，壞人滅亡了，天下安定了，這是大勇。如果喜歡的是大勇，恐怕老百姓還擔心大王喜歡得不夠呢。大王喜歡發財嗎？那看看《詩經》中的一首詩特別提到，周朝的糧食充足，外出的人帶著很多乾糧，在家的人倉庫裡面很多食物。如果眞的想發財，最好是藏富於民。把財富藏在百姓家裡，國君還怕沒錢嗎？

本章很眞實地反映出人生的狀態，提醒我們絕對不要鬆懈。人一鬆懈，就可能發生錯誤，將來再後悔都來不及了。孔子的學生曾參，在生命快結束的時候，引用了《詩經》「戰戰兢兢，如臨深淵，如履薄冰」。可見，人這一生都要謹愼行事，自我修養。因爲「不上則下，不進則退」，不眞誠、不往上走的話，血氣帶來的問題就拖著人往下墮落。有缺點的人生是客觀的現實，孔子所面對的是眞實的生命，普遍的人性。

【第257講】

《論語・季氏第十六》第八章的原文是：

子曰：「君子有三畏：畏天命，畏大人，畏聖人之言。小人不知天命而不畏也，狎大人，侮聖人之言。」

孔子說：「要成為君子，必須敬畏以下三者：敬畏天賦使命，敬畏政治領袖，敬畏聖人的言論。至於小人，不了解天賦使命而不敬畏，奉承討好政治領袖，輕慢侮辱聖人的言論。」

人活在世界上一定要有所敬畏，否則就會肆無忌憚，什麼事都做得出來。但是，應該敬畏什麼呢？孔子明確提出三點，首先是天命。我們都記得，孔子曾經說「五十而知天命」。天命可以從兩方面看，一是所有人的共性。眞誠的力量由內而發，要求自己主動行善，最終止於至善。第二是各人不同的特殊情況。以孔子來說，他的天命就以他的才華、他的學問來照顧百姓。孔子的天命是他的自我選擇。他認爲，自己就應該以這種方式來實現自我。我們每一個人都可以根據自己的處境來選擇，應該往哪裡走，要怎麼樣做某些事才能完成自己的使命。其次，敬畏大人。「大人」是指政治領袖。也許有人會問，後來孟子不是說「說大人則藐之」嗎？我要和政治領袖說話，要勸他一些事情，應該先看輕他。孔子爲什麼說敬畏大人呢？從心理學的角度說，越尊重一個人，他就越尊重自己；相反，別人既然不尊重他，他憑什麼尊重自己呢？政治領袖做錯了一件事，受害的是百姓。所以，出於為百姓著想的目的，我們寧可尊敬政治領袖，以便他好好照顧百姓。最後，還要敬畏聖人的言論。聖人是指古代的聖賢，他們留下的言論是他們的心得，我們也許還沒有這樣的修行，缺乏這樣的理解，更談不上這樣的境界，看看聖人的言論就知道應該如何取法。

至於小人，可以對照來看。第一，小人不知道什麼是天命，更不知道怎麼去敬畏。他活在世界上，只是追求利益，有好處就做，根本沒有原則，更沒有什麼好擔心害怕的，只要不被逮到就好了。第二，小人對於政治領袖是「狎大人」。「狎」是親暱、親熱的意思。就是說，小人設法拉關係，走後門，與政治人物交往熱絡，這樣他才能得到各種方便的機會。第三，小人對聖人的言論是侮辱的態度，說聖人算什麼，有什麼了不起，還不同樣是人？一個人有所敬畏，就會有效法的楷模。比如，我尊敬一位偉人，自然就會效法他。如果我誰都不敬畏，會去效法誰呢？那就只能順著生物本能，所謂的動物性去發展了。有所敬畏，才會有所約束。人生要追求快樂，但是，快樂是分層次的。如果只追求衣食住行這種簡單的、低層次的享樂，快樂就會因重複而乏味。好比第一次吃大餐的時候覺得美味無比，但如果每天都這樣吃，就受不了了。只有孔子的快樂才會持續不斷。他敬畏天命，所以有一種使命感由內而發，永無止境。不管處在任何境地，總感覺到生命的動力，一直往上提升，像是火箭飛到空中，燃料箱燃盡即剝離掉，再繼續飛。換句話說，只有把那些用完的，較低層次的燃油或者材料去掉，才能飛得更快。等到了太空中，不需要太費力，就可以繞行了。

莊子曾經說，一條魚在水裡，不能離開水，變成大鵬鳥之後需要空氣，但是如果飛到九萬里那麼高，就連空氣也不在乎了，因為空氣在牠下方。所以，天空中，老鷹飛的時候不用拍翅膀，稱為翺翔。小麻雀要上樹，就得拚命拍翅膀。我們羨慕哪一種呢？老鷹或者大鵬鳥並不是生下來就如此的。尤其在莊子筆下，要從魚變成鳥，再往上飛，才能達到逍遙遊的境界。儒家也認爲，人生沒有不經修養就可以享受的快樂。而那些生物性的快樂，沒有什麼特別的價值。儒家對政治領袖是尊重的，並沒有隨便批評，但是，如果他沒做好，孔子也不會輕易放過他。我們看看孔子對季康子所說的話就明白了，很直接。你說盜賊很多嗎？你本身沒有欲望的話，怎麼會有盜賊呢？歸根究柢是你自己沒做好。可見，孔子對政治領袖不是一味地敬畏，也不是一味地批評。很多人常常講，知識份子天生就是要批評的。這話基本上沒錯，但是要看情況而定。對於已經很努力的人，卻抱持非批評不可的態度，那可能對人是個打擊。恐怕以後眞正需要批評時，對方已經不在乎了。

孔子沒有要求我們一個做法一路到底，很多事情原則是這樣的，但還要變通。至於說聖人的言論，我們應該敬畏，然後才能認眞學習、努力實踐，最終得到提升的是我們自己。

【第258講】

《論語・季氏第十六》第九章的內容是：

孔子曰：「生而知之者上也；學而知之者次也；困而學之，又其次也；困而不學，民斯爲下矣。」

孔子說：「生來就明白人生正途的是上等人，學習之後明白人生正途的是次等人，遇到困難才去學習人生正途的是更次一等的人。遇到困難還不肯學習的就是最下等的人了。」

這裡的重點是上下之分。一般講，人分爲上下，但標準不同。比如在學習上，智商若干，考試成績如何，好像很容易就測出來了。其實也不見得，住在鄉下的人，從沒做過智力測驗，第一次做的是這個分數；城市的小孩做過幾次了，分數可能會不同。而且，智力測驗只能測出語文與數學，但是，人的智商難道只有語文和數學嗎？有些人天生就有舞蹈才能、音樂才華，這在智商測試中表現不出來。所以，現在講智商，是指多元的智能，而不再侷限於少數幾種。人能生而知之的事，絕對只有：如何做人處世方可稱爲人生正途。有些孩子生下來眞是冰雪聰明，非常敏銳，對於自己該做什麼，好像天生就有一種知覺。我曾經見過一個男孩，才十一歲左右，念小學。他在家裡非常孝順，每天燒飯、洗衣服，照顧生病的母親和弟弟妹妹。村裡人都知道他家的情況，就捐錢給他。他把錢拿到班上，送給那些家境比他更窮困的孩子。是誰教他？天生的，他天生就有慈悲心。其實，所謂「生而知之」，也不是什麼神秘之事。小孩本來就有一些天生的本能。西方人做過實驗，把三四個月的嬰兒放在一起，一個大人把幾個積木疊在一起，只要給孩子們看一次，此後，積木倒下來的時候嬰兒們就掙扎著，想來幫忙。這個實驗結果也顯示了人性向善。不用人教，小孩子看到有人摔跤會難過；看到別人哭，會指給父母親看，並想去幫助。這種「生而知之」的故事與例子多得很。

第二種是比較普遍的「學而知之」，所謂的「人不學不知道」，到學校去接受啓蒙教育。啓蒙是什麼？「蒙」本是蒙上眼睛，看不清。誰蒙上小孩子的眼睛呢？所以，「蒙」引申爲小孩子不懂事，只顧自己不顧別人。「啓」就是開，老師開導你，你就學會了，不管早知晚知，學會之後，大家都一樣知道了。

第三種「困而學之」，就是我本來不願意學習如何做人處世，後來遇到困難了，和別人相處不來，交不到好朋友，做事時有很多阻礙，這時候再來學習如何和人相處。現在很流行談情緒智商，一個人很聰明，智商很高，但爲什麼人際關係不好呢？這就是情緒智商有問題，要學會控制情緒和別人來往。EQ書裡有個例子，讓幾個四歲的小孩做實驗。給他們兩個選擇：或者拿一顆糖，立刻吃；或者可以有兩顆糖，但要等一等才能拿到。等多久呢？一個大哥哥去買東西了，等他回來時才可以得到兩顆糖。什麼時候回來呢？不知道，反正一定會回來。於是，小孩就分成兩組。有的小孩說，我才不要等，先吃先贏，馬上拿一顆糖吃了。有的小孩說，兩顆比一顆多，值得等。等的時候，他就必須分散注意力。看別人吃糖好吃，別看，等一下我有兩顆，兩顆糖多好啊。人在忍耐的時候，內心就慢慢醞釀出更大的空間。人如果不能忍耐，內心就沒有空間，任何事情都是立刻來、立刻去，情緒反應很直接，沒有商量的餘地，這樣的人很難發展。相反的，在忍耐的過程中，心裡慢慢想辦法轉移注意力，想像更美好的未來，內心的容量就會越來越大。這個實驗就預測了小孩們兩種不同的發展。第一種立刻就要吃糖的孩子，比較沒有挫折忍耐力，情商也會低一點。第二種願意等待，知道目標值得去等待。這樣的孩子更有希望。如果在碰到困難時還不學，那就沒希望了。這就是「困而不學，民斯爲下矣」。有困難還不學，到底想怎麼辦呢？比如，我發現自己做人處事老是失敗，但還是不學，還是照老一套來做，那這一生要怎麼辦呢？要往哪裡走？這種人，連孔子都不知道該怎麼辦才好。

這裡談到的所知、所學，是指人生的正途——我走在人生的正路上，該如何行善，而不是指其他的專業技術。

【第259講】

《論語・季氏第十六》第十章的內容是：

孔子曰：「君子有九思：視思明，聽思聰，色思溫，貌思恭，言思忠，事思敬，疑思問，忿思難，見得思義。」

連續九種情況都提到「思」。「思」在這裡是指「考慮」。這段話的意思是：

孔子說：「要成為君子有九種考慮，看的時候考慮是否明白，聽的時候考慮是否清楚，臉上的表情考慮是否溫和，容貌與態度考慮是否莊重，說話的時候考慮是否真誠，做事的時候考慮是否敬業，遇到疑問考慮向人請教，臨到發怒時考慮麻煩的後患，見到可欲的東西考慮該不該得。」

對君子而言，「思」是高度的警覺。就像宋朝學者說的，一顆心要放在手上，隨時觀察。喜歡比喻的宋朝學者還說，貓捉老鼠時，豎起耳朵，全身緊張，隨時看老鼠有沒有出來。修養也一樣，要隨時警惕自己的一言一行。

看要看明白，聽要聽清楚。一系列講解的起點就是視與聽。「色思溫，貌思恭。」「色」就是臉色。有時候，自己臉色難看，自己也知道。等太久了，噘著嘴巴很生氣的樣子，臉色不好看了。你自己知道，別人更是看得見。容貌、態度要莊重。「思」表示與別人來往的時候，臉色是和人互動的，是高度敏感的。有些女明星出場時打扮得很漂亮，但有些素顏的照片，就是沒化妝的照片，讓人一看嚇一跳，還以爲是她母親呢——這可不是我說的話，記者就是這樣寫的。一定是明星在疏忽的時候被拍到了。所以，應該隨時注意自己的容貌，因爲無法知道什麼時候有人看，什麼時候沒人看。現在很多學生都有手機，老師上課發脾氣的情況被都拍下來，在電視臺一放。老師怎麼罵學生、怎麼打學生，都原形畢露！記者提問時，老師說不知道那時候有人在拍。當然，知道了還會這樣嗎？不會。那爲什麼要等別人看著你，才好好表現呢？要對自己負責，這是一種修養，不是做給別人看的。「言思忠」，說話要眞誠。言爲心聲，最怕言不由衷。「事思敬」，做事的時候，要想是否敬業。很多事，可做可不做，既然做了，爲什麼不好好做呢？如果珍惜自己的生命，做事就要認眞，因爲花的是自己的時間，自己的生命。所以，我從來不應付別人，任何事一旦答應，就把它做好。如果覺得實在勉強，下次答應前一定多想想，否則就變成輕諾寡信了。「疑思問」，有疑惑的時候，應該找專家請教。如果有疑惑而不請教別人了，疑惑一直存在，那不是辦法。「忿思難」，憤怒的時候，要發脾氣的時候，就要想到後面的災難。發脾氣誰不會？發脾氣的時候多痛快！大聲說話、摔杯子，好像什麼都不用在乎。後果呢？後果誰負責？不少電影裡都用過這樣一個有趣的情節：夫妻兩個吵架，拿起杯子要摔，一看杯子很貴；換一個，也很貴；再換一個別人送的，不要錢的。換了幾次，就沒有什麼脾氣可發了。想想看，還是不要摔了，摔了還要掃地，如果碎片把腳割破了豈不更麻煩？「見得思義」，是儒家所強調的。儒家不反對追求利益，但是強調，要反思是否該得。用孟子的話說，不該得的錢一點也能不要，這是一介不取。但是，如果該得的就要毫不客氣。像堯把整個天下都給了舜，舜立刻接受，不嫌多。爲什麼？舜得到天下是要爲百姓服務，有德行，又有心願意替大家服務，你把天下給我，不是你施恩給我，而是我幫你的忙。所謂的取捨之間，就要問該不該得。孟子在這一方面拿捏得很準確。有人曾質疑孟子說，老師你也沒有種田，也沒做什麼特別的事，你這樣不是白吃飯嗎？意思是，你們當老師的人，動動嘴巴就拿薪水，好像不太對吧？孟子說，我們讀書人和別人講道理，國君聽我的話就安富尊榮，國家安定，社會富足，他又有尊嚴又有尊榮；年輕人聽我的話就孝悌忠信，請問還有誰比我們教書的人更應該拿薪水、拿工資的？教育是百年大業，把社會教好的功勞難道比企業家少嗎？比政治領袖少嗎？西方有一句話：教室關起門來，老師等於上帝。老師如果不敬業，隨便講一些偏差的觀念，受害的是誰？小孩子，我們的未來。

奉行「九思」，人生怎麼可能有任何一剎那分心呢？怎麼可能有任何一剎那做錯事呢？

【第260講】

《論語・季氏第十六》第十一章的原文是：

孔子曰：「見善如不及，見不善如探湯。吾見其人矣，吾聞其語矣。隱居以求其志，行義以達其道。吾聞其語矣，吾未見其人也。」

孔子說：「看到善的行為就好像追趕不上，看到不善的行為就好像伸手碰到滾燙的水，我見過這樣的人，也聽過這樣的話。避世隱居來磨鍊他的志節，實踐道義來貫徹他的理想，我聽過這樣的話，但不曾見過這樣的人。」

這段話顯然分爲兩段。第一段，孔子見過這樣的人，也聽過這樣的話。那當然比較容易了。看到善的行爲，就覺得我好像趕不上一樣，要拚命地趕上去，向他學習，亦即見賢思齊。「三人行必有我師焉，擇其善者而從之」也是一樣的意思。看到不善的事，就好像「探湯」。「湯」在古代指的是滾燙的水。我們現在的「湯」，是吃飯時的一道菜，比如，蛋花湯、蔬菜豆腐湯。而日本人還是把「湯」作爲燙水，比如，日語中的「泡湯」就是泡在熱水裡，洗個熱水澡。要知道，日本文化受中國影響很深，很多日文保留了中國古代的用法，眞是「禮失而求諸野」。「見善如不及，見不善如探湯」，看到不善的事情，就好像伸手碰到滾燙的水，趕緊避開，就是潔身自愛，又知道努力上進。孔子說，這種話我聽過，這種人我也見過。

第二段，孔子說，我聽過這種話，但沒見過這種人。這顯然是很難做到的。什麼樣的人呢？避世隱居，磨鍊自己。「志」就是內心的理想。比如，亂世之中，藏在深山裡，不是每天逍遙自在地打獵，當樵夫，也不是梅蘭竹菊、琴棋書畫悠然自得，而是磨鍊自己，做充分的準備，一旦有機會從政，就實踐道義來貫徹自己的理想。在亂世中，想「達其道」是不可能的，最後會落得像五代時的馮道，歷任四朝宰相，被封為安樂公，但歷史評價很低。在這種時候，應該知道進退。所以，孔子說，我聽過這種人，但是沒見過。其實，孔子自己就屬於這一類人。孔子曾對顏淵說過，「用之則行，舍之則藏」，只有我和你做得到。有人用我們，我們就出來努力奮鬥，貫徹理想；沒人用我們，那就隱居起來。隱居不是每天在家裡閑雲野鶴，逍遙自在。後代有一個人的表現非常符合儒家的理想，他就是諸葛亮。諸葛亮隱居的時候，並不是每天過著悠閒的生活，而是研究天下大勢。他只不過是等著有眼光、賞識他的人來發掘他、任用他。劉備比諸葛亮年紀大了一截，他跑來「三顧茅廬」。諸葛亮如果整天在休閒，沒有準備好，三個劉備跑來也沒用，怎麼可能形成「三分天下」的格局呢？諸葛亮把該念的書都念了，準備妥當，將整個天下大勢瞭若指掌，等有人來請他的時候，來人很有誠意，很有禮貌，他心裡想劉備畢竟是劉家的後代，名正言順。儘管他明明知道大勢不可為，但還是努力做，這不正是「知其不可而為之」嗎？到最後，他鞠躬盡瘁，死而後已。這不是和曾參說的一樣，「仁以為己任，不亦重乎，死而後已，不亦遠乎」？在《三國演義》中，諸葛亮的表現最耀眼，大家談得最多的是他的聰明才智，讓周瑜這麼厲害的人都要感歎「既生瑜，何生亮」，但是很少人有人指出，諸葛亮真正可貴的是他的精神，就是儒家的精神。諸葛亮的表現就是孔子所說的「隱居以求其志，行義以達其道」，但是奈何生在亂世，不過，也就是因為這樣的亂世，才使得生命的精彩完全呈現出來。我們不能選擇生在什麼時代，也很難選擇活在什麼樣的社會，天下太平固然很好，但是天下大亂的時候，不是更能顯出英雄本色嗎？

孔子的這段話中有其感歎。一般人做到第一步就不錯了，就是在「善」與「不善」之間，該往哪裡走？當然是向善了。看到別人的惡行，就如碰到燙水一般，迅速躲開。如果看到那些壞人好像活得很愉快，便也想去試試看，那就糟了。我們在前面講過，快樂並不都是好的。有害的快樂也有三種。雖然是有害的，但不能否認它們也是快樂。所謂的有害，不是對快樂有害，而是對人生有害，對人性的正常發展有害。

孔子很喜歡說：「我沒有見過什麼樣的人。」最著名的一句，就是在《論語》中出現了兩次的「子曰：『吾未見好德如好色者也』」。孔子說：「我沒有見過喜歡美德像喜歡美色的人。」這說明，天下人都喜歡美色。這不是壞事，是生物本能。孔子這樣說的用意是強調，人有時候會忽略人性眞正的要求是向善，是行善，即「好德」。因爲人會被外界的誘惑吸引而走入歧途，以至於忽略了人不只是生物，還是萬物之靈。孔子說「未見之」，說明他非常希望見到，並且最好能夠見到，不過，看到的例子實在太少了。

【第261講】

《論語・季氏第十六》第十三章的原文是這樣的：

陳亢問於伯魚曰：「子亦有異聞乎？」對曰：「未也。嘗獨立，鯉趨而過庭，曰：『學詩乎？』對曰：『未也。』『不學詩，無以言。』鯉退而學詩。他日，又獨立，鯉趨而過庭，曰：『學禮乎？』對曰：『未也。』『不學禮，無以立。』鯉退而學禮。聞斯二者。」陳亢退而喜曰：「問一得三：聞詩，聞禮，又聞君子之遠其子也。」

這段話的意思是：

陳亢請教伯魚說：「你在老師那兒聽過不同的教誨嗎？」伯魚是孔子的兒子，名叫孔鯉。伯魚回答說：「沒有。他曾經一個人站在堂上，我恭敬地從庭前走過。他問：『學了詩嗎？』我回答：『沒有。』他說：『不學詩就沒有說話的憑藉。』我就馬上去學詩。另一天，他又一個人站在堂上，我恭敬地從庭前走過，他問：『學了禮嗎？』我答：『沒有。』他說：『不學禮就沒有立身處世的憑藉。』我就馬上去學禮。我聽到的是這兩件事。」陳亢回去以後高興地說：「我問一件事，卻知道了三件事：知道要學詩、知道要學禮、還知道君子與自己的兒子要保持適當的距離。」

這段話顯示了孔子是如何教育自己的孩子，也就是孔門的家教。陳亢是孔子的學生，年紀顯然比較大。他問孔子的兒子說：「你在家裡面，你父親——也就是我們的老師，有沒有給你特別的秘笈？」學生們有時候聽孔子講話，覺得太高深了，聽不太懂。所以，孔子曾經公開澄清：「你們以爲我有所隱瞞嗎？我完全沒有隱藏。我所知道的一切，我的表現都在你們面前展現出來，我並沒有保留什麼特殊的見解。」這一次，陳亢找到了機會，就直接問孔子的兒子。「對曰」說明孔子的兒子一定比陳亢年紀小。接著就是做兒子的描寫父親對自己的教誨。孔子在家裡，有時候大概也挺無聊的，兩次都是他一個人站在堂上，兒子從庭前快步走過。他說：「且慢，你學了詩嗎？」做爸爸的是老師，他怎麼會不知道兒子有沒有學過詩？所以，「你學了詩嗎」問的是你在學校學了，回家之後有沒有好好地複習，把《詩經》的內容與道理重新理解？孔鯉很誠實，說沒有。孔子說：「不學詩，和別人說話就沒有憑藉。」「不學詩，無以言」，不是說不學詩就不能講話。天下人都講話，有幾個人學詩的？所以，不學詩可以講話，只不過講話沒什麼水準。學了《詩經》，和別人說話時就會很文雅，懂得引用哪一句詩來婉轉地表達內心的情感，更容易與別人溝通。所以，孔鯉聽了以後，立刻退下來學詩，去深入理解所學的內容。另一天，孔子又是一個人站在堂上，孔鯉從庭前經過。孔子說：「站住，你學了禮嗎？」爸爸怎麼會不知道兒子有沒有學過禮呢？孔子問的是，你學過的究竟有沒有眞懂？是不是明白禮是怎麼一回事，並且加以實踐呢？孔鯉又說：「沒有。」可見，孔子在家裡督促孩子做功課，並不像我們想像的那麼嚴苛。他也沒有教訓孩子說，我在教室教過你，你要好好寫作業。他激勵兒子自覺學習。聽到否定的回答，他就說：「你不學禮，無以立。」沒有辦法在社會上立足啊。從這裡可以知道，孔子說他自己「吾十有五而志於學，三十而立」，就是「立於禮」。

陳亢聽到答案，高興地說：「我問一件事，卻得到了三個答案，知道了爲什麼要學詩，知道了爲什麼要學禮，還知道君子要與自己的兒子保持適當的距離。」第三點比較有趣。爲什麼君子要和自己的兒子保持適當的距離？孔子在家裡教導兒子時，父子之間的關係並不是很親密，兒子像學生一樣，乖乖地遵守紀律，看起來好像缺乏一點兒親情。但是沒辦法。其實，教育子女，最好是易子而教。易子而教，不是說不要家教。家教只是基本的灑掃、應對、進退，生活規範而已。而眞正要教的是做人處事的大道理，應該換別人教。因爲孟子認爲，做父親的，如果老是教兒子做好人、做好事，到最後，兒子可能會回嘴，說：「父親大人，您要我做的這些事，好像您自己還沒做到吧！」這不是傷感情了嗎？讓爸爸下不了臺。孟子主張易子而教就是爲了避免發生這種情況。父子之間互相責善，互相以善來要求，就會傷害親情。儒家的原則是：人一定要有眞誠的情感，而眞誠的情感以親情爲重，以親情爲先，無論如何，都不能傷害親情。所以，完整而正確的理解是「易子而教，親情爲重」。

這段有關孔子家居生活的描述，在如何與孩子相處方面也有不少地方值得我們參考。

陽貨第十七

【第262講】

《論語・陽貨第十七》第一章的原文是：

陽貨欲見孔子，孔子不見，歸孔子豚。孔子時其亡也，而往拜之，遇諸途。謂孔子曰：「來！予與爾言。」曰：「懷其寶而迷其邦。可謂仁乎？曰不可。好從事而亟失時，可謂知乎？曰不可。日月逝矣，歲不我與。」孔子曰：「諾，吾將仕矣。」

意思是：

陽貨希望孔子去拜會他，孔子不去，他就送一隻燒豬給孔子，孔子就趁他不在家的時候才去拜謝，不料，兩人在路上碰到了，陽貨對孔子說：「你過來，我要與你說話。」他接著說：「具備卓越才幹，卻讓國家陷入困境，這樣可以稱作行仁嗎？我會說不可以。喜歡從政做官卻屢次錯過時機，這樣可以稱作明智嗎？我會說不可以。光陰似箭，時間是不會等人的。」孔子說：「好吧，我會去做官的。」

這件事發生在孔子四十九歲的時候。我們知道，孔子五十一歲時出來做官。所以，之前的兩年是一個關鍵時期。陽貨當時是季氏家的總管，季氏則是魯國最有權力的大夫，幾乎控制了魯國的主要事務；他的總管陽貨又通過季氏幾乎控制了大半個魯國，權力很大。這樣的人當然希望拉幫結派來鞏固自己的勢力。

陽貨也知道，孔子這個人是壓不住的。他本身的學識、能力、智慧、德行全魯國人都佩服。再加上他還有很多學生，而且個個都是人才，所以，孔子不是一個人，而是一群人。那當然要拉攏了。所以，陽貨找人傳話說：「希望孔子來見我。」因為陽貨是季氏家的總管、大夫，地位比孔子高，所以他直呼孔子為孔丘。

孔子找各種理由推託，就是不見。陽貨就送了一隻燒豬給孔子。為什麼這樣做呢？古時候有個規矩，地位比較高的人送禮物給你，你不在家，就一定要去他家拜謝。所以，陽貨就故意送了一隻燒豬給孔子，逼著孔子為了燒豬去陽貨家拜謝。孔子也有所算計，立刻派人去查看陽貨出門的時間。陽貨一出門，孔子立刻去他家拜謝，主人不在，登記下來，陽貨及旁人就不能指責他沒有禮貌了！沒想到，孔子在回家的路上碰到了陽貨，這下走不開了。陽貨當然是倚老賣老，上來就說：「來，我要和你說話。」孔子沒辦法，只好聽他說了。其實，陽貨的說辭也是很有道理的。他說：「你本身有這麼大的才幹，懷其寶（卓越才幹），但是卻讓國家陷入困境，這樣可以算行仁嗎？」有學問的人不要獨善其身，而應該把自己的才學貢獻出來，服務國家。沒有做到這一點就是不仁。其實，陽貨是希望孔子能為自己服務。再則，你並不是不喜歡做官，但是屢次錯過時機，這樣可以算明智嗎？既不仁，又不明智，這不好吧？「日月逝矣，歲不我與」，用今天的話說就是「時不我與」。時間過得很快，眼看就要五十了吧，不要再浪費時間了，趕快來做官吧！孔子只好說，好吧，我會去做官的。

後來，孟子對此事作了評論。孟子說，如果陽貨以正式的禮儀，親自到孔子家去拜訪，孔子一定也以正式的禮儀去陽貨家拜謝。但是，陽貨先耍了手段。他怕吃閉門羹，下不了臺，不願意親自去，只派人送了隻燒豬，心想，送個禮物給你，你就必須來向我拜謝。陽貨沒有誠意在先。他端著官架子，不願意放下身段，覺得孔子還沒有做官，地位當然比自己低，先去孔子家好像有點吃虧。這說明陽貨不真誠。若是真的禮賢下士，根本不會計較這些細枝末節，就像後來劉備「三顧茅廬」一樣。孔子主張「以直抱怨」，於是以其人之道還治其人之身。你耍手段，我也會。我派學生觀察你什麼時候出門，確定離開了，我再去。結果，不巧在回來的路上碰到陽貨了，這時毫無辦法，只好聽他講了一頓。

孔子其實很討厭陽貨。後來，他還因爲與陽貨長得很像在匡城被百姓圍困，差點被殺。不過，我難以想像陽貨與孔子長得很像。孔子身高一百九十二公分，額頭中間凹進去一塊。這麼特別的一個人，還會有人跟他長得很像？合理的解釋可能是：當初，陽貨帶兵去鎮壓匡城百姓的時候，替他駕車的是顏刻，而顏刻後來成了孔子的學生，也替孔子駕車。他駕車到匡城的時候說：「當初我們就是從這個城門口打進去的。」別人聽到了，仔細一看，這個駕車的人不就是當初替陽貨駕車的嗎？他居然還說，是從這裡打進去的，肯定是陽貨又來了，那可要報仇！其實，坐在車裡的是孔子。所以，孔子一到匡城，立刻被包圍。而且，陽貨這個人名聲確實不好。他在魯國作威作福，明明只是季氏家的總管，卻以爲自己是魯國最有權力的人，到處拉幫結派。孔子對此一清二楚。

後來，孔子確實出來做官了。魯定公九年，他先做中都宰，也就是中都縣的縣長。一年下來，中都縣成爲全國模範縣，孔子爲這個縣制定的典章制度，全國都來效法。以孔子的學問，要治理一個縣，那是太簡單了。別的縣長有些就是孔子的學生，甚至比孔門弟子還差的人也當了縣長，現在，孔子親自出馬，當個縣長還會有問題嗎？第二年，孔子立刻被升爲小司空，就是負責國家建設的副長官；再隔一年，升爲司寇，即負責國家治安的正式長官，位列大夫。孔子做官五年，表現非常傑出，不過，他很了解自己的處境。後來，魯定公、季桓子不再信任他，他便找個理由辭職，開始周遊列國。有些人說，假設孔子沒有周遊列國，那會是什麼樣的情況？其實，孔子就算留在魯國，也無法把國家治理好，因爲魯君無心於此；而他周遊列國，正好使他一生的心得可以在遊歷過程中得到驗證，更不要說他在周遊列國的過程中，還收了很多優秀的學生。孔門弟子中有一批人比孔子小了四十幾歲，很多都是在周遊列國的時候收的，其中有不少人才。這一章說明了當時魯國的政治形勢，以及孔子出來做官的一些緣由。

【第263講】

《論語．陽貨第十七》第二章特別重要，但文字很短。

子曰：「性相近也，習相遠也。」

孔子說：「依本性來看，人與人是相近的；依習染來看，人與人就有很大的差異了。」

近與遠，一般指距離。人與人本性相近，就是大致差不多，但是後天環境使人的習慣產生變化。有一句俗話說：「一種米養百種人。」大家吃一樣的飯，怎麼有這麼大的差異呢？這是由於後天的作爲所導致。孔子是一位偉大的哲學家，他的整個思想建立在他的人性論基礎上。一個哲學家如果不說清楚何謂人性，憑什麼建構對人生理想的解讀呢？憑什麼教人行善避惡呢？這一章的重要性即在於此。今天，「性相近，習相遠」是《三字經》的第二句，第一句是「人之初，性本善」。孔子沒說過前面六個字，孟子也沒說過。荀子呢？他說，人之初，性是惡的。所以，很多人以爲「人之初，性本善」是儒家的思想，那就要注明是宋朝儒家學者的思想。一般人讀《論語》，都看朱熹的注解，但朱熹的注解有一個大問題，就出在這一章。朱熹公開說，孔子在此處說的性不太單純，把氣質也拉進來了。因爲，如果考慮到氣質，講人性的時候就不能說性相同。朱熹是宋朝學者，主張人性本善。如果人性本善，就必須說性相同。因爲「相近」的意思是不相同、不相等。於是，朱熹就批評孔子說的不太對，至少沒說清楚。朱熹的前輩，宋朝哲學家程頤對此也有一番議論。朱熹在《四書集注》中《論語．陽貨第十七》第二章的注解裡引用了程頤的話。他說，性就是理，理是沒有不善的。他還認爲，這就是孟子所謂的性善，何相近之有哉！意思是人性本善，所以應該是性相同，孔子居然談相近，何相近之有啊！老師教訓學生的口氣也不過如此。看到宋朝學者居然在注解《論語》的時候教訓孔子，我們能接受嗎？能忍受嗎？我不行。如果孔子主張人性本善，當然會說性相同；正是因爲孔子主張的不是人性本善，所以他才會說性相近。道理其實很簡單。何謂「性相近」？按照我的理解，人性向善。「向」代表力量，力量有強也有弱，這就是相近。孟子後來是怎樣發揮孔子思想的？孟子說，看到一個小孩慢慢爬到水井邊，任何一個人都會覺得恐懼、不安、不忍。他並不想與孩子的父母交朋友，也不想在鄉村裡受到稱讚，更不是害怕聽到小孩掉到水井裡的可怕哭聲，但就是很緊張，覺得不忍心。事實是這樣的嗎？有些人看到外國小孩跑到水井邊，恐怕會覺得，關我什麼事，那是外國人，但看到本國孩子爬到水井邊，會覺得不忍心——外國人的孩子無所謂，本國的孩子我在意。有人是本國的孩子無所謂，本鄉的孩子才在意。還有的人本鄉的孩子也無所謂，鄰居的小孩才會不忍心。更有人是鄰居的孩子也不在意，自己的孩子就很不忍了。如果有人連自己的孩子爬到水井邊也無所謂，孟子就會說，這個人非人也，不是人。每個人在孩子有危險的時候都會覺得不忍，這叫性相近。但是，因爲關係的遠近，或者其他因素，外國、本國、本鄉、鄰居，或是自己的孩子，表現會有所分別。這叫習相遠。如果一個人連自己的孩子爬到井邊，都不覺得不忍心，他就不是人了。

回到這章來看，孔子其實也是這個意思。「性相近」意思是人性向善。「向」就有強有弱，關鍵看你是否眞誠。有些人一定要自己家裡出現大問題才會不忍；另一些人，就像林黛玉，花落了她還葬花呢。葬得完嗎？我們看了都覺得，這麼多愁善感，太辛苦了，能活多久呢？但是，你不能否認，她很有愛心，她連落花都不忍，何況是小動物呢？在金庸小說裡，楊康的母親不也是這樣的人嗎？楊康很壞，知道媽媽喜歡照顧受傷的小白兔，沒事就弄傷一隻，送給媽媽去照顧、包紮。人性相近，人對某種情況的反應各自不同，有些人比較敏感，有些人比較遲鈍，這其中，後天環境的影響很大。比如，同樣父母生的孩子，一個在正常家庭長大，一個在孤兒院長大。後天的遭遇會讓兩個人看起來完全不像一家人。孔子對人性有不少描述，如，君子有三戒、君子有三畏，都是提醒人性軟弱，要好好修行。如果人性本善，為什麼還要接受教育呢？難道還不夠善嗎？我對《三字經》的第一句始終是有意見的。因為人性本善根本講不通，它可以是一種信仰，但是不是哲學。第二句「性相近，習相遠」才是基於經驗觀察的哲學。哲學一定要基於經驗觀察，再做深刻反省。《三字經》開頭就說「人之初，性本善」，這不是事實，怎能作為教材？小孩年紀越大越發現，根本沒什麼人性本善，到處都有人在騙人、做壞事。那應該相信書上寫的「性本善」三個字，還是相信親眼看到的現實社會呢？這樣的教育是行不通的。

【第264講】

《論語・陽貨第十七》第四章的原文是：

子之武城，聞弦歌之聲。夫子莞爾而笑，曰：「割雞焉用牛刀？」子游對曰：「昔者偃也聞諸夫子曰：『君子學道則愛人，小人學道則易使也。』」子曰：「二三子！偃之言是也。前言戲之耳。」

孔子到了武城，聽到彈琴唱詩的聲音，微微一笑，說：「殺雞何必用宰牛的刀？」子游回答說：「以前我聽老師說過，做官的學習人生道理，就會愛護眾人；老百姓學習人生道理就容易服從政令。」孔子對學生們說：「各位同學，偃的話是對的，我剛才只是同他開玩笑啊。」

由此可見，孔子相當幽默。子游是文學科的高材生，曾在武城擔任縣長。之前，孔子問他，你當縣長，有沒有得到什麼人才？子游說，有一個澹台滅明，做事秉公處理，不會走捷徑，抄後門。這一次，孔子又來到武城，聽到弦歌之聲。古時候，《詩經》是合樂歌唱的，所以，弦歌之聲一出現，孔子心情非常愉快。《莊子》的〈漁父篇〉裡描寫孔子在杏壇之上講學，學生們吟唱著《詩經》，孔子彈琴伴奏，就是弦歌之聲。而杏壇的典故就出於《莊子》。這一次，孔子看到子游把學到的那一套應用到縣裡，教化小小縣城裡的官員和百姓，不禁笑了。整部《論語》裡面，孔子這個地方笑得最可愛，叫做「莞爾而笑」。

《論語》很少提到孔子笑，其實，笑也不見得完全是好事。比如，孔子讓學生談志向，子路第一個發言說，我要當政治家、如何治理國家等等。講完之後，夫子「哂之」，就是孔子微微笑了一下。後來，曾皙特別請教老師，剛剛聽完子路的志向，為什麼微微笑了一下呢？孔子說，治理國家需要禮儀，可是子路說話完全不知道謙讓，所以我笑了一下。這笑有一點諷刺的意思，讓子路警惕，不要事事搶在前面，治理國家要謙讓、遵循禮儀。還有一次，孔子讓學生漆雕開做官，學生答說，我還沒有什麼自信。然後，「子樂」。孔子很快樂、很開心，因為這個學生有自知之明，知道自己學得還不夠，應該繼續努力進修。本章夫子莞爾而笑，這真是打從心裡面覺得高興。孔子知道自己年紀大了，但是他的理想就好像代表了光明的火，由學生傳了下去。這時候孔子的開心是可以理解的。「薪盡火傳」這個成語也出於《莊子》。火怎麼傳下去呢？柴火燒完了，沒關係，火種傳下去了。哪一個人的生命不會衰老、不會結束呢？只要思想被後代發揚光大就行了。

「割雞焉用牛刀」現在也變成成語了，意思是小題大做，殺隻雞小小的刀就夠了，哪用得著很大的牛刀？子游在旁邊聽到了，有點委屈，分辯說，我以前聽老師說過，做官的學習人生的道理就會愛護眾人；老百姓如果學點人生道理，比較容易服從政令。君子、小人分別指的是做官的和老百姓。子游是縣長，下面還有各級官員、公務員，最基層的就是百姓。上上下下學的就是《詩經》的道，人生的正途。說到讓百姓服從政令，這是不容易的。《論語》有一句話常被誤解，就是孔子說的：「民可使由之，不可使知之。」歷史上，對這段話的解釋分歧太大了。我認為它的意思是，孔子說：「對於老百姓我可以讓他們照著我的政令去做，我沒有辦法讓他們了解為什麼我要這樣下令。」如果解釋為，孔子說：「老百姓如果認同就讓他們這樣做，不認同就設法使他們了解。」但是有時間嗎？今天這個時代要讓老百姓完全理解政策尚且不太可能，何況是媒體不發達的古代，根本無法讓老百姓都理解為什麼這個房子要拆掉，要開一條公路。他們會吵個不停。這也就是提出「小人學道易使也」的原因。小人如果學會人生的道理，就比較容易服從政令。要老百姓服從政令始終是一個難題。因爲政令是有要求的，現在要求這邊的百姓做這些事，那爲什麼叫我們做呢？爲什麼別的地區的百姓不做呢？憑什麼要我們犧牲呢？百姓看不到全局，只見自己的眼前利益，所以，他們只看到自己吃虧的地方，沒想到將來全盤發展對大家都有利，他們看不到那麼遠。

子游明白了這一點，才設法讓官員與百姓都來學《詩》，從中學會做人的道理。孔子聽了子游的回答以後，當然沒話說，因爲學生把老師的主張應用到實踐中，還能有什麼不對嗎？怎麼能說是割雞焉用牛刀，小題大做，多此一舉白費力氣呢？孔子立刻道歉說，各位同學，我剛才和他開玩笑呢。子游不要介意，繼續做吧，你做的是對的。

【第265講】

《論語．陽貨第十七》第五章與第七章的主題非常接近，我們合在一起來講。第五章的原文是：

公山弗擾以費畔，召，子欲往。子路不說，曰：「末之也已，何必公山氏之之也！」子曰：「夫召我者，而豈徒哉？如有用我者，吾其為東周乎！」

公山弗擾佔據費邑，起兵反叛季氏，他召請孔子去幫忙，孔子想要前往，子路很不高興，說：「沒有地方去也就算了，為什麼一定要去公山氏那裡呢？」孔子說：「請我去的人難道沒有什麼意圖嗎？如果有人任用我，我難道只想維持東周這種衰弱的局勢嗎！」

這段話的背景已經不太清楚了。費邑經常出現，是季氏的封地。公山弗擾佔據了費邑。公山弗擾本來是季氏的家臣，負責費邑，大概因什麼事情與他的老闆吵翻了，起兵反叛季氏，並請孔子幫忙。他當然知道孔子有本事，並且孔子很多學生又有謀略又有膽識。孔子想去。請問，孔子為什麼想去？大概公山弗擾反叛季氏的目的是要支援魯君。幫助他去反叛季氏，這樣就可以幫助魯君，使魯國更為統一、更為強大，繼而可以幫助周朝，讓分崩離析的春秋時代走上統一。當然，孔子的想法眞的是很天眞。幫助公山弗擾成功之後，他會支持魯君嗎？說不定正好取而代之呢！這個間接又間接的手段，離目的太遠了吧？子路沒想那麼遠，他很直接，立刻表現得很不高興，質問說，老師，沒地方去就罷了，何必去公山氏那裡呢？話說得很難聽，好像老師非做官不可，非要從事政治不可。孔子說，別人請我去有他的意圖，這點我知道。但是，如果有人眞的用我，我難道只想維持東周這種衰弱的局勢嗎？我的翻譯與很多人不同，不少人把最後一句理解爲，如果有人任用我，我將在東方使周朝復興。這話好像不太通，在東方就是在魯國，讓周朝復興，如何復興法？周平王東遷之後稱爲東周，東周的局勢非常複雜、混亂。所以，孔子希望通過幫助公山弗擾反對季氏，再來支持魯君，最後振興周朝。轉了好幾個彎，所以他最後說，難道我只想維持東周這種衰弱的局勢嗎？這說明，孔子很希望有機會實現理想。

第七章的情況類似，只是形勢更加複雜了。它的原文是：

佛肸召，子欲往。子路曰：「昔者由也聞諸夫子曰：『親於其身爲不善者，君子不入也。』佛肸以中牟畔，子之往也，如之何？」子曰：「然，有是言也：不曰堅乎，磨而不磷；不曰白乎，涅而不緇。吾豈匏瓜也哉？焉能繫而不食？」

佛肸召請孔子，孔子想要前往，子路說：「以前我聽老師說過：『自己動手公然行惡的人那裡，君子是不會前去的。』現在佛肸佔據中牟，起兵反叛，您卻想要前去，又該怎麼說呢？」孔子說：「對的，我說過這樣的話，但是我們不是也說，最堅硬的東西是磨也磨不薄的；我們不是也說，最潔白的東西是染也染不黑的。我難道只是匏瓜星嗎？怎麼可以掛在那兒不讓人食用呢？」

這段故事與晉國有關。晉國的權臣趙簡子權力很大。他攻打范中行。佛肸就是范中行的家臣。他身爲中牟縣長，就以中牟縣做根據地起兵反叛趙簡子。換句話說，晉國與魯國一樣，國君也是大權旁落。佛肸居然邀請孔子，而孔子竟然也想去——有人用我，我的才華可以發揮，最後還是要實現周朝的統一。這個彎繞得更遠了。子路更生氣了，他說，以前聽老師說過，做壞事的人那兒，天下人都知道他是爲惡的，千萬別去。你既然這樣說過，今天怎麼解釋自己的行爲呢？孔子說，我是說過這樣的話，不過，你知道什麼叫堅硬嗎？眞正的堅硬是磨也磨不薄的，眞正的白是染也染不黑的。孔子對自己很有自信，我是又堅硬又潔白的，我到任何地方去，別人再壞都不能污染我，我的理想很純正，最後還是可以達到最高目標的。「匏瓜」有兩個意思，一個是植物匏瓜，可以做菜吃；另一個是天邊的匏瓜星。這裡應該翻譯成匏瓜星。意思是，難道我只是天上的匏瓜星嗎？怎麼可以掛在那邊不讓別人吃呢？換句話說就是，我如果是眞正的匏瓜，就讓別人拿來吃；就好像我是有用的人才，等待識人的明君來任用我。「堅」與「白」兩字也是著名的典故。我的老師方東美先生的詩集叫《堅白精舍詩集》。精舍就是很精巧的房子。一般佛教居士，在家修行的人常把自己的房子命名爲某某精舍。我們年輕時，看到這個書名還誤會了，以爲老師喜歡名家。因爲在古代，名家的公孫龍子在講到堅白石時，有這樣的論證：一顆石頭，你用眼能夠看到白色，但看不到堅硬；你用手能夠摸到堅硬，但摸不到白色。那你怎麼知道它是一塊又堅又白的石頭呢？所以，各種感覺器官要配合起來下判斷，才知道這是堅白石。後來，把《論語》看熟了才知道，「堅白」出自《論語》，意思是，堅持自己的理想，眞正的潔白，不論天下如何混亂也不能染黑它；眞正的堅硬，不論外面如何折騰也磨不薄。這是孔子對自我的肯定。

這兩段話都提到有人造反，想請孔子幫忙。這說明孔子有國際聲望，很有能力。但是，說實在，去幫別人的忙，又怎麼知道別人下一步怎麼打算呢？孔子最後哪兒也沒去。

【第266講】

《論語・陽貨第十七》第六章的原文是：

子張問仁於孔子。孔子曰：「能行五者於天下，爲仁矣。」請問之。曰：「恭、寬、信、敏、惠。恭則不侮，寬則得眾，信則人任焉，敏則有功，惠則足以使人。」

子張向孔子請教如何行仁，孔子說：「做人處事能符合五點要求就是行仁。」子張說，請您教導我這五點要求。孔子說：「莊重、寬大、誠實、勤快、施惠。莊重就不會招來侮辱，寬大就會得到眾人支持，誠實就會受人任用，勤快就會產生功效，施惠就能夠領導別人。」

孔子的學生又一次請教他如何行仁。我們也多次強調，當學生請教什麼是仁時，他們問的其實是，我在這個階段要走什麼樣的路，才能算得上是擇善固執呢？也就是說，我在這個時候怎麼做才是對的？所以，孔子的回答從來沒有重複的，他是因材施教。子張是目前所知孔子最年輕的學生，比孔子小了四十八歲。他也請教怎樣行仁，孔子當然很樂意回答。

這一次的回答中，孔子提到五個字，在天下任何地方做到這五個字就算行仁。也有人說，這五個字能不能算是標準答案？不能，它們只適合子張這樣的學生。我們學習儒家，不要希望有簡單的答案，如果一定要找到這樣的話語，大概只有少數幾句，比如「己所不欲，勿施於人」。孔子回答不同學生的話，目的是要讓學生以答案爲基礎，根據不同的情況仔細推敲，擇善的責任在自己。司馬牛問仁，孔子對他說，你要行仁嗎？行仁的人說話非常謹慎。司馬牛就不能接受，立刻反問，說話非常謹慎算是行仁嗎？他總覺得行仁應該有某種行動吧，你現在卻只叫我說話謹慎。司馬牛不懂，說話也是一種行動。西方近代哲學有一派叫做語言行動哲學，認爲語言就是一種行動。比如，教育部規定老師不能體罰學生。但他們忽略了一點，如果老師眞的對孩子不好，不需要體罰，不需要動手打，那是下下策。老師只要每天對學生說，像你這樣的孩子沒希望了，活著就是浪費糧食。講到最後，小孩子受不了了，趕快轉班、轉學。可見，說話是很可怕的力量，千萬不要忽略。有一個西方學者說，筆勝於劍。寫一篇文章，它的影響力勝過用劍去對付別人。這就是人類的思想特色。眞正主導這個世界的，不一定是那些有武力的人，而是那些有思想的人。

本章孔子對子張的回答。有五點：第一，恭，就是自己要莊重，其行己也恭；第二，寬，當然是對別人寬大；第三，信，就是誠實，不僅說話誠實，而且能夠做到自己所答應的事；第四，敏，做事勤快，絕不耽誤時間；最後，惠，就是施恩給別人，對別人很好。這五點之間其實沒有什麼邏輯性，但與子貢總結孔子的五個字「溫、良、恭、儉、讓」很接近。孔子只是告訴這個年輕的學生，應該在這五方面努力，並且一一說明理由。孔子有標準答案嗎？其實沒有。但這五個字有一個共同的特點，就是都立足於我與他人的關係，都是與人相處時的一種適當態度。可見，孔子從來不會脫離人際關係去討論怎樣立身處世。你要修養自己嗎？你要走上人生的正途嗎？那就在人際關係之中，盡你所能去實踐。

【第267講】

《論語．陽貨第十七》第八章的內容是：

子曰：「由也！女聞六言六蔽矣乎？」對曰：「未也。」「居！吾語女。好仁不好學，其蔽也愚；好知不好學，其蔽也蕩；好信不好學，其蔽也賊；好直不好學，其蔽也絞；好勇不好學，其蔽也亂；好剛不好學，其蔽也狂。」

孔子說：「由，你聽過六種品德與六種流弊的說法嗎？」子路回答說：「沒有。」孔子說：「你坐下，我來告訴你。愛好行仁而不愛好學習，那種流弊就是愚昧上當；愛好明智而不愛好學習，那種流弊就是游談無根；愛好誠實而不愛好學習，那種流弊就是傷害自己；愛好直率而不愛好學習，那種流弊就是尖酸刻薄；愛好勇敢而不愛好學習，那種流弊就是胡作非為；愛好剛強而不愛好學習，那種流弊就是狂妄自大。」

這是孔子特別告誡子路的。不過，這六言六蔽確實值得我們思考。一般人都認爲，誰不希望去修行、具備品德呢？但是問題在於，孔子指出，你如果只知道實踐六種美德，而不愛好學習，就會有後遺症。比如，一個人喜歡做好事而不去學習，以至於不了解人情世故，那就是愚昧，可能會上當。騙子當然是騙那些老實一味做好事的人。我這一路走來，上當的次數多了。就拿這句話自我解嘲。但是，不能說我不好學，只是我學的不是人情世故，我學的是書本的學問，那是不夠的。還記得我剛開始教書時，每次去學校，都會經過一座教堂。那裡有個小廣場，廣場上有個乞丐坐在輪椅上，腿上蓋著一塊毛毯，看到有人經過就乞討說，給我錢吧！我第一次看到他的時候，不忍心，就給了他點零錢。之後，他就記得我了，每天我經過的時候，他就叫得特別大聲，好像我欠他錢一樣。到最後，我都不敢經過那個地方了，只好繞一個大圈到學校上課。直到有一天，學校一大早開會，我特別早出門，經過教堂的時候才發現，原來有人開著房車把乞丐送來，放在那兒。我沒有車，天天要坐公車，他卻有轎車接送。我這才知道，他們是一個集團。從此以後，我再也不理他了，他大聲叫我，我就瞪他一眼，心想，你還把我當笨人嗎？做好事是應該的，但是可不願意受騙。不過，能怪乞丐嗎？誰讓我不懂人情世故。其實我心裡應該知道，他一個殘疾人，怎麼可能一大早就到這裡來，等著人給他錢呢？如果沒有人接送，那他一定住在學校附近。這個地段的房子我都買不起，那他不是比我有錢多了嗎？還需要我給他錢嗎？你稍微想想就知道，這種情況最好讓國家、讓政府、讓社會福利來救助他，我們一個人每天這樣給錢是沒有盡頭的。第二句，如果喜歡明智，但是不好學，就會有游談無根的後遺症。好學是有系統地去了解、研究，而不是這邊看一點，那邊看一點。再看，你愛好誠實嗎？你愛好誠實而不好學的話，就會傷害自己。因爲你不了解別人什麼時候誠實，什麼時候不誠實，你不了解別人有時候說的是客套話。我們年輕的時候很幼稚，聽別人說什麼，都以爲是眞的。別人對我說仰慕已久，就以爲自己名氣很大。仔細想想，我有什麼名讓人慕呢？人家只不過說客套話罷了。再看，愛好直率而不愛好學習，就不知道該怎麼表達。沒有學會表達，就是心直口快，口無遮攔，可能會尖刻傷人。愛好勇敢而不愛好學習，就可能胡作非爲了。孔子多次把勇敢和亂聯繫在一起。一個人很勇敢，別人不敢做的事他敢做，到最後恐怕就破壞了規矩，造反作亂了。愛好剛強而不愛好學習，可能會狂妄自大。有欲望就不會剛強，沒有欲望才能剛強。

這六種德行都很好。任何一個人擁有這六種德行裡面的一種，都值得稱讚。但是，如果不好學，不了解在實際的人際關係中該怎麼判斷，那恐怕反而有害了。所以，我們一直強調，學習儒家，除了眞誠之外，還要學會適當的表達方式。如果沒有適當的方法，無論多麼好心恐怕都會被扭曲，最後還會覺得很冤枉。我那麼愛好仁德、愛好誠實、愛好直率，都是好事，最後的結果卻都是負面的，那多可惜。

孔子特別和子路談及此事，可能是因爲子路對學習的興趣比較低。我們以前也讀過，子路聽老師說什麼事該做，他就放下手上的工作去做；還沒做完，又聽到新的說法了，趕緊停下舊的，去做新的，累計到最後發現，學得越多，距離目標越遙遠。我們也不能因爲這樣就不學了，應該學了一件，再去學第二件。

有人問我，是否贊成讓小孩子把《論語》、《孟子》都背下來，不用講解，只背就好。我們都知道，小孩子記憶力很好，很多孩子看三遍就會背了。我的意見是，背下來固然不錯，但是不理解意思，第一，絕不會實踐，因爲既不懂意思能實踐什麼？第二，即便背下來，也很容易忘記。所以，我認爲還應該選擇某些篇章加以講解，讓孩子理解。有些人說，那樣來不及，就好像煮湯圓一顆一顆煮，這一顆熟了再煮下一顆，什麼時候才能吃到湯圓呢？所以，應該全部倒下去，到時候全部一起熟了。小時候背的很多經典，長大了，自然就懂了。我則認爲結果是都混成一團了。當然，這是不同的見解。我強調的是，人固然可以追求許多美德，但一定要學習、了解別人的經驗和實際狀況，然後才知道怎麼樣用適當的方式與方法去實踐美德。

【第268講】

《論語・陽貨第十七》第九章的原文是：

子曰：「小子何莫學夫《詩》？《詩》可以興，可以觀，可以群，可以怨。邇之事父，遠之事君；多識於鳥獸草木之名。」

孔子說：「同學們為什麼不學《詩》呢？學《詩》的時候可以引發真誠心意，可以觀察個人志節，可以感通群眾情感，可以疏解委屈怨恨。學了《詩》，以近的來說，懂得如何侍奉父母，以遠的來說，懂得如何侍奉君主，此外還能廣泛認識草木鳥獸的名稱。」

這段話可以說是《論語》裡面對《詩經》最完整的描述。孔子多次提到《詩經》。最早的一段是用一句話來概括《詩經》，就是思無邪，意思是，無不出於眞實的情感。《詩經》不是談思想，把它理解爲思想純正無邪，顯然有些文不對題。《詩經》是文學作品，最重眞實的情感，不能扭曲，不能矯揉造作，更不能只是堆砌一些辭藻而已，無病呻吟最是不可取。孔子提到《詩經》時，多次用到「興」字，其字面意思是振作，引申爲引發眞誠的情感。《詩經》的內容都是眞誠情感的表現，只有眞誠才能引發眞誠。我們在社會上待久了，難免變得有些世故。見面很客氣，有沒有眞感情呢？那就不一定了。時間長了，連自己內心的眞實情感都忘記了。一讀《詩經》，內容有許多直接描寫人在各種遭遇下的情感，發現自己也有類似的情感。引發眞誠的情感，就是「興」。第二，「觀」是觀察自己。人在年輕的時候都很有理想。只要有我在中國一定強，這話好多人都說過。但是，為什麼後來只顧自己謀生活，慢慢忘記了國家、社會呢？「觀」就是在引發眞誠的心意之後，觀察自己。所以，讀好的文學作品，眞正展現出來的是內心對自我的一種期許。第三點是「群」。我們是同一國家的人，讀的是一樣的《詩經》，有共識，聽到別人一念《詩經》，立刻引發情感，甚至與之唱和。這就是群體情感。只有它才能凝聚一群人的共識。最後一點是「可以怨」。「怨」字在《論語》裡出現了二十次，是所有描寫情感的詞彙裡出現最多的一個。人生難免會有抱怨，通常是覺得自己受委屈了，沒有受到公平的待遇。可是，這個世界上有誰覺得自己得到公平的待遇？自覺委屈嗎？讀了《詩經》才發現，比我們委屈的人多得是。在《詩經》中，多少有才華的人受委屈啊。《詩經》中甚至有這樣的詞「視天夢夢」，看到天的時候，就像天在做夢，好人倒楣，壞人得意。換句話說，自古以來，很少有人認為自己這一生毋須抱怨，怨是很自然的情緒，讀《詩經》即可化解。《詩經》讓我們明白，不要抱怨，而應該珍惜所擁有的，我們有機會把這一生過得很精彩。

我曾經出過一本書叫《成功人生》。編輯選了一句話放在封面上：「成功的人生不在於握有一手好牌，而在於把一手壞牌打得可圈可點。」人不就是如此嗎？如果生下來什麼都有，成功了有何可貴？如果這一生什麼都不順，一手壞牌，卻照樣打得可圈可點，這才值得稱讚。孔子對學生的建議就是，讀《詩經》吧，讓人的情緒、情感、情操得到適當的調節。孔子最後提到，通過《詩經》，還可以廣泛了解草木鳥獸的名稱。有位學者做了個統計，《詩經》裡面提到的草有一百一十三種，樹木有七十五種，鳥有三十九種，獸有六十七種，蟲有二十九種，魚有二十種，《詩經》為我們展示了一個絢麗多姿的自然界。但是，說實在的，今天讀《詩經》，知道這些也不見得有用了。一方面，古今名稱有很大變化。另一方面，不少生物都已經絕種了。況且，古書上用這個詞，也沒有畫出來，我們實在無法確定到底是哪一種生物。有一次，我講到著名的翠玉白菜，說上面有一隻蝗蟲。學生馬上告訴我，那不叫蝗蟲，叫螽斯，《詩經》

裡面就有，寓意祝別人子孫滿堂。因為這種昆蟲繁殖很快，所以用來祝賀別人子孫滿堂。但是，你再查什麼是螽斯呢？就是一種體型比較小的蝗蟲，還是蝗蟲。如果研究生物分類，是可以分得很細的，但是對我們一般人來說，又不是生物學家，沒必要讀《詩經》的時候老想著生物分類。其實，《詩經》只是借各種生物的實際狀況來描寫人的狀態。所以，孔子特別在後面加了這一句，讓學生們多去了解生物的名稱。知道名稱的話，寫作就方便多了。

但是，我們最應該懂的只有一點，那就是什麼是人、什麼是人生。首先，要自我了解，興觀群怨，讓情緒得以疏解，才知道自己在什麼時候會喜、會怒、會哀、會樂，也要知道別人在什麼情況下會如此。所以，在古代，《詩經》的教育效果非常特別，叫「溫柔敦厚，《詩》教也」。它使人的情緒、情感得到適當的調節。

【第269講】

《論語・陽貨第十七》第十一章的原文是：

子曰：「禮云禮云，玉帛云乎哉？樂云樂云，鐘鼓云乎哉？」

孔子說：「我們說禮啊、禮啊，難道只是在說玉帛這些禮品嗎？我們說樂啊、樂啊，難道只是在說鐘鼓這些樂器嗎？」

這句話之所以重要，是因爲它提醒我們，禮與樂不只是有形可見的東西，玉帛與鐘鼓只是形式而已。「禮」字，左邊是示，右邊是豐富的豐。左邊的示代表天上的日月星三光，所以示下面有三條線。凡是與宗教有關的字，左邊都是用示部。豐字是二玉在器之形，桌上兩塊玉，下面的豆字是祭桌。所以，禮字一看就知道，與祭祀有關。禮在中國古代特別重要，它有三層含義：第一，宗教的含義；第二，政治的含義；第三，倫理的含義。先說宗教的含義。古代國家建構起來之後，一定是以禮作爲基礎。這時禮的功能類似於宗教。尤其是祭禮、喪禮，反映了對祖先的態度。古人強調國家最重要的兩件大事就是祀與戎，祀就是祭祀，戎就是軍事，祀始終排在前面。我們現在只知道國家需要國防武力，但除此之外，還需要祖先奠定的文化傳統。後者可以用禮來概括。第二是政治的含義。商湯興兵，就是以葛伯不肯祭祀爲由，從葛伯開始，所以《孟子》裡面才有「葛伯不祀，湯始伐之」的記載。換句話說，如果不肯祭祀祖先，別人即可以此爲理由加以討伐。如果對百姓不好，還可以商量改善，但如果不祭祀祖先，就代表數典忘祖，根本沒得談，只有出兵討伐了。禮的重要性不言而喻。第三，禮還有倫理的含義，到最後變成了人類社會的行爲規範。在今天的《十三經》裡，禮就占了三種，《禮記》、《周禮》、《儀禮》。《禮記》的內容很多是後來編的，但是《周禮》、《儀禮》保存了很多古代的材料，展示了古人的社會行爲規範。

樂難道只是鐘鼓嗎？鐘代表開始，鼓代表結束。早上敲鐘，晚上打鼓，叫做暮鼓晨鐘。演奏音樂時，鐘與鼓也是重要的樂器，聲音最洪亮，還可以與其他樂器相配合，鐘鼓一響，大家知道，演奏要開始了，或者演奏結束了。周公制禮作樂，只是有形可見的材料或形式嗎？當然不是。那應該是什麼呢？答案是眞誠的心、眞誠的情感。在路上遇到老師向他鞠躬，如果內心沒有眞誠的尊敬，便只是彎腰的動作。音樂演奏也一樣。聽人演奏音樂，可以感受到其中是否有眞誠的情感。有些人純粹是技術，沒有感情，這樣的人不能稱作音樂家，而只是工匠。有感情的演奏，才能打動別人。再以唱歌爲例，我很喜歡聽西方一些男高音的演唱，尤其喜歡盲人歌者安德烈·波伽利。事實上，他的音色不一定比帕華洛帝好。帕華洛帝被稱作義大利國寶，他的聲音簡直是上帝點化的，那麼優美，很少有人比得上，在世界三大男高音中名列第一，但是，他演唱的很多歌曲我覺得比不上波伽利。因爲帕華洛帝看得見。當他唱一首悲傷的歌時，看到觀眾熱烈鼓掌，他臉上的表情好像蠻愉快的，結果歌曲的味道就變了。請問，是歌聲重要，還是歌聲內在的情感重要？我選擇情感。相對的，波伽利的眼睛看不見，所以他演唱任何歌曲都能完全沉浸其中，充分表達內在的情感，深深打動聽眾的心。

孔子的另一句話：「子曰：『人而不仁如禮何，人而不仁如樂何。』」恰好可以與這一段相參照。而這樣的言論直接反映了四個字：禮壞樂崩。周公制禮作樂，到此時，禮樂只剩下空洞的形式。比如，我們現在行禮如儀，但內心沒有感情，這個禮一定是虛僞的條文而已，就如同沒有感情的音樂只是聲音的集合，不可能成爲眞正偉大的樂曲。孔子的志向用四個字來概括，就是承禮啓仁，其中，「禮」包括禮與樂。也就是說，孔子接過傳統，發現禮壞樂崩，就開啓了新的路線稱爲仁。仁就是眞誠的情感。禮樂的生命、內在依據，也就是人類眞誠的情感，一切都要誠於中、形於外。禮樂就是外，人性是以內在的情感爲中心。

儘管這段話很短，但是卻表述了孔子思想中非常關鍵的看法。那就是，禮樂是一個社會文明教化所不可缺少的。但是，任何文明教化都要以人類眞誠的情感做基礎，否則，接受的教化越多，離眞誠的情感越遠。那就是所謂的人格分裂。西方世界有很多人在精神方面遇到很大的困擾，就是因爲社會發展太過進步以後，各種繁文縟節讓人忽略了內心眞誠的情感，到最後變得內外脫節，人的生命就很難調和、統一了。這個問題不單是西方的，也是普遍的。我們學習儒家，就要特別注意這樣的問題。

【第270講】

《論語・陽貨第十七》第十二章、十三章、十四章的內容非常接近。首先看第十二章，原文是：

子曰：「色厲而內荏，譬諸小人，其猶穿窬之盜也與？」

孔子說：「臉色嚴肅而內心怯懦的人，可以比擬為小人，就像闖入門戶裡的小偷吧。」

臉色嚴肅而內心怯懦就是心虛。闖入家門的小偷聽到任何聲響都會很緊張，生怕被人發現。當人做錯事時，和小偷沒有兩樣，也許表面上裝得很好，事實上，心裡已經虛了。孔子的這個比喻非常生動。這句話中提到小人。小人就是沒有志向的人。一個人沒有志向，並不代表他沒有受過教育，他可能和我們一樣也受過教育，也在社會上發展，但是他內心是虛的。我們有時候也知道自己修養不夠。如果沒有眞下工夫讀一本書，和別人討論的時候，就會心虛，生怕別人問到細節。孔子把這種情形比喻爲半夜翻牆闖進門來的小偷——明明知道不對，卻還要做。在浮躁的社會風氣中，有些人不眞誠正直，卻僥倖得免，活了下去。孔子在這裡批評的就是這種人。他們常常「色取仁而行違」，外表以爲自己做的合乎仁德，其實行爲是有偏差的；而且還「居之不疑」，在這種情況下以爲自己沒有什麼問題。這種人可以出名，在邦必聞，在家必聞，但並不是眞正的通達，將來總會無路可走。這段話主要強調的是，要充實自己。人做事要本分，有幾分能力就做幾分事、說幾分話，不要追求虛名。人最怕的事情之一就是名過其實。我以前有個老師，名聲很大。他有一次坦白說，我算名過其實啊。但是沒辦法，名聲不是自己可以決定的。儒家是贊成有名聲的，但是有一個原則：君子去仁，惡乎成名？你要成名只有一個原則，要行仁。如果離開了仁，人生的正路，那還談什麼名聲呢？

再看第十三章，原文是：

子曰：「鄉愿，德之賊也。」

孔子說：「不分是非的好好先生，真是敗壞道德風氣的小人。」

「賊」字我們已經談過多次了，不是指小偷；前面的「穿窬之盜」，用的是盜字。一般來說，盜指的是大盜，賊指的是小偷。此處，「賊」的意思是傷害。孔子有一個老朋友叫原壤，孔子說他「幼而不孫弟，長而無述焉，老而不死是爲賊！」爲什麼？這樣不做好事的人，活到很老對於人格是一種傷害，會教壞年輕人。鄉愿在表面上很受歡迎，他專門勸架。兩個人吵架，他來了就說，大家不要吵了，都是同鄉，說到最後都是人。那不就是不分是非善惡嗎？《孟子》對鄉愿的批評也很嚴厲，他甚至說，孔子說：經過我門前不進來跟我討論問題，我不覺得遺憾，就是鄉愿了。如果要追問，孔子眞的有教無類嗎？錯，孔子有一種人不教，那就是鄉愿，因爲他不眞誠。這樣的人，對他講什麼都沒用，他只在表面上應付。我也碰到過這樣的朋友、學生，無論說什麼，他都會贊同，但是從沒有眞的接受或實踐。他聽到我說人性向善，覺得說得眞好；聽到別人講人性本善，也說講得眞好；看到別人研究荀子，說人性是惡的，他也說講得不錯，實在是沒有原則，沒有是非。所以，孔子說這樣的人就是德之賊。

一般做壞事的人，至少知道自己做壞事，會感到慚愧；被發現了，可能還會打算好好改過。鄉愿不眞誠，不覺得自己有錯。他認爲，大家好好相處，這樣有什麼不好？何必分那麼清楚呢？有誰完全是白的，有誰完全是黑的？社會都是灰色而已，只是黑白比例多少不同罷了。這樣講好像不是沒有道理，只是這樣一來，人生又是爲了什麼？

第十四章的原文是：

子曰：「道聽而塗說，德之棄也。」

孔子說：「聽到傳聞就到處散佈，這是背離德行修養的做法。」

前面講到「德之賊」，本章講「德之棄」。德之棄不是說道德離棄你，而是你自己離開道德，與前面說的傷害了道德風氣類似。我們今天還在用「道聽塗說」這個詞，有很多人對此極感興趣，越是道聽塗說、越是莫名其妙捕風捉影的八卦，大家越有興趣，傳來傳去。其實我們應該實事求是，換句話說，就是謠言止於智者。我們反對道聽而途說，是擔心混淆了是非。孔子曾經說過，所有人都喜歡的人，我要仔細地考察；所有人都討厭的人，我還是要仔細地考察（眾好之，必察焉；眾惡之，必察焉）。不能因爲所有人都喜歡他，我也認爲他是好人；更不能因爲所有人都討厭他，我便認定他是壞人。

《論語》中的一些章節我們沒有特別介紹，不過，我們會與詳細討論的章節做參照。有時候，我們想對某一章做個充分的解釋，但材料實在太有限了，所以，色厲而內荏的、鄉愿、道聽而途說的，三種人都有類似的地方，不眞實、不眞誠！知之爲知之，不知爲不知，實事求是，表裡一致，這才是孔子的要求。

【第271講】

《論語・陽貨第十七》第十六章的原文是：

子曰：「古者民有三疾，今也或是之亡也。古之狂也肆，今之狂也蕩；古之矜也廉，今之矜也忿戾；古之愚也直，今之愚也詐而已矣。」

孔子說：「古代百姓有三點為人詬病的，現在的百姓連這些都比不上了。古代狂妄的人不拘小節，現在狂妄的人放蕩言行；古代矜持的人不屑造作，現在矜持的人憤世嫉俗；古代愚昧的人還算直率，現在愚昧的人卻只知耍弄心機罷了。」

這段話很明顯是孔子的感歎。孔子所謂的古人是指商朝、周朝初年這些年代的人，他們與孔子隔了幾百年，社會情況已經發生了很大變化。

孔子說，古代老百姓有三點讓人詬病，只算是毛病，問題不大。任何一種毛病如果反映到性格特質，相對也有其優點，有時候，這個優點反而值得欣賞。古代的情況就是這樣。第一種，古人狂妄，往往不拘小節，有很高的理想，根本不在乎細節。但是，現在狂妄的人放蕩言行，完全沒有任何約束，經常衝破禮儀法律的限制。舉個例子吧，在魏晉時代，《世說新語》裡描寫的竹林七賢之一劉伶，極其狂放，他在自己家裡一絲不掛，別人來訪，嚇了一跳，說你也算讀書人，怎麼在家裡不穿衣服？劉伶怎麼回答？他說，天地就是我的家，我的家就是我的內褲，你鑽進我的內褲卻怪我沒穿衣服，無禮的人是你不是我呀。當然我們也無法說他全錯，不過，確實有些偏差。劉伶認爲自己是新道家，但是，老莊的思想是這樣的嗎？《莊子》固然對禮儀有所批判，不過，莊子絕對肯定眞誠與眞實的價值。在莊子筆下，還有這麼一個故事：孔子派子貢去幫助幾位老人家辦理朋友的喪事，子貢來到門口，嚇了一跳，兩位老人家面對自己朋友過世，卻一邊編織窗簾，一邊唱歌。子貢說，你們面對屍體唱歌合乎禮嗎？兩位老人家說，你懂什麼禮？老人家把死亡當成回歸於造化，老朋友走了，就唱歌歡送。莊子自己的太太去世了，他也鼓盆而歌。道家的理念不同，我們很難用儒家的原則去衡量，但他們還是自有原則的。第二種，古人很矜持。一般講矜持，就是君子自重，總要愛惜自己的羽毛，不願意同流合污，更不屑於造作。孔子說，現在矜持的人憤世嫉俗。自己潔身自愛，看到別人的作爲時，便忍不住痛加批判。既然自己選擇的是矜持，能自重、自愛的確很好，但不能因爲自己自重、自愛就苛責別人，認爲這個世界太混亂了，所有做官的人都有問題，所有學者都不夠清高，一竿子打翻一條船。這說明你心中有忿戾，心中懷有不平。矜持就應該安安分分隱居，不要參與過多的事情，也不要藉機諷刺別人，講太多莫名其妙的話。我們看到社會上某些人出名，心裡難免覺得他們好像沒什麼本事，憑什麼出名，禁不住會出言諷刺。但是，很多時候，出名也是不得已的。出名不見得都是天遂人願的，當天時地利配合起來時，想不出名也不行。所以，大家有時候會開玩笑說，時運未到時拚命工作賺錢也賺不到，等到財運一來，擋也擋不住。如此說來，爲什麼要憤世嫉俗，對別人冷嘲熱諷呢？一般講而言狂與矜是對應的，有點類似孔子說的「狂者」與「狷者」。狂者總是目標高遠，對別人不屑一顧。而矜持者總是珍惜自己的小小心得，潔身自愛。所以，狂者與矜者經常是對立的，狂者向外，矜者向內，各有自己的優點與缺點。

第三種，講的是愚昧者，就是智商稍差，比較難明白事理，也就是所謂的笨了一點。一般講，笨的人都比較老實。古代愚昧的人直率，坦誠，不會耍弄心機，但是現在愚昧的人卻只知耍弄心機。這不是很奇怪嗎？明明愚昧，還要什麼心機呢？因爲他自以爲聰明。其實，明白了人情世故，別人要什麼詭計、什麼手段，都洞若觀火。換個角度說，就是「司馬昭之心，路人皆知」。他以爲自己很聰明，以爲別人不知道，其實別人只是不點破而已。

從這段話中，我們可以明白當時何以被稱爲亂世。孔子對一個正常的社會、穩定的時代有自己的理解。他認爲，即便在那種時候，人也會有毛病，因爲人性本來就不是完美的，毛病可能來自性格，也可能來自個人遭遇，但是，有這個毛病，相對就會有一種優點。可是，在孔子的時代，人們狂妄而放蕩言行，矜持而憤世嫉俗，愚昧而要弄心機。實在是不知道該如何才好。所以，孔子常常覺得遺憾，不知道自己怎樣才能幫助時代、幫助別人。

【第272講】

《論語．陽貨第十七》第十九章的內容是：

子曰：「予欲無言。」子貢曰：「子如不言，則小子何述焉？」子曰：「天何言哉？四時行焉，百物生焉，天何言哉！」

孔子說：「我想不再說話了。」子貢說：「老師如果不說話，那麼我們學生傳述什麼呢？」孔子說：「天說了什麼啊？四季照樣在運行，萬物照樣在生長，天說了什麼啊！」

這段話特別有價值，因為其中提到「天」的概念。孔子感慨說，我教了好久了，可是學生好像不太了解我，我想不再說話了。雖然孔子學不厭，也教不倦，但是偶爾也會發發感慨。如果要求每個人每天都要表現得樂觀、奮鬥、向上、進取，那太難了。即便偶爾感歎，只要繼續努力，還是很可貴的。聽到孔子的話，子貢在旁邊立刻問，老師不說話，我們學生將來傳述給後代、教別人什麼呢？孔子說，天說過什麼話呢？四季照樣運行，萬物照樣生長，天又說過什麼話呢？

天沒說話，但是大自然照樣運行。我現在不說話，難道人類社會就真的無路可走嗎？當然，孔子也知道，天下不是靠一個人的，就如同政治不能靠一個人，教育也不能只靠一個人一樣。如果只靠孔子一個人，那他的責任太大了。孔子把天拿來做對照，這個對照很有意思，因為天是一個特別的概念。天牽涉到孔子的個人信念，特別複雜。如果沒有研究清楚「天」，「五十而知天命」豈不是一句很奇怪的話嗎？孔子其實把天當做管理人間的最高的神明。「獲罪於天，無所禱也」，沒有地方禱告了。我如果做錯事，「天厭之」，天來厭棄我吧。我要欺騙誰呢？「欺天乎」，欺騙天嗎？這幾句話中的「天」都是最高的主宰。此外，天還有另外一種作用：四時行、百物生。孔子說「天何言哉」，暗示天是能說話的，至少可以表達意念，而天儘管沒有說話，效果照樣在。由於孟子的進一步發揮，我們才能夠更清楚地理解這段話。孟子說，一個國家怎樣發展，要看天把天子的位置交給誰，「天不言，以行與事示之而已」，天不講話，但是用行動與事件來表達意思。比如在上古，堯把位置交給舜；舜把位置交給禹；禹本來想交給伯益，但後來傳給了自己的兒子啓。爲什麼之前是禪讓，而禹卻傳給了自己的兒子呢？孟子說，這是天的意思，「天與賢則與賢，天與子則與子」。上天要把天子的位子給賢者，那就傳給賢者；要把位子傳給兒子，那就讓兒子接班。天不說話，但四時行，百物生。「四時行」是說，天是萬物運行的動力；「百物生」意思是，天是萬物的來源。首先，孔子相信天是「造生之天」，能夠創造萬物。這些思想均可在古籍中找到根據。「天生蒸民」不是生嗎？「天作高山」不是造嗎？《莊子》裡面更是直接用了「造物者」一詞。我們看到「造物者」三個字大概總以爲是翻譯自西方的名詞，指創造萬物的上帝，其實不是。其次，天是「載行之天」，讓萬物繼續發展。「行」就是四時行。誰維持世界運轉呢？天。載就是承載。誰承載呢？《中庸》的最後一句話說：「上天之載，無聲無臭，至矣。」上天承載萬物，沒有聲音也沒有氣味，眞是最高的德行表現。孔子把四季運行、百物生長歸之於天的作用。天不用說話，它的作用就是它的意思。孔子的主張是，如果一個人眞誠從內而發，就可以走上正確的道路，不一定非要有指南、寶典之類的指點。這也是我們一直強調的：人能弘道，非道弘人。

孔子之後的很多人都由於眞誠而找到了正確的人生道路。所以說，不見得非得懂得什麼樣的宗教、什麼樣的哲學才能善度一生。孔子認爲，只要眞誠就可以找到內在的力量，只不過，要一生堅持眞誠，很不容易。不過，如果有人教導，社會上形成共識，大家一起眞誠，再加上社會行爲規範、禮儀的配合，那就會容易一些。

這段話的特別之處就在於，孔子明確提到天是四時行、百物生的基礎。

【第273講】

《論語・陽貨第十七》第二十章的原文是：

孺悲欲見孔子，孔子辭以疾。將命者出戶，取瑟而歌，使之聞之。

孺悲來了，要拜訪孔子，孔子託言有病拒絕見他，傳命的人一走出房間，孔子就取出瑟來邊彈邊唱，讓孺悲可以聽到。

這段話很有意思。由於文獻缺乏，孺悲的身份、背景我們不是很清楚。一般認為，他曾向孔子學習禮儀。這次，他想請見孔子，孔子為什麼不見？這是第一點。第二點，既然說生病了，今天不見客，那為什麼傳話的人一走出房間，立刻取出瑟來彈琴唱歌，讓孺悲聽到我孔子沒病，在唱歌。這到底是怎麼回事呢？不見就不見了，為什麼要唱歌讓人知道我沒病，我是故意不見呢？

孟子後來稱之為「不教之教」，我不教你，其實就是教你。孺悲可能做錯了事。做錯事的話，就希望得到別人的諒解。他找老師，如果與孔子見了面，出去就可能向別人說，大家不要再怪我了，老師已經知道我的情況了，他原諒我了。別人知道老師真的見過他後，就可能相信了。用今天的話來說，就是找老師來背書，找老師來做擔保以使自己能得到原諒。所以孔子不見。人如果犯了錯那就應該改正。誰不會犯錯？但如果以見了老師當藉口，那可不行。老師能被利用嗎？所以，孔子派人對他說，生病了，今天不見客，然後又彈瑟又唱歌，讓他知道自己沒病，就是不見他。其用意就是希望孺悲好好反省，自己有錯、自己覺悟、自己改善，不要妄圖找任何藉口。

「背書」有兩個意思，一是，把書背下來給人聽；二是，我簽名，有問題我負責。我一向認爲，儘量不要替別人負責。不少學生告訴我，他們家家道中落就因爲父親替別人背書，擔保做生意。結果，被擔保的人跑掉了，擔保人就要負責，銀行找你賠錢，家產賣掉都不夠。我年輕的時候，就有長輩勸我，三種人不要做：不做調人、不做保人、不做媒人。做調人，去調和是非，沒做好就變成鄉愿了。不管說誰對，都會被另外一邊責怪。再說，我們憑什麼去調解呢？我們能確知雙方各自的感受嗎？很難。其實，社會上所謂的調解，往往是看調人的面子。但如果面子不夠，打算講道理的話，那調解就不一定有效了。第二，不做保人，就是我們這章所討論的。別人買房子，我作保，將來難保不會吃不了兜著走。很多人都是因此而白白損失了一生努力賺來的錢。第三，不做媒人。這個學生很好，那個學生也很好，你們兩個人在一起一定會很好。然後呢，他們在一起好的時候不會感謝你，壞的時候會抱怨，都是老師介紹的！人家就算結成夫妻的話，相處也是他們自己要去面對的挑戰，你覺得這個好、那個好，是從自己的角度來看。比如老師看學生，學生當然把最好的一面表現給老師看，但是人格是多方面的，老師憑什麼做媒人呢？不做這三種人，就減少了很多麻煩。

我們可以看到，儒家思想是非常靈活的。孟子後來就很推崇孔子的這個做法，叫「予不屑之教誨也者」，我不屑於教一個人，也就是教他了。就本章而論，有人覺得孔子好像不夠眞誠，既然說生病了，爲什麼還要故意彈瑟、唱歌？能唱歌當然代表心情不錯，體力也好，孔子以生病爲由不見孺悲，卻讓他聽見自己彈琴唱歌，孺悲聽了會有什麼感受？他肯定明白，老師故意不理我；而且故意要刺激我，讓我知道自己有錯，不要妄想找別人來背書，也不要想找任何藉口。更不用企圖解釋，自己改過就行了。人誰無過呢？「過而不改，是謂過矣。」

今天犯了過錯不去改，先找很多人幫忙背書，說這些人都支持我、都諒解我，那就沒問題了。這樣會改過嗎？不會的。下一次還一樣找別人來在背後支持你。這段故事雖然是生活細節，但是卻反映了孔子的原則，他不會輕易被別人利用的。一個人有各種德行之外，還要好學。好學的人懂得人情世故，許多事情一看就知道了。比如，一個人見我，爲什麼見？無事不登三寶殿啊。〈鄉黨第十〉裡有一句很簡單的話，容易被忽略，「有盛饌，必變色而作」。就是說，有人請孔子吃飯，擺出很豐盛的宴席，孔子一定改變神色站起來向主人致意。人家爲什麼擺一大桌菜請客呢？如果沒有特別的事，那就是確實對孔子很好，立即表達感謝之意。如果請吃了這頓飯，後面還另外有任務拜託，那要小心了，會無好會，宴無好宴。既然吃了別人的，只好替別人想辦法了。孔子會這麼做嗎？不會的。他不會輕易被利用的，所以他先表明態度，你用這麼大排場，這麼豐盛的菜肴請我，我向你道謝。不過，我們一檔歸一檔，其他的不要多說了。要是先說的話，依孔子的個性，飯可能都不吃了。這就是孔子，沒有人可以欺瞞他，他的進退拿捏得非常準確。本章就是一個例子。

【第274講】

《論語・陽貨第十七》第二十一章非常重要。它的內容比較長：

宰我問：「三年之喪，期已久矣。君子三年不爲禮，禮必壞；三年不爲樂，樂必崩。舊穀既沒，新穀既升，鑽燧改火，期可已矣。」子曰：「食夫稻，衣夫錦，於女安乎？」曰：「安。」「女安，則爲之。夫君子之居喪，食旨不甘，聞樂不樂，居處不安，故不爲也。今女安，則爲之！」宰我出，子曰：「予之不仁也！子生三年，然後免於父母之懷。夫三年之喪，天下之通喪也。予也有三年之愛於其父母乎？」

宰我請教說：「為父母守孝三年，時間未免太長了。君子三年不舉行禮儀，禮儀一定會荒廢；三年不演奏音樂，音樂一定會散亂。舊穀吃完，新穀也已收成，打火的燧木輪用過一次，所以守喪一年就可以了。」孔子說：「守喪未滿三年就吃白米飯，就穿錦緞衣，你心裡安不安呢？」宰我說：「安。」孔子說：「你心安，就去做吧。君子在守喪時吃美食不辨滋味，聽音樂不感快樂，住家裡不覺舒適，所以不這麼做，現在你既然心安，就去做吧。」宰我退出房間以後，孔子說：「予沒有真誠的情感啊！一個孩子生下來三年以後才能離開父母的懷抱，為父母守喪三年，天下人都是這麼做的。予曾經受到父母三年懷抱的照顧嗎？」

宰我這位特別的學生又出現了。這一次，他的表現仍舊很耀眼。不過，通過他的質疑，我們才有機會知道孔子對人性的看法。宰我提出的質疑很合理，因為在孔子那個時代，很多人都覺得三年之喪太長了。到了一百多年後的孟子時代，滕文公即位時，要為父親辦喪禮，孟子建議他行三年之喪，結果遭到反對，三年之喪連魯國都很難做到了，怎麼要我們滕國來做呢？可見，在孟子的時代，不少國君都不實施三年之喪。

根據荀子的說法，三年之喪，二十五個月而止，而不是三十六個月。古人的算法比較特別，二十四個月是兩年，第二十五個月是第三年的第一個月，守完之後就是三年了。聽起來有點打折扣的樣子，但是也夠長了。而宰我認為太長了，一年足夠矣。他的理由也很充分，兼顧人文世界與自然世界兩方面。在人文世界，三年不為禮，禮必壞；三年不為樂，樂必崩，這個責任太大了。顯然，三年也好，二十五個月也好，這麼長時間不去行禮、不去演奏音樂，禮樂眞的會荒廢了。一個孩子學鋼琴，中斷三年之後再彈，手指僵硬了。禮儀有各種細節，三年不做，恐怕會忘記，這不是造成禮壞樂崩嗎？三年時間太長了，對人文世界是一個危害。關於自然界則分為兩點來討論，第一，舊的稻米吃完，新的稻米長出來，就是一年。山東地區，古代的魯國，一年收成一次。第二，古時候沒有瓦斯可以用，鑽木取火，一年中根據季節的不同，分別用五種特定的木頭取火，輪用一次就是一年。可見，在自然世界，一年是一個週期。既然人文世界中，三年太長，兩者相合取其公分母，一年不是正好嗎？這種理由眞是非常好，要與他辯論著實有些困難。

孔子畢竟是老師，他並不就倫理規範的外在規定，來討論三年之喪是否合理，而是轉移焦點，明確指出，外在的倫理規範只是內心眞誠情感的表現形式而已，重要的是內涵，要看內心有沒有眞誠的情感。所以，他問宰我，如果你沒有守喪三年，只守了一年就開始吃白米飯，穿錦緞衣，你心裡安不安？這時候，孔子已經把倫理規範的基礎轉移深入到人內心的情感。但是，內心的情感訴諸個人的自由心證來作選擇。結果，孔子的教學失敗了。他問宰我，你這樣心裡安不安？等於給宰我一個自由選擇的機會，不料，宰我是個壞學生，他居然說「安」！孔子當然對這個答案非常不滿意，因爲根據他的邏輯，這個問題對方是不能回答的。如果宰我的父母還健在，他答說安，父母知道了不是很傷心嗎？將來孩子守一年喪，就要吃好的穿好的，心裡還安，父母肯定非常難過。假設宰我的父母已經過世了，則說明他替父母守喪期間，心不甘情不願，說不定還偷吃了不該吃的食物。所以，孔子問你心裡安不安，本來希望他不要回答，或者回答不安，那就可以讓學生得到啓示與自省。沒料到，宰我說安。孔子只能說，你安，就去做吧，和你這種人，還有什麼話好講呢？他接著解釋，君子居喪的時候，因爲內心哀傷，吃再好的食物都沒感覺；聽音樂也不覺得快樂；即便不住在爲居喪特別蓋的簡陋的房子裡，住家裡也不覺得舒服，所以他才要守喪三年。有內心的情感做基礎，外在的規範才有價值。君子會守喪三年，至於你，怎麼心安就怎麼做吧。這句話講得很重。之後有什麼反應呢？宰我立刻離開了教室。宰我離開之後，孔子說話了，他嚴厲批評了宰我。之所以在背後批評宰我，是爲了讓留下來的同學有一個機會接受教育。孔子說，宰我眞是沒有眞誠的情感，「予之不仁也」。接著是十二個字，「子生三年，然後免於父母之懷」。這是我年輕時讀《論語》最受感動的十二個字，這十二個字使我對孔子心悅誠服。孔子說，小孩直到三歲才能離開父母的懷抱。當然，這不是斤斤計較於父母抱孩子三年，所以孩子就回報父母守喪三年！孔子只是說明，人之所以要有倫理規範，是因爲有心理上的需要，深刻的情感需要通過倫理規範來表達。人爲什麼會有情感上、心理上的需求呢？因爲有生理上的依賴期，父母懷抱三年。

【第275講】

前面談到宰我對三年之喪的質疑。孔子的回答告訴我們，三年之喪是一個倫理的規範，它要表達心理的情感。爲什麼會有這種心理情感呢？因爲人在小時候有特定的生理需求。從生理推到心理，再推到倫理，三者合起來，說明了人性發展的過程。這不是善或不善的問題，而在於有這樣的生理需求，就導致某種心理情感，最後必然出現相應的倫理規範。

在此說明何謂生理需求。美國心理學雜誌的研究表明，人與其他動物比起來，有最長的幼兒依賴期，就是人類的孩子依賴父母的時間占生命比例是最長的。舉例而言，貓的平均壽命大約是十二年半，人的平均壽命暫定爲七十五歲。三年占了七十五年的二十五分之一，換句話說，在人的七十五年生命裡，有二十五分之一時間需要父母照顧。再看貓，十二年半的二十五分之一是半年。各位知道，一隻小貓長到半歲的時候，跑得飛快，沒有人抓得住。如果吃得很好的話，半歲的貓幾乎可以繁殖下一代了。儘管三歲的小孩與半歲的小貓在生命週期中屬於同一階段，但是三歲的小孩才剛剛可以離開父母的懷抱下來走路，而半歲的小貓早就到處跑來跑去，獨立生活了。作爲高等生物的人類，其幼兒依賴期反而特別長。再看非洲野生動物園，一隻斑馬生下來，如果在四十分鐘之內無法跑步，就被淘汰了。因爲獅子、野狼、土狗轉眼就來到。羚羊也一樣。羚羊、斑馬如果生下來健康的話，四十分鐘之內一定可以跑，而且奔跑速度很快，一般土狼根本追不上，否則羚羊、斑馬早就絕跡了。對於人類來說，四十分鐘算什麼？六個月算什麼？小孩三歲才能離開父母的懷抱，因此他對父母有生理上的依賴，並由於生理上的依賴，心理上的互動特別強烈。再做比較通俗的解釋，讓大家明白，孔子講的人性並不神秘。小孩生下來躺在搖籃裡，他看到兩張臉，一張叫爸爸，另一張叫媽媽。他很快發現，這兩張臉如果是微笑，就能予取予求。他的幸福就基於這兩張臉微笑的狀態。他慢慢長大了，自然就發現，如果孝順，這兩張臉就一直微笑，兩張臉中只要有一張不愉快，那就要什麼沒什麼了。所以，他的孝心是希望父母快樂，因爲父母的快樂是他個人快樂的保障。這樣說，很多人可能認爲我把小孩講得太功利了，其實，這不是功利，是生物本能。還有另外一種理解，就是美國人做的科學報告。美國的社會福利辦得不錯，其中一項就是有醫院專門收容棄嬰。孩子生下來沒人要，就往醫院送，政府出錢來養。有一所醫院收容了五十個棄嬰，小孩們有吃有喝，有人照顧，但卻躺在那兒目光呆滯、面無表情、了無生趣，只有一個男孩子例外，見到人就笑。醫生護士立刻開始觀察他爲什麼與眾不同。一個星期之後，答案揭曉了。原來，每天掃地收垃圾的時候，有個老太太經過這個小男孩身邊，會逗他玩半小時。這個男孩與其他孩子的差別就是每天有半小時有人關心他。於是，在許多可憐的孩子中，他是唯一有正常反應的。顯然，一個人的順利成長，離不開父母的無限關懷。還有一所收容棄嬰的醫院做了另外一個實驗，聽起來眞有點殘忍。他們把小孩分爲兩組，第一組小孩每天由固定的護士照顧，第二組小孩每天換護士照顧。結果，半年下來就發現，凡是由固定護士照顧的孩子，智商及反應能力都比第二組每天換護士照顧的孩子高了一倍。因爲固定人員照顧，讓小孩心裡有安全感。他對一張臉熟悉了，看到覺得安全。有了安全感之後，內心中人性的潛能，所謂的智商及反應能力才能正常發展。第二組孩子就沒那麼幸運了。每天換人照顧，沒有安全感，所以，其聰明才智無法順利發展，智商與第一組差了一倍。外國人做這種觀察實驗，聽起來雖然殘忍，但也告訴我們一個事實，孩子能夠正常、順利地成長，是父母或是照顧他的長輩花了多少心血才實現的。離開了長輩的關懷，沒有人可以順利成長。印度和德國都有狼孩的事。孩子生下來後不久，不知道爲什麼，被丟到荒野去，狼叼走了，並把他養大，到十六歲左右，被獵人發現了。明明是人，爲什麼跑起來像狼一樣，發出聲音也像狼一樣？德國人把這十六歲的孩子抓回來之後，經過很長時間的訓練，他才能夠勉強站起來，用兩隻腳走幾步。可見，人連直立行走都是父母照顧、訓練的。在印度發現的是兩兄妹，一個八歲，一個六歲。救回來後，教了好久好久，他們才能說幾個簡單的單字。所以，孔子說的有錯嗎？小孩生下來三歲才能離開父母的懷抱，因而，我們對父母要孝順、要感恩，這是很自然的事情。

所有倫理規範都是建立於眞誠的情感上。這就是本章的核心思想。宰我這個學生單是在這一章對老師質疑，促使老師把上述觀點完整表達，他的貢獻已經很大了。

【第276講】

《論語・陽貨第十七》第二十二章的內容是：

子曰：「飽食終日，無所用心，難矣哉！不有博弈者乎！爲之，猶賢乎已。」

孔子說：「整天吃飽了飯，對什麼事都不花心思，這樣很難走上人生正途啊！不是有擲骰子下棋的遊戲嗎？去玩玩也比這樣無聊要好些。」

這段話使我們想起來另外一段，「群居終日，言不及義，好行小慧，難矣哉。」「難矣哉」指的是很難走上人生的正路。經濟慢慢繁榮之後，有些人整天吃飽了沒事幹，無所用心，對什麼事都不花心思，反正有父母照顧，社會又很安定。孔子很擔心這些人，甚至建議去博弈吧。博弈在今天說就是賭博，就是擲骰子、下棋這類遊戲。玩一玩也要費腦筋的，至少比無聊要好一些。我自己上中學時，最喜歡下棋。那時候，到街上，路邊有人下棋我都看半天。後來還買了好幾本棋譜，擺殘局來研究，其中的一本叫《橘中秘》。那時我住校，上課很專心，寫完作業後，就用紙剪了一個和書本一樣大的棋盤，藏在書裡，自己做很小顆的棋子，擺棋苦思破局方法。老師還以爲我在看書。半年下來，我的象棋水準全班第一了。於是，我專找數學比我好的人挑戰，你數學比我好嗎？來下棋。這也算是建立自信。所以，我覺得自己上學的時候很懂得自得其樂。一個人最怕無聊。在《新約》裡有一個故事，在耶穌的時代，經常會聽說有什麼人被惡魔附體。有一個人被魔鬼附體，苦不堪言，別人就請耶穌幫他驅魔。魔鬼被耶穌趕走了，沒地方去，就到處遊蕩，最後發現原來的宿主現在很無聊，白天沒事做，到處閒逛。於是這魔鬼就找了一群魔鬼都附在舊宿主身上。這個人就更慘了。這個故事說明，當一個人忙碌起來，魔鬼也覺得無懈可擊。如果無聊的話，就會胡思亂想，多少罪過都是由無聊帶來的。無聊與閒暇不同。古希臘時代有一個觀點，叫做有閒暇才有文化。有錢又有閑，才能夠進行文學創作比賽、舉辦馬拉松、專注於哲學思考。但其前提是，有錢有閑之外，還要有文化興趣，否則有錢有閑後，就會變得很無聊，繼而走上另外一個極端，胡作非爲。所以，孟子講到經濟條件對年輕人的影響時，有一句名言：「富歲子弟多賴，凶歲子弟多暴。」孟子強調，人性是受環境影響的。經濟繁榮的時候，年輕的朋友就可能懶惰。反正有錢，何必工作呢？可以當啃老族，那不是很輕鬆嗎？經濟蕭條的年代，年輕人則比較粗暴，動不動就打人搶劫。一定要讓自己覺得有事做，每天早晨起來有個目標，這才是重要的。

德國文學家歌德說過，一個人如果每天早晨起來，發現自己還活著，卻不知道自己活著是爲了什麼，那種情況是很可憐，也是很可怕的。活著，還有事情做，那活得才有價值。比如，每天早晨起來上班，聽起來很累，但是有班可上，用自己的時間、力氣去賺得生活條件。工作的時候雖然很勞累，但是每天早上起來，都有明確的方向，很幸福。所以，很多人退休之後很快就衰老了。因爲早上起來發現不用上班了，那就沒事可做了，他又不願意聽演講，也不願意去參加各種進修活動，終日無所事事。我們的生活要有一個目標，永遠要讓自己過得更好。在這個過程中所成就的，不見得是外在的目標，更可能是內在生命的成長。所以，孔子希望一個人就算眞的沒事做，去擲骰子，下下棋吧，總比無所事事好。要擲骰子贏過別人，就像電影裡的賭俠、賭聖、賭神，功夫也是練了半天，至少有事可做。有些人學變魔術，開始是好玩，最後也變成專家了，可以表演，也不失爲一種專長。年輕人要記得孔子的話，不要覺得吃飽喝足沒事做是一種幸福，不是的。那反而是對生命的浪費。相反，如果能夠用心去學幾樣小技能，雖然很小，但就像子夏說的，「雖小道，必有可觀者焉」。

人生是值得珍惜的。所以，孔子多次提醒我們，要好好努力，讓自己走上人生的正路。

【第277講】

《論語・陽貨第十七》第二十四章的原文是：

子貢曰：「君子亦有惡乎？」子曰：「有惡。惡稱人之惡者，惡居下流而訕上者，惡勇而無禮者，惡果敢而窒者。」曰：「賜也，亦有惡乎？」「惡徼以爲知者，惡不孫以爲勇者，惡訐以爲直者。」

子貢說：「君子也有厭惡的事嗎？」孔子說：「有厭惡的事。厭惡訴說別人缺點的人；厭惡在下位而誹謗長官的人；厭惡勇敢而不守禮儀的人；厭惡一意孤行卻到處行不通的人。」孔子說：「賜，你也有厭惡的事嗎？」子貢說：「厭惡賣弄聰明卻以為自己明智的人；厭惡狂妄無禮卻以為自己勇敢的人；厭惡揭人隱私卻以為自己正直的人。」

這段話清楚地告訴我們，儒家絕非鄉愿，儒者有明確的立場，對某些行爲非常厭惡。子貢問，君子也有厭惡的事嗎？一般以爲，君子都很友善，見到任何人都非常歡迎，儘量講一些好話讓大家開心，好像不做是非善惡的判斷。其實不是的。孔子直接點了四種人，第一，我厭惡訴說別人缺點的人。孔子曾說，有三種快樂是有益的，其第二種「樂道人之善」，恰與此處針鋒相對。以訴說別人的優點爲樂，是有益的快樂。因爲我的心胸會越來越開闊，越來越能欣賞別人，而被我稱讚的人一定會覺得我對他很公平，因而對我心存感激。孔子不贊成在背後批評別人，因爲指責別人的缺點，而別人不在現場，其中恐怕有些是冤枉的話。何必這樣不光明呢？第二，厭惡身居下位而譭謗長官的人。在下位，就要尊敬長官。萬一長官眞的不好，也自有更高層的長官去指正，而不該由下級在外面說。況且，長官好不好，不見得是我的位置能看得清楚的。我認爲他對我不好，也許長官是考慮全盤的要求；他使我有許多願望不能實現，也許是考慮到平衡。在這一點上，孔子仍然比較重視長幼尊卑的次序。今天時代不同了，應該是有點彈性的。第三，孔子厭惡勇敢而不守禮儀的人。孔子一再強調，一個人如果很勇敢，但不愛好學習、不懂得規範，就會製造亂局，甚至弄得不可收拾。所以，勇敢很好，但還是要遵守禮儀，最怕一個人勇敢、莽撞，對禮儀毫不在乎。第四，他厭惡一意孤行，卻到處行不通的人。這種人做任何事，都認爲自己對，拚命做卻行不通。這說明條件還沒成熟。人不懂得如何判斷，有再大的能耐也行不通。孔子的「知其不可而爲之」與此不同，強調的是原則不能放棄，所謂原則就是要完成自己的使命。前面兩種人不夠眞誠；後面兩種是不會判斷事情的發展，只求當下的個性表現，但事情弄糟了之後，又不知道該如何收拾殘局。孔子討厭這四種人。

接著他問子貢，有沒有厭惡的事呢？子貢說，我有三種厭惡的事情。第一，厭惡賣弄聰明卻自以爲明智的人。說到賣弄聰明，其實子貢仗著自己口才好，也常常侃侃而談，比來比去。西方有句俗話說，彼得說保羅如何如何，就是彼得說自己如何如何。一個人有某種缺點，就特別容易發現別人也有這樣的缺點。如果我們自己沒有這種缺點，就不會感覺到別人身上的這種缺點。比如說，我從來沒有浪費的缺點，不知道什麼叫浪費，所以我看到別人浪費，沒感覺。如果我自己說話時有點誇大，那麼，一聽到別人說話誇大，立刻就知道了。第二，厭惡狂妄無禮卻以爲自己勇敢的人。這和孔子所說的幾乎一樣，只是用另一個方式來表達而已。孔子說，我厭惡那種勇敢卻不能夠守禮儀的人。子貢反過來說，厭惡狂妄無禮卻自以爲勇敢的人。眞正的勇敢不是狂妄無禮。談到勇敢常常令人想起老子說的：「勇於敢則殺，勇於不敢則活。」我第一次看到這句話時，覺得老子實在太聰明了，居然還有人是勇於不敢的。勇敢經常聯在一起，好像應該又勇又敢。老子卻說勇於不敢。我也受到老子的啓發，別人叫我爬山，敢嗎？我不敢；叫我下海，敢嗎？我不敢。勇於不敢，所以才能活到現在。眞正的勇敢是改變自己。改變自己最難。要改變別人很容易，從外面指指點點，希望別人改善。改變自己相對是更大的勇敢。第三，厭惡揭人隱私卻以爲自己是正直的人。今天這個時代，網路的最大問題就是不用具名就可以上網發言，把別人的隱私加以誇大渲染，還以爲自己很正直，把別人的秘密說出來。尤其是當一些人稍微有成就時，別人便開始挖掘他們的秘密。比如，在很多實行選舉制度的國家，任何一個人只要出來競選，他祖宗八代的事情都會被挖出來，作爲公眾的談資，號稱是民眾有知情的權利。這就是子貢所厭惡的，揭發別人的隱私，以爲自己很正直。固然，事實眞相應該讓大家知道，不過難道別人沒有善的行爲嗎？爲什麼專就隱私來加以宣揚呢？這樣是正直嗎？不一定。

在這一章裡列舉了君子所厭惡的四種人以及子貢所厭惡的三種人。整合起來說就是，沒有眞誠的心，與別人來往時在後面耍手段，是要不得的。

【第278講】

《論語・陽貨第十七》第二十五章的內容是：

子曰：「唯女子與小人爲難養也，近之則不孫，遠之則怨。」

孔子說：「只有女子與小人是難以共處的。與他們親近，他們就無禮；對他們疏遠，他們就抱怨。」

這句話兩千年來，造成了很多困擾。記得我在美國上學的時候，同寢室有一個日本同學，是學企業管理的ＭＢＡ。他有個美國女同學與我們住在同一棟樓裡。一天，我倆去上課，一出大門就碰到了這位美國女同學。沒聊幾句，美國女同學忽然變了臉，指著日本人說，你們日本人惡名昭彰，對女性太不尊重了。她恐怕聽到了什麼令人氣憤的新聞，不過，日本社會確實到現在還是很明顯的男尊女卑。結果，這個日本人反應也很快，立刻把矛頭指向我說，你不要怪我們日本人，我們日本是受了孔子的影響，然後就引用了上面這句話「唯女子與小人爲難養也」。當時，我愣了一下，想向美國女同學解釋，又快上課了，只好忍了這口氣。

孔子究竟是什麼意思？人說話通常有兩種情況，一是描述當時的社會現象；二是表達個人特定的主張。孔子的話當然是第一種情況，在描述他所見到的社會現象。他怎麼可能提出個人特定的主張呢？《論語》裡面幾百句話，沒有任何一句話可以支持孔子認爲「女子」很難相處。他當然在描述當時的社會現象。

我們讀書，一定要知道時代背景。在西元前六世紀，世界是什麼樣貌？我們先看希臘，蘇格拉底前後的雅典社會中，女性根本就沒有受教育的機會，只能在家裡帶孩子、管理家務。男性從事政治、軍事活動。男士們一起打仗、從政，感情非常深厚。相對的，男人回家之後，面對自己的太太，反而沒有話說，因爲太太沒有辦法接觸到社會事務，只注意到家務事，兩人幾乎沒有共同語言。那時，雅典極盛時代的著名領袖伯里克勒斯有一個好朋友，是一個著名的妓女。當時，只有妓女能夠在社會上到處行走，知道很多事情，聊天時有很多有趣的話題，而一般的良家婦女什麼都不懂。可見，在當時雅典社會，男女地位也是完全不平等的。再回到中國看看。古代女子確實沒有接受高等教育的機會。十五、六歲行及笄之禮，頭髮梳上去就準備結婚了，將來孩子一生，繼續栽培下一代，也沒有機會從事政治或經濟活動。在這種情況下，一般女子的潛能沒有得到開發，無法獨立就業，她的人格怎麼獨立呢？所以，她對別人對其態度的反應非常直接。難養就是很難相處。理由有二：「近之則不孫，遠之則怨。」一個人如果沒有受到比較好的教育，他的得意或者抱怨完全基於別人對他的態度。

我們姑且先把女子放在一邊，專講小人。如果同時提到女子與小人，那小人當然是男生了。沒有立志的一般男生就是小人。這種人爲什麼難以相處呢？對他好他就驕傲，不理他，他就抱怨。只有小人如此嗎？我可以坦白告訴各位，大學教授也差不多。我們大學裡有些教授，校長對他好，馬上得意極了，「近之則不孫」，到處對別人說，校長親自來看他，校長與他很熟……等等。後來，覺得校長似乎不那麼熱絡，於是又到處抱怨。高級知識份子不也和孔子說的一樣嗎？上級對你好，就狂妄自大；長官疏遠你，就在後面抱怨。這不是人性的弱點嗎？如果這是人性的弱點，孔子描述的不正是實話嗎？我們何必以此責怪孔子呢？自古以來，多少將相不都是這樣的表現？所以，孔子這話是對人性弱點的一種觀察。我們在分析時不要過度詮釋。

有人說，女子在這裡是一個專有名詞，特指南子。孔子專門罵一個女人，好像不太可能。還有人更離譜，說「與」當「嫁給」講，意思是，只有當女兒嫁給了小人，那就很難相處了。這種想像力未免太豐富了。其實，無論女生或男生，內心沒有志向就會如此。即便是地位很高，成就很大的人也一樣難免這個毛病。

我們不禁要問，如果孔子在今天這個時代，他會怎樣重說這句話？我想，孔子若看到女子與男子一樣，都有受教育的機會，都可以在經濟上、人格上獨立，他肯定會修改說：「子曰：『唯小人爲難養也。近之則不孫，遠之則怨。』」但是，孔子會加個注解，小人包含女子在內。以前的小人專指男子，現在的小人就男女都有了，大家一視同仁，既然有共同的機會，就要接受共同的檢驗。

這樣一來就說清楚了，孔子完全沒有歧視女性。他自己是媽媽獨立撫養成人。三歲父親過世，媽媽一個人含辛茹苦把他帶大，到他十七歲長大了，母親也過世了。他何以會歧視女性？沒有任何理由、沒有任何證據。他的所作所爲不可能超越時代。假設我們今天翻開某本《論語》一看，子曰：「男女平等。」你會嚇一跳，這是哪兒的版本？誰說的？這書一定是僞造的。

我們不能希望一個人脫離他的時代，說出一些難以理解的話。孔子之後兩千多年，才有了男女平等的觀念和事實。我在耶魯大學念博士，有資料顯示，耶魯大學在一九七〇年之前，大學部不收女生，研究可以收一些，一九七〇年以後才開放，男女平等。由此可知號稱先進的美國是怎麼樣的狀況，一九七〇年不是很遠啊。如果人類所有的女性受到歧視，都要怪孔子，那就太冤枉了。現在中國男女平等，女性撐起半邊天；而日本、韓國、越南等地方，還是沒有注意到男女平等，這能怪孔子嗎？是他們自己的問題。比如說，我們家七個孩子，爸爸是管燈塔的，經常要出差到外島，家裡七個孩子媽媽一個人管，不聽話就家法伺候，管得很好。我們家裡一向是媽媽說的話算，爸爸說的話可以參考。媽媽不但撐起半邊天，簡直將整個天都撐起來了。

如果有人說孔子對女性有歧視，我是不能苟同的。我覺得，他所說的只是當時的社會現象，一個描述而已。如果面對今天的時代，孔子一定會有不同的說法，但是，對人性的要求，無論男女，都是一樣的。

微子第十八

【第279講】

這一講，我們要介紹的是《論語・微子第十八》第一章，它的原文是：

微子去之，箕子爲之奴，比干諫而死。孔子曰：「殷有三仁焉。」

微子離開了紂王，箕子淪為他的奴隸，比干勸諫而被殺。孔子說：「商朝末年有這三位行仁的人。」

這一段所講的是商朝末年的悲劇。我們都知道，商朝滅亡的時候正值紂王當政，後來被周武王推翻，取而代之。孔子提到這一段歷史時，內心是非常痛苦的。

首先提到微子，微子是商紂同父同母的哥哥。古代的制度很特別，母親生微子時是妃；後來升爲后，才生下了紂王，因此哥哥沒有機會，弟弟反而當了天子。弟弟本來是不錯的，從小在智力、體力方面都超過一般人，後來才漸漸變壞。我們說，權力使人腐化，商紂就是這樣的一個例子。微子屢次勸諫，弟弟不聽，還把他趕出了朝廷。

箕子是商紂的叔叔。商紂小時候，箕子覺得他還不錯，後來發現商紂喜歡玉做的筷子。他便知道這麼發展下去必有惡果，君上喜歡象牙做的酒杯，喜歡各種稀奇古怪的東西，就會有人投其所好，從各地找來各種所謂的寶貝獻給他。一旦他任用這些獻媚的人，國家便危在旦夕了。可見，箕子很有遠見。他從一個孩子開始喜歡奢侈品，就預知了國家的危亡。箕子後來多次勸諫商紂被拒，他察覺到危險，就假裝發瘋，但還是被商紂關了起來。

比干也是商紂的叔叔。商紂不但不接受他的諸多勸諫，反而聲稱「要看看聖人的心是什麼樣子」，將比干剖心致死。上述三人都是商朝王室的重要人物，可是因爲商紂這個昏君，都遭到迫害，不過他們各自擇其善而固執之。

所以，仁有三個層次：人性向善；眞誠帶來力量，由內而發；自我要求。這裡還涉及人之道的問題，就是打算怎樣活在世上呢？要擇善固執，其中最難的是如何擇善。因爲每個人的善都不太一樣，要看自己與他人的關係如何。做哥哥的該怎麼對弟弟，做叔叔的該怎麼對侄兒，有各自不同的要求。各自問心無愧，盡力去做。並非全部都要犧牲才能算是殺身成仁。後面，我們講到箕子的故事，大家就會明白他的貢獻是非常大的。

孔子認爲這三個人都是行仁之人。在整部《論語》中，有六個人得到孔子的肯定，說他們是在行仁。這裡提到了三位；另外兩位伯夷和叔齊，也是商末周初時人，他們勸周武王不要革命，周武王不聽。革命成功之後，這兩兄弟就不再吃周朝的糧食，最後餓死在首陽山。最後一個是管仲。管仲與他們完全不同，富貴榮華享受不盡，但是爲什麼孔子認爲管仲也是行仁呢？就因爲他用外交手段避免了戰爭，不但保全了齊國百姓，也關照了天下百姓。所以，這樣一種判斷符合孔子對人性的理解。所謂善，是我與別人之間適當關係的實現。所以我們在念《論語》時，不要以爲行仁，一定很苦、很慘、非死不可。管仲也算行仁。他靠的是智慧，他的功績造福了百姓。所以，儒家思想並不是泛道德主義，並不認爲除了道德外，其餘都不用管。道德如何能脫離人世？又如何能離開事業與功勞？有人也許會說，像管仲這樣，既享榮華富貴，又流芳百世，豈不是占盡了便宜？管仲造福了天下蒼生，這功勞是不可替代的，我們評價一個人要看大局，不能抓住小毛病不放，天下誰沒有缺點呢？可見，儒家的判斷是非常全面的。

微子是商紂的哥哥。商朝被推翻之後，周朝就把微子的後代封在宋國，而孔子的祖先又是宋國的王室，換句話說，如果追根溯源，微子可能是孔子的遠祖。後來，孔子的祖先來到魯國，所以後人說孔子是魯國人。周武王革命成功後，曾向箕子請教如何治國。他說，商朝統治了六百年，知道如何治國、平天下；而我們周朝從西部邊疆來，文化水準有待提高，所以我們誠心請教。箕子當然通曉治國之道，但是商朝被推翻了，他不忍心談論商朝政治，於是就以夏朝爲例講解。這段很有名的話，記錄在《尚書・洪範篇》中。箕子告訴周武王，當初大禹治水成功，上天爲了肯定他的功勞，就給了他洪範九疇。洪範九疇就是大的規模，讓他知道怎麼樣治理國家。洪範九疇留傳了下來，周朝就以之爲藍本來治理，開創了周朝新的規模。所以，中國歷史文獻對箕子非常推崇。因爲他身爲商朝貴族，沒有因爲自己的國家被周朝推翻了，便拒絕回應周武王的請益。他是實實在在的爲蒼生、爲天下百姓著想。箕子晚年逃到了朝鮮半島，直到現在，朝鮮還有箕子廟、箕子墓，很多韓國人都以此爲榮，他們還進一步說，孔子也是韓國人，因爲他要傳播箕子的理想，就從朝鮮半島坐船到了山東半島。這當然是他們一廂情願的說法，不過，我們也很能理解這種心情。自古以來，人類社會出現的聖人只有寥寥幾位，哪個民族不想跟他們拉上關係呢？所以，今天我們要學習儒家思想，好好珍惜孔子給我們留下的文化遺產。其實，孔子也曾經兩次想移民，幸好沒有移走，否則就是我們莫大的損失。

孔子有智慧、有能力，最重要的，他還有德行。他用自己的人生實踐告訴大家，應該怎麼樣度過一生。很多人沒有受教育，或者沒有得到好的教育，儘管他的一生也是幾十年，但是他所過的是平凡的生活，和動物差別不大。這樣講，沒有批評別人的意思。其實很多時候，我們也是這樣。過日子很容易，只要物質一天豐富過一天，我爲什麼要修德呢？勸人修德行善要有理由，必須說明，人性眞誠，就會行善，因爲力量由內而發，所以人們行善時感到心安，爲惡時心不安。但是，這需要有人教我們。此後，我們還會進一步發問，何謂善？怎麼去判斷？於是，就需要先知先覺之士啓發我們，讓我們認識到，人生怎樣才有意義、有價值；否則只是從生到死，哪一種生物不是這樣？人又有什麼特別的呢？

我們分析孔子的觀點，看他怎麼去評價歷史人物，要從中學習，得到啓發。

【第280講】

《論語・微子第十八》第二章的內容是：

柳下惠爲士師，三黜，人曰：「子未可以去乎？」曰：「直道而事人，焉往而不三黜？枉道而事人，何必去父母之邦？」

柳下惠擔任典獄官時多次被免職。有人對他說：「您這樣還不願意離開魯國嗎？」他說：「堅持原則為人工作，到哪裡去不會被多次免職呢？如果放棄原則為人工作，又為什麼一定要離開自己的國家呢？」

這段話很有特點。其中提供的一些材料，促使我們做進一步的邏輯思考。

柳下惠是魯國的大夫。典獄官就是司法官，負責審判案件。審判者的基本要求是公平、公正，但一定會有很多干擾因素，如果有大官犯了錯，該怎麼判？會不會有人關說？老百姓受委屈時，敢替他伸張嗎？這類問題不勝枚舉。不過，柳下惠很有原則，所以在孟子的心目中他算聖人。孔子定義聖人，都是聖人加帝王連稱「聖王」，換句話說，必須有能力當帝王，恩澤百姓，德行才能顯現出來。而孟子認爲聖王的標準太高了，自古以來有幾個帝王同時也是聖人的呢？所以，孟子就稍作調整，把聖人分爲四種，讓大家都看到希望。第一種最清高的代表就是伯夷。他們對任何一點點問題都不妥協。滿朝文武中只要有一個壞人，他就辭職，實在是太清高了。第二種代表是柳下惠，處事非常隨和，不在乎對方是好人還是壞人，你是你，我是我。你就算是赤身裸體在我旁邊，又怎麼能玷污我呢？我是清者自清，像蓮花一樣出淤泥而不染。柳下惠之所以如此隨和，是不忍心看到老百姓沒有人照顧。如果每個人都像伯夷、叔齊那麼清高，壞人就會霸佔朝廷，魚肉百姓。這時候，就需要柳下惠這樣的人，不管別人怎麼樣，我做我該做的事。結果就是「三黜」。「黜」就是罷黜、免職；「三」代表多次，並不是正好三次。正好三次，也倒可以忍了，至少沒有第四次。但是，這裡的「三」代表多次。被免職後又再次被任命。為什麼？大概是免職之後換別人來做，評價更差，只好讓他回來做，做著做著又得罪人，再下臺，如此多次被免職。於是有人勸他說，你在魯國這樣受委屈，為什麼不離開魯國，既然不受信任，就不用在這兒浪費時間了。柳下惠說，我如果堅持原則做事，到哪裡都會被多次免職！這話說得很痛心，反映出在春秋末期，各國的政治混亂的狀況都差不多。他接著說，如果我放棄做事的原則，又何必出國呢？我在魯國就可以安安穩穩做官，根本不會被免職。這種思維邏輯與古希臘時代的哲學家蘇格拉底很像。蘇格拉底在七十歲的時候被人誣告，說他腐化雅典青年，說他不信城邦的神。這在當時是兩大重罪。他接受審判並為自己辯護，不過，他的辯護詞完全是在教訓別人。那時，雅典的審判由一個五百人的陪審團負責。蘇格拉底的陪審團成員，大部分都是他的晚輩，因為他已經七十歲了。於是，蘇格拉底教訓了這些人一頓。陪審團投票判他有罪，並處以死刑。蘇格拉底拒絕了學生們安排的越獄計畫。他說，如果越獄，我到其他城邦去，別人一樣視我為罪人。既然在外面，別人也不接受我，我又何必越獄呢？不管我是否冤屈，城邦都是按照程序正義審判我的，我就要接受。這叫做程序正義，但並不等於實質正義。所以，當時蘇格拉底的一句名言流傳至今：今天你們審判我，將來歷史會審判你們。蘇格拉底為什麼不願意越獄？因為他認為，我現在被判有罪，無論逃亡到任何地方，大家都覺得我有罪，是逃犯。如果無罪，何必逃亡？這是一種邏輯。如此說來，我何必自找羞辱呢？這麼大年紀還要流離失所，何必呢！人生自古誰無死啊。

孟子說第三種聖人的代表是伊尹。伊尹是商湯的宰相。很有責任感，他認爲自己是先知先覺之士，有義務讓後知後覺的一般百姓了解何謂人生的正路。人活在世界上爲什麼要接受教育？如果不受教育，我們就不知道人生的路該如何選擇。如果按照自己本能的欲望爲所欲爲，眼裡就只有吃喝玩樂這些享樂，生命就無法得到提升。如果受到社會風氣的影響，羨慕別人的財富、地位，不擇手段去追求，人的價值又何在呢？最終就是人類世界毫無人道精神和人文思想。人之所以爲人，最可貴的是有豐富的潛能，可以通過學習、鍛鍊、成長，讓自己的生命煥發光彩。所以孔子說，文質彬彬，然後君子。一個人自身純樸不難，但是很難抵擋社會風氣的影響。在這種情況下，如果接受過教育，雖然面臨誘惑、心中有困惑，但會堅信自己是對的。在這個時代，也許找不到知音，但是在古代、或在將來可以尋覓到有志一同的人。不但儒家有這樣的觀點，道家的莊子也一樣。莊子很喜歡在文章的末尾說，自己這套道理即使當今無人理解也無所謂，萬世之後，總會有人明白，就好比早上講，晚上才有人明瞭一般。何必計較時間呢？看看整個人類歷史，有多少偉大人物都是在後世找到了知音。就像司馬遷寫《史記》，他自己也說，藏諸名山，傳諸其人——即便當時沒有人理解，後代有一個人明白也就夠了。

人活在世界上，要設法突破時間的限制。不要因爲得不到認同而隨波逐流。人的價值是超越時空的，有自己特別的尊嚴。

【第281講】

《論語・微子第十八》第五章的內容是這樣的：

楚狂接輿歌而過孔子曰：「鳳兮鳳兮，何德之衰。往者不可諫，來者猶可追。已而已而，今之從政者殆而！」孔子下，欲與之言。趨而避之，不得與之言。

楚國有一位狂放不羈的人名叫接輿，他經過孔子的馬車旁，唱的是：「鳳凰啊、鳳凰啊，你的風格怎麼變得如此落魄，過去的已經無法挽回，未來的還來得及把握。算了吧，算了吧，現在從事政治的人都很危險。」孔子下車想要同他說話，他卻趕快離開了，使孔子沒有辦法同他說話。

這段文字相當生動，後代就變成了李白的一首詩：「我本楚狂人，鳳歌笑孔丘。」「狂人」在古代是常用詞，不是指發瘋的人，而是代表非常狂妄，即狂放不羈的人。這種人對於世間的各種教訓、各種規定、各種禮樂制度都不放在心上。他看重的是人的原始面貌。人在天地之間，任何地方都可以遨遊，何必受限制？一旦做官穿上禮服，那就動彈不得了。何必呢？

楚狂，是楚國的狂人。「接輿」二字本意是緊跟在車後面，但是跟在車後的這個人沒有名片，就姑且把他稱爲接輿。在古代，有些地方喜歡用一個人的特點來做他的名字。《論語》裡面提到的一些人，根本就不知道名字，於是根據其特點命名。比如說，孔子有一次在衛國擊磬，外面有一個人。誰呢？荷蕢者，挑著竹筐的人。後來，提到「荷蕢者」，大家都知道就是這個人，因爲他的行爲特質給人留下了深刻的印象。我們中國人給小孩起名字，總是包含著父母的希望，算筆劃、合八字、找諧音，十分費周章，其實名字取得好未必有用，關鍵要看本人是否奮發上進。顯然，楚狂接輿知道孔子是誰，所以才吟唱「鳳兮鳳兮」。古人把鳳凰看做百鳥之王。他把孔子比喻爲鳳凰，可見他雖然不是孔子的學生，但平常還是很留意孔門訊息，所以知道孔子了不起，知道這個人的才華、學識、品德都是第一流的，只可惜生不逢時，又在當時的魯國，再有本事也發揮不了，處處被掣肘不讓發展。所以，接輿就說「何德之衰」，你的風格怎麼那麼落魄呢？「德」並非「道德」；而是指「作風」。我們都記得，孔子說過「君子之德風，小人之德草」。小人也講德，這個德當然不是品德，而是說，君子的作風像風一樣；小人的作風像草一樣，風往哪裡吹草就往哪裡倒，上行下效。那麼，孔子是鳳凰，風格怎麼會落魄呢？鳳凰飛天，所有人都會仰望，可是孔子今天周遊列國，都被人說成喪家狗了，還不知警覺嗎？所以進一步提醒他，「往者不可諫」。「諫」就是勸阻，就是別人要做壞事了，我來勸阻他。比如，忠臣就要勸皇上不要做壞事，對待父母也一樣。孔子說過，侍奉父母，要委婉地勸阻他們的不當行爲。顯而易見，儒家對父母不是無原則地百依百順。那其實不叫孝順。《孝經》裡面就明確說，做父母的如果沒有兒子肯去勸阻他不要做不該做的事，那就不算有孝順的兒子。同樣，對於國君來說，如果沒有大臣敢勸阻他不要做不該做的事，那朝廷上就沒有忠臣。所以，忠臣孝子不是百依百順，一定要依理行事，這才是儒家的理念。楚狂接輿說，過去的已經無法挽回，但未來還來得及把握，他希望孔子及時停下腳步，懸崖勒馬，不要在人間周遊了。像楚狂接輿這樣的隱士都很有智慧，他們在思想上偏向道家，對世事看得很透徹，知道天下不可爲，就明哲保身，隱居起來過幾年舒服日子。想要從政、造福百姓的心願固然很好，但是在亂世中個人力量微薄，能做些什麼呢？所以，楚狂接輿希望孔子最好能夠加入他們的隊伍，一起來隱居，隱士團體就會更有號召力。孔子聽到這個人的歌聲，知道他很了解自己，又對自己提出某些勸告。孔子立刻下車，想與他談一談。可是楚狂接輿很快跑掉了，才不想與孔子談話呢！因爲道不同，不相爲謀。這也是孔子自己的觀點。

我們今天稱孔子是至聖先師，但千萬不要以爲孔子當老師，就能把學生都感化。沒那麼容易！只有學生自己有心向上，老師才能夠發揮作用。孔子強調啓發教學，但是啓發是有條件的，同學們想懂而懂不了的時候，老師再來開導；同學們想說而說不清楚，臉都漲紅了，老師再來啓發你，教你怎麼說。如果學生自己不求上進，誰也幫不上忙。所以，孔子的教育原則是符合實際情況的。後代把孔子神化了，說他是「萬世師表」，這其實只是後人的心願。

這段故事，對孔子來說，僅僅是生活中的一個小插曲。孔子非常清楚「道不同，不相爲謀」的原則。那就不妨各行其是吧，各人有自己的選擇，心安就好。

【第282講】

《論語・微子第十八》第六章的內容比較長，像是一篇短篇小說：

長沮、桀溺耦而耕，孔子過之，使子路問津焉。長沮曰：「夫執輿者爲誰？」子路曰：「爲孔丘。」曰：「是魯孔丘與？」曰：「是也。」曰：「是知津矣。」問於桀溺。桀溺曰：「子爲誰？」曰：「爲仲由。」曰：「是魯孔丘之徒與？」對曰：「然。」曰：「滔滔者天下皆是也，而誰以易之？且而與其從避人之士也，豈若從避世之士哉？」耰而不輟。子路行以告，夫子憮然曰：「鳥獸不可與同群，吾非斯人之徒與而誰與？天下有道，丘不與易也。」

長沮與桀溺一起耕田的時候，孔子路過，吩咐子路去向他們詢問渡口的位置。長沮反問子路：「那位手拉韁繩的人是誰？」子路說：「是孔丘。」長沮說：「是魯國的孔丘嗎？」子路說：「是的。」長沮說：「他早就知道渡口在哪裡了。」子路又去問桀溺。桀溺反問他：「你是誰啊？」子路說：「我是仲由。」桀溺說：「是魯國孔丘的門徒嗎？」子路說：「是的。」桀溺說：「大水氾濫的情況到處都一樣，你要同誰去改變呢？你與其追隨逃避壞人的人，何不跟著我們這些逃避社會的人呢？」他說完話，繼續不停地耕田。子路回來向孔子報告了這一切。孔子聽後，神情悵然地說：「我們不能與飛禽走獸為伍，如果不同人群相處又要同誰相處呢？天下政治若是上軌道，我就不會帶你們去從事改革了。」

這個故事生動地揭示了儒家與隱士的不同。長沮、桀溺是兩位隱士。孔子帶著學生們周遊列國，不認識路時，當然要問當地人了。既然兩個老人在那兒耕田，他們一定知道最近的渡口在哪裡。子路問第一個人。對方不但不回答，反而問拉韁繩的人是誰？孔子身高一百九十二公分，高大魁梧，他站在車上拉韁繩，一定很威武。所以長沮大概也猜到了。子路說，是孔丘。向別人介紹老師，不能說是孔夫子、孔老師，對方未必知道他叫什麼名字，所以只好直呼其名，答說是孔丘。長沮追問，是魯國的孔丘嗎？齊國、吳國、越國也許也有人叫孔丘呢。魯國的孔丘當然只有一個了。子路點頭。長沮說，他早就知道渡口在哪裡了！此話怎講？這是反諷，長沮的意思是：孔子怎麼會不知道人生的路該怎麼走？他四十而不惑。如果他都不知道，還有誰知道？你問我渡口怎麼走，我說孔子早就知道渡口在哪裡，答非所問，故意給釘子碰。其實，孔子根本不知道此地的渡口何在，但是孔子知道人生的河該如何渡。可見，當時孔子的名聲確實非常好，非常大，連隱居的人都知道。於是，子路只好請教另外一位老先生了。這位不但不告訴他渡口在哪裡，反而追問你是誰？子路答說，我是仲由。那你就是魯國孔丘的學生了？得到肯定答覆後，桀溺勸子路改投隱居一途，不要跟著孔子了。天下這麼亂，到處都一樣，誰能改善？誰能拯救？與其跟隨孔子這種逃避壞人的人，你還不如跟隨我們這些逃避壞的世界的人，我們更徹底。你要逃避壞人，魯國有壞人、齊國也有壞人，其他如衛國、晉國，哪一國沒有壞人呢？所以，你想避開壞人，到處跑，是躲不開的。我們隱居是逃避什麼？逃避壞的世界、逃避亂世。他居然想勸服子路投到他們這邊來。隱士們大概也知道子路很勇敢，一旦同爲隱者，可以保護他們。

子路聽了之後當然沒話說，沒有問到渡口在哪裡，反而被兩個老人教訓了一頓。回來之後，向老師報告剛剛發生的事情。整部《論語》裡面，只有這裡形容孔子「憮然」，就是悵然若失。他的心情顯然受到干擾。因爲人生本來就是選擇。隱士很聰明，選擇隱居，獨善其身。耕田過日子，無論天下多麼混亂都能事不關己，沒有榮華富貴，但也沒有殺身之禍。以孔子的本事要想平安過日子太容易了。學生們聚在一起，建個村子，孔子當村長就行了，何苦要周遊列國，到處被趕來趕去，有兩次還差點被殺？人與人就怕不同的觀念或者行爲來做對照。沒有參照時，會覺得自己這樣做是對的，很有信心。一旦比較，才發現別人那樣過也蠻好，更沒什麼煩惱。這亂世又不是我造成的，誰規定我就應該去拯救？而且，我想改善，就能做到嗎？所以孔子悵然若失。

但是，後面的話太重要了。孔子說，要我與飛禽走獸爲伍是不可能的。我如果不與人類相處，又能同誰相處呢？這是儒家人文主義的基點。隱居與鳥獸爲伴當然沒有問題。鳥獸和人的利害關係不大，就算人要打獵，也不過每天打一兩隻吃飽就行。所以，雙方的互相傷害有限。但是，與人相處，危險就大多了。可是，我不能離開人群。儒家所謂的善，是指本身與別人之間適當關係的實現。離開人群，就不可能行善。這是很簡單的道理。孔子爲什麼絕不隱居？因爲隱居之後，和別人不來往，人性向善的願望就落空了。看到天下那麼亂，百姓流離失所，又幫不上忙，不是很難過嗎？如果知其不可而爲之，雖然一百分裡只能做一分，但是這種努力精神會感動很多學生，會感召一批人，甚至後世百代。若認爲天下這麼亂，再努力也無濟於事，還不如自己過個安定日子，這絕不是儒家的態度，也許較偏向道家。其實道家也不是消極避世，它另外有一套觀點，與儒家的思想體系完全不同。

談到儒家與隱士的對比，要明白隱士不等於道家。表面上看，與孔子一比，道家好像只貪圖自己的安逸，實在沒什麼好學的。學道家，誰不會？手一攤，什麼都不管，不就是道家嗎？沒那麼簡單。道家的理論其實非常難，道德經首句「道可道，非常道」，在古往今來的學者中，便沒有幾人能眞正懂得。儒家理論比較合乎一般人的需要。我做自己該做的事，做到了心安，做不到心不安，內心給我最好的指示。換句話說，不能只關心自己，天下哪怕有一個人的生活不安定，就覺得於心不忍，這才是儒家。

這個故事用隱士作爲儒家的參照，更能凸顯出孔子思想的特質。

【第283講】

《論語·微子第十八》的第七章也是一篇短篇小說的素材。原文是這樣的：

子路從而後，遇丈人，以杖荷篠。子路問曰：「子見夫子乎？」丈人曰：「四體不勤，五穀不分，孰爲夫子？」植其杖而耘。子路拱而立。止子路宿，殺雞爲黍而食之，見其二子焉。明日，子路行以告。子曰：「隱者也。」使子路反見之，至，則行矣。子路曰：「不仕無義，長幼之節不可廢也，君臣之義，如之何其廢之？欲潔其身而亂大倫。君子之仕也，行其義也。道之不行，已知之矣。」

子路跟隨著孔子，卻遠遠落在後面。他遇到一位老人，用木棍挑著除草的工具。子路問他：「您看到我的老師了嗎？」老人說：「你這個人四體不勞動，五穀也分不清，我怎麼知道你的老師是誰？」老人說完，就放下木棍去除草，子路拱手站在一旁。稍後，老人留子路在家裡過夜，並殺雞做飯給子路吃，還叫兩個兒子出來和子路相見。第二天，子路趕上了孔子，報告這一切經過。孔子說：「這是一位隱士。」並吩咐子路回去看看他。子路回到那兒，老人卻出門了。子路說：「不從政是不應該的，長幼之間的禮節不能廢棄，君臣之間的道義又怎麼能廢棄呢？原本想要潔身自愛，結果卻敗壞了更大的倫常關係。君子從政是做道義上該做的事，至於政治理想無法實現，則是我們早已知道的啊。」

這段故事更清楚地凸顯了儒家思想的特色。孔子帶學生周遊列國時，經過的一些地方可能是荒野。我們以前提過，孔子曾經問學生，《詩經》裡有一句話「非兕非虎，率彼曠野」，是什麼意思？就是說，不是犀牛，也不是老虎，爲什麼在曠野中跑來跑去呢？這其實是孔子在自我解嘲，我們不是犀牛，也不是老虎，卻在曠野裡跑來跑去，怎麼回事呢？子路很能幹，也很勇敢，能完成一般人做不到的事。這在《論語》裡面沒有記載，但別的文獻中留下了這類軼事。有一次，孔子和學生們十分飢餓，子路不知道從哪兒找到一隻燒豬，眾人大吃一頓。有人就說，孔子爲什麼不先問問燒豬怎麼來的？偷的、搶的、騙的，都有可能啊。孔子不問，先吃再說，吃完再問。先活命再說其他。如果換了另一個腦袋不清楚的人，看到燒豬，會追問怎麼來的，如果來路不明，堅決不吃，那只能餓死了。所以我們要明白儒家的變通之道，不要在危急時刻拘泥於小節。

這一次，孔子帶著同學們大概走得比較快。子路可能又負責做什麼事情，落在了後面，找不到老師了。這時候，就看見一位老人，用木棍挑著除草的工具，顯然要下田幹活。子路想，老人在路邊，大概能看到行人，就問，您看到我的老師了嗎？老人覺得這個年輕人莫名其妙，就教訓他說：「四體不勤，五穀不分，孰爲夫子？」現在的讀書人經常被別人說是「四體不勤，五穀不分」。四體不勤就是不勞動，不從事生產勞動，而不是不運動。五穀，指稻麥黍稷菽等穀類。老人說了，不勞動、五穀不分，誰是你老師啊？子路這個人有一個優點，被人教訓的時候，尤其是面對一位老人，他就很乖，拱著手，恭恭敬敬地站在那裡。老人一看，這人挺懂禮貌，又找不到老師，無家可歸的樣子，就讓子路到他家留宿，還殺雞做飯給他吃，並讓兩個兒子出來與子路相見。老人也許認爲子路年紀較長，讓兩個兒子出來拜見。這說明他認同長幼有序的倫理原則。第二天，子路終於追上了孔子，向老師報告昨天發生的事：昨天在哪裡過夜、還吃了一隻雞，等等。孔子聽後對子路說，這個人是隱士，你回去向他轉達幾句話。子路就回去向老人道謝，結果，老人出門去了。子路便逕自開始說話。子路的話是誰的意思？當然是孔子授意的。如果是子路自己的話，他昨天在老人家裡過夜爲什麼不說？道理很簡單，無需爭論。而且，老人既然不在家，子路對空氣發表宣言嗎？當然是對兩個孩子說的，父親不在，我只好留話了——不是我要說，是我老師孔子讓我轉達的。「不仕無義。長幼之節，不可廢也。君臣之義，如之何其廢之。」你不做官，出世隱居是不對的。我到你們家吃飯，你讓兩個兒子與我相見，長幼之序都不能廢，君臣之義又怎能廢除？沒有國，哪有家呢？沒有國家，誰保護你呢？你以爲能隱居是你天生贏得的嗎？不是，還是有國家在保護你。所以，你如果有能力、有才華卻不做官是不對的。既然長幼有序的禮數不能廢除，那麼，君臣之義是更大的倫常關係，你怎麼可以拋棄呢？「欲潔其身，而亂大倫。」你本想潔身自愛，卻反而毀壞了、弄亂了更大的倫常關係；你只注意到細節，卻沒有看到更重要的部分。所以，「君子之仕也，行其義也，道之不行，已知之矣」。最後八個字，除了孔子之外，誰都說不出來。大道無法實現，我早就知道了。這就是「知其不可而爲之」，明知道不行，但是還要盡力做。

不同學派、不同想法的人碰在一起，就會擦出思想的火花，讓我們更清楚地知道他們各自的主張。兩相對照，隱者顯然輸了。如果是眞正的隱者，不論是子路或是別人來家裡，何必叫兒子與他相見呢？既然隱居，就不必在意人與人之間的正常的、適當的關係。隱居起來不管個人與國家之間的關係，卻讓孩子依「長幼有序」的原則拜見一個陌生的客人，那怎麼能自圓其說呢？可見，儒家思想可以流傳下來，而隱士的思想卻傳不下去，自有它的道理。

【第284講】

《論語・微子第十八》第八章中列舉了七個古人，都是逸民。

逸民：伯夷、叔齊、虞仲、夷逸、朱張、柳下惠、少連。子曰：「不降其志，不辱其身，伯夷、叔齊與！」謂：「柳下惠、少連，降志辱身矣，言中倫，行中慮，其斯而已矣。」謂：「虞仲、夷逸，隱居放言，身中清，廢中權。我則異於是，無可無不可。」

不得志的人才有：伯夷、叔齊、虞仲、夷逸、朱張、柳下惠、少連。孔子說：「志節不受委屈，人格不受侮辱的是伯夷與叔齊吧。」又說：「柳下惠、少連儘管志節受委屈、人格受侮辱，可是言語合乎規矩、行為經過考慮。」他還說：「虞仲與夷逸隱居起來放言高論，人格廉潔，被廢也合乎權宜。我是與這些人都不同的，我沒有一定要怎麼做，也沒有一定不要怎麼做。」

這段話涉及很多上古軼事，我們沒必要都了解得清清楚楚。談這一章是爲了最後五個字：「無可無不可。」這一章，孔子比較集中地評論了前人。他認爲古代有很多了不起的人，儘管不得志，但是仍然表現得很傑出。他列舉了七個人，分爲三組，各有特色。伯夷、叔齊我們都很熟悉了。他們志節不受委屈，人格不受侮辱，很清高。柳下惠志節受委屈，人格受侮辱，可是言語照樣合乎規矩，行爲照樣經過考慮，他很隨和。那另外一組呢？他們乾脆隱居起來，放言高論，人格廉潔，所以，不讓他們做官也合情合理。而孔子居然說，我和他們都不同。

孟子談到的四種聖人其中包括伯夷和柳下惠，第三種是伊尹，第四種就是孔子，而孔子最偉大。孟子說，孔子是「聖之時者也」，時間的時、時機的時。簡單來說，孟子認爲，孔子做事能與時機契合，該清就清，該和就和，該任就任。前三種聖人，能夠清高的不能隨和，能夠隨和的不能清高，能夠負責任的不考慮清高與隨和，都有侷限性。其實，人活在世界上本來就只能選擇一條路走，不可能什麼都要。如果想什麼都要，那就要有非常高的智慧作出判斷，每一次選擇都必須是恰當的，這太困難了。所以，孟子說聖人有四種，對我們而言，反而是很好的參考。如果你喜歡清高，那就學伯夷；喜歡隨和，就學柳下惠；喜歡負責任，就學伊尹。就怕你弄不清楚自己喜歡什麼。人天生有一種性格特質，努力修練德行就能有所成就。

但孔子的境界一般人極難達成，他是該如何便如何，視情況而定。孟子用這樣一個故事來描寫孔子：孔子早期到齊國去，發現齊國國君不能用他。他離開齊國時是「接淅而行」，就是把正在淘洗，準備蒸煮的米撈起來就走。米都已經洗了，吃飽了再走不也多一些力氣嗎？不行，馬上離開。因爲齊國既不是我的祖國，又不能用我，所以米撈起來就走，離開齊國之後再吃飯。我們現在看來，可能會覺得不太理解。而孔子離開魯國的時候就不同了，「遲遲其行」，慢慢走，慢慢走。這是自己的祖國，總希望當政者能夠及時覺悟，把孔子追回來。結果，希望落空。他們看到孔子要走，反而說，趕緊走吧，免得看到你我們有壓力。這是多讓人難過的事！孟子後來眞的學了孔子，他曾在當時的強國齊國擔任國家顧問，做得不錯，後來離開時，在齊國邊境的一個小城多住了三天。有人就跑來說，你要走就走，何以又多住三天？他說，當初我懷抱理想來到齊國，希望齊國國君可以給我機會，推行仁政，造福百姓。可是，現在我發現和國君談不來，無論如何都無法影響他。有句名言是「一曝十寒」，曬一天太陽，然後在冰箱裡凍十天，再好的種子也不能發芽啊。孟子把自己比喻爲溫暖的太陽，我一去就將齊國國君照耀得很溫暖，讓他願意行善。但是，我一走，就有十個齊國大臣來當冰箱了，勸他說，何必去奮鬥努力呢，享樂多好啊！既然無法實現理想，那我就離開齊國。爲什麼還要等三天呢？孟子說，我才不像那些小人呢，有人用，就高興；不受重用，就怨恨，連夜趕路立刻衝出國境。孟子也有自己的解釋。所以，有些時候，判斷自己該做什麼是很不容易的。什麼時候慢慢走，什麼時候要趕緊離開，都必須有一個說法。孟子是個很聰明的人，他的說法就很多。他離開齊國的時候，齊宣王也知道對不起他，不希望孟子在外面亂批評，就送他上等的金一百鎰。「鎰」是古代的重量單位。上等的金，也不是金子，古時候把黃銅叫做「金」。戰國時，老師都帶著很多學生周遊天下，所受饋贈往往是給學生用的。所以，送錢給一個人，不能說送錢給您，而要說送錢給你的學生用。這樣，別人才會接受。孟子當下拒絕這一百鎰，學生便抗議說，老師你以前離開宋國時，別人送你七十金你接受了；離開薛國時，別人送你五十金你也接受了；今天離開齊國，別人送一百金你怎麼不接受呢？如果以前接受是對的，那現在不接受就是錯的；如果現在不接受是對的，那麼，以前接受就是錯的。孟子說，我都對，都沒錯。我離開宋國時，要去很遠的地方，客人臨走前接受主人贈送的盤纏，並不爲過。我離開薛國的時候，外面正在打仗，他送我盤纏說，你可以雇幾個保鏢，保護你的安全，合情合理啊。我現在離開齊國，又不去很遠的地方，只是回到魯國；外面也沒打仗，我何必接受餽贈？難道君子可以被錢收買嗎？我們從孟子的行爲可以知道孔子「無可無不可」的意思。學習儒家精神，不能只看字面，說要和孔子一樣「無可無不可」。如果每次都是投機取巧，那就不是學孔子了。

學儒家，要知道行善是原則，如何行善是方法，方法一定要變通。只有這樣，才能使原則得以實現。

【第285講】

《論語・微子第十八》第十章的原文是：

周公謂魯公曰：「君子不施其親，不使大臣怨乎不以。故舊無大故，則不棄也。無求備於一人。」

周公對魯公說：「君子不會疏忽慢待他的親族，不會讓大臣抱怨沒有受到重視。長期追隨的屬下如果沒有嚴重過失，就不要開除他們。不要對一個人要求十全十美。」

這段話是周公對他的兒子伯禽所說。伯禽是魯國的第一代國君，就是魯公。周公告訴兒子爲政的原則，也就是提示他治國方法。西周初年，姜太公的後代封在齊國，周公的後代封在魯國。姜太公與周公兩位大老就要研究一下怎樣治理國家。周公說了，必須「尊尊親親」。尊尊，意思是要尊敬值得尊敬的人。值得尊敬的人不見得有本事，不見得有才華，但一定要有德行。尊尊其實就是要尊敬德行高的人。親親中的第二個字「親」，是指親戚，就是說，要親近家族成員。可見，魯國的治國原則是：做人要厚道，要有情義，要親近家族的親人。一家人就應該互相照顧，不要因爲親戚魯鈍便不理會，而另外用人才。與此不同，齊國任用賢能的人，則無論親疏，只要有能力就會被任用。齊國的強盛與此密不可分。魯國任用自己的親人，德行高的人，所以魯國不會強盛。春秋五霸哪裡有魯國？他們是齊桓公、宋襄公、晉文公、秦穆公、楚莊王。但是，魯國可以維持比較長久。齊國很強大，春秋五霸第一霸就是齊桓公，直到戰國時代，齊國還是萬乘之國。但是，齊君只傳了二十四代就被篡位，國君被殺。篡位之後，還是叫齊國，但是血統變了。魯國傳了三十二世，比齊國足足多了八世，多了三分之一。

周公是周文王的兒子，姓姬，名旦，現在聽起來覺得很好笑。爲什麼叫這個名字呢？孟子有一段解釋，很有意思。他說，周武王上臺六年就過世了，然後，他的弟弟周公輔佐武王的兒子成王治理天下。周公非常敬仰大禹、商湯、周文王、周武王的政績，決心要向他們學習。所以，他晚上不睡覺，研究以前天子如何治理國家，有了心得體會後，希望天快點亮，以便自己能好好做事、照顧百姓。稱爲「坐以待旦」。周公的名字與此有關，「旦」指的是白天。周公的原則是，第一重視親族，第二重視大臣，第三「故舊無大故，則不棄也」。首先要尊尊親親，同時不讓大臣抱怨沒有受到重視。很多大臣曾經功勳卓著，但是年紀大了，或者是人才更多了，或者是政策的重點改變了，他們就會抱怨不受重用。國家是由君臣合力治理的。所以，君主就要任用賢臣來輔佐。「故舊」是我們常常講的親朋故舊。過去長期追隨的屬下如果沒犯嚴重的過失，就不要開除他們。這樣才厚道。比如說，創立一家公司的時候，有幾個老員工一起合作，後來他們眞是老糊塗了，沒做好。如何處置呢？開除，用新人，公司發展得好。如果這樣，公司發展得再好，爲人也有失厚道。照顧幾個老人能花多少錢呢？依儒家的觀點，人都有生病、衰老的時候，既然你希望自己年老時別人對我們好，那現在爲什麼不關照老人呢？

周公的這個原則不但適合魯國，而且適合所有的人。所以《論語》中才要把這一段話記下來。最後一句更是我們平常做人處世要記得的。「無求備於一人」意思是，對一個人不要苛求十全十美，誰能沒有缺點啊！

子張第十九

【第286講】

《論語・子張第十九》第一章的原文是：

子張曰：「士見危致命，見得思義，祭思敬，喪思哀，其可已矣。」

子張說：「讀書人看見危險，不惜犧牲生命；看見利益，要想該不該得；祭祀時，要想到虔誠；居喪時，要想到悲戚。這樣就算不錯了。」

子張在孔門弟子中年紀較小，比孔子小了四十八歲。他年紀小志氣高，因而與同學們相處時不太合群。〈子張第十九〉在《論語》中是倒數第二篇，因爲開頭是子張說的話，所以就取名爲〈子張〉，事實上，這篇中子夏說的話最多，此外，還有不少子貢的精彩言論，也記錄了子張、子游、曾參的話。所以，〈子張第十九〉主要記錄了孔門弟子的見解。我們曾經說過，孔子的話是我們學習的重點，而對孔門弟子的言論，我們應有所保留。這並不是對古人不敬，而是因爲孔子的這些學生也是從年輕慢慢成長的，也是從無知變成有知的，其間，他們發表的言論未必正確。如果把《論語》裡的所有言論看得一樣重要，把學生的話看成和孔子的話一樣重要，那是不對的。讀書要有重點。

這一章中的很多觀念均直接源於孔子，但學生的話比較含糊，沒有講完整，說清楚。所謂看見危險不惜犧牲生命，這是什麼樣的危險呢？難道不能避開嗎？爲什麼輕易拿生命冒險呢？如果是孔子說的「朝聞道，夕死可矣」，那可以理解。聽懂了道，死了也無妨，因爲人生本來就應走向光明。殺身成仁就更直接了，雖然犧牲了生命，但是完成了仁，也就是爲道義、爲仁義而犧牲，死得其所。不過，有的危險是不值得犧牲生命的。比如，孔子說管仲很偉大，學生就質疑了，管仲當初跟著公子糾，失敗了。管仲爲什麼不自殺？孔子認爲，管仲不必自殺，他應該保留生命，替齊國服務，造福更多的百姓。這時就不應該講見危致命的話。

我們讀書時，要保持比較平常以及正常的心態，千萬不要盲目崇拜古人。古人與我們自己一樣，也是人，只不過有些人很傑出，像孔孟老莊；但是，有些人和我們差不多，比如孔孟老莊的學生。所以，學習《論語》最好的方法就是，取性格相近者作爲榜樣。你豪爽嗎？學子路；你口才好嗎？學子貢；你巧言善辯嗎？學宰予；想做官嗎？就拿冉有當反面教材。不過，這只是學習方法，我們的目標還是要學習孔子。

「見得思義」這句話沒有問題，因爲孔子說得很清楚，「君子有九思，視思明，聽思聰，色思溫，貌思恭，言思忠，事思敬，疑思問，忿思難，見得思義」。見得思義，就是看到好處要想該不該得。該得的，天下給你都不嫌多；不該得的，一毛錢都不要，用孟子的話說就是「一介不取」。這就是儒家的原則。該得就得，因爲得了之後，才可以做更大的事、更多的事。比如，有大官可做，要不要做呢？有人主張要廉潔，寧可過平淡的生活。那一輩子讀書何用？通過做官來照顧百姓，只要記得最終的目的是照顧百姓，做官有什麼不好？孔子敬畏大人、敬畏政治領袖就是這個緣故。後來，孟子批評很多大人，也是因爲這個緣故，因爲當時的大人只知道享受。

「祭思敬，喪思哀」，祭祀時要想到虔誠，居喪時要想到悲戚，這樣就算是不錯了。

第二章的原文是：

子張曰：「執德不弘，信道不篤，焉能爲有？焉能爲亡？」

子張說：「對德行的實踐不夠堅強，對理想的信念不夠深刻，這樣的人不是有他不為多，沒他不為少嗎？」

有時候，大家在一起，多一個，少一個沒有感覺。原因就在這一章中。對德行的實踐不夠堅強，就很容易受影響，看到風氣往哪邊轉，就往哪邊去了。堅持才有力量，宗教往往告訴信眾，堅持到底才能得救；其實修養也一樣，只有堅持到底，才能成就自己的人格。孟子講到仁時，曾舉了一個生動的例子說明堅持的重要性。他說，仁就好像挖水井一樣，「掘井九仞不及泉，猶爲棄井也」。你挖水井挖到九仞，一仞七尺，九仞就是六丈多了，但還是沒有挖到泉水，那仍然是一口廢井。這說明，做任何事，都要做到有結果。信道不篤。「信道」，現在大多指的是信教；但子張的意思是，要相信理想。我們不要把「道」講得太玄，「道」其實就是人生的理想，就是人性向善，止於至善。而善就是我與別人的適當關係。「信」字在《論語》裡比較少見，因爲儒家哲學不願意多談信仰。不過，「信」除了信仰，至少還包括以下的內容：信心、信念。信心是個人內在的意志，「心」往往指意志；信念，「念」指的是觀念，是有具體內容的。我有信心，雖然觀念上不太知道是怎麼回事，但我心裡有意志，我相信它，我願意相信它。信仰，「仰」是仰望。所以，宗教常常用信仰這個詞。人仰望更高的神明，或者是覺悟的境界，這叫信仰，但是信仰不能離開我們的信念與信心。「篤」意思是篤實，實實在在的，具體做到，深刻地加以實踐。如果對於德行不夠堅持，對於理想缺乏信念，這樣的人在團體裡不會起作用，因爲他這一生都無法眞正走上正路，無法改善自己。

【第287講】

《論語・子張第十九》第三章的內容是：

子夏之門人問交於子張。子張曰：「子夏云何？」對曰：「子夏曰：『可者與之，其不可者拒之。』」子張曰：「異乎吾所聞。君子尊賢而容眾，嘉善而矜不能。我之大賢與，於人何所不容？我之不賢與，人將拒我，如之何其拒人也？」

子夏的學生向子張請教交友之道。子張問：「子夏怎麼說？」學生回答：「子夏說，值得交往的，才與他交往，不值得交往的，就拒絕他。」子張說：「我所聽到的與此不同。君子尊敬才德卓越的人，也接納一般大眾；稱讚行善的人，也同情未能行善的人。我若是才德卓越，對什麼人不能接納；我若是才德不卓越，別人將會拒絕我，我又憑什麼去拒絕別人？」

子張眞是聰明，也有點調皮。他先問，你是子夏的學生，你的老師怎麼說的，然後再做點評。顯然，子夏與子張的意見不同，是因爲孔子因材施教，對子夏和子張的指點不盡相同。《論語》記載，子貢曾請教子夏與子張兩人的差別。孔子說，子張比較激進，有些過度；子夏比較退縮，有些不及。就是「師也過，商也不及」。子貢追問，那子張比較好嗎？因爲子張雖然說話過度，但比較積極進取，像外國人形容的較有侵略性，這在西方會得到肯定的。子夏則不夠積極進取，西方人會說他太退縮了。所以，子貢就問，子張比較好嗎？孔子說了句千古名言：過猶不及。過度與不及都不好。千萬不要以為過度好，到最後可能演變為不可收拾。

子夏說，可以交往的就同他交往，不能交往的就拒絕他。這話聽起來有點耳熟，子曰：「無友不如己者。」子夏顯然是把「無友不如己者」理解為，不要交不如自己的朋友，所以才主張，可以交往才交往，不能交往就拒絕。但是，交朋友之前，怎麼知道誰能交往，誰不能交往？怎麼知道誰比我好，誰比我差？很多時候就是不打不相識。孔子知道子夏比較退縮保守，就經常鼓勵他，甚至說過很重的話：「女為君子儒，毋為小人儒。」儒分兩種，一種是君子，一種是小人。孔子提醒子夏不要做小人儒，要氣度開闊一點，不要退縮只求個人身家性命的安頓。後來，子夏當了國君的老師，算是不錯了。可是，他的兒子先他過世，他哭得眼睛都差點瞎了。曾參就批評他說，你這樣是不對的。父母過世，我們都不應該哭到眼瞎，兒子過世你哭成這樣，太過分了。子夏說，我就是平凡人，有什麼辦法呢。這說明子夏對許多事情都無法準確地控制，這就是他的個性，所以他也只能這麼去交朋友。

志氣很高的子張則說，這和我所聽到的不同。聽是指聽老師孔子說。子張聽到的是：「君子尊賢而容眾，嘉善而矜不能。」這話講得漂亮：君子尊敬賢者，包容眾人，鼓勵那些能行善的，同情那些不能行善的。他接著分析子夏的錯誤。他說，我如果才德卓越，對什麼人不能接受呢？我如果才德不卓越，別人會先拒絕我，我憑什麼拒絕別人呢？大家不要忘記，「無友不如己者」之前還有三個字「主忠信」。所以，不是不要交不如自己的朋友，而是不要與自己志趣不相投的人做朋友。讀書不能斷章取義。如果你拒絕與不如自己的人做朋友，那比你好的人憑什麼要與你做朋友？那是不是只能「有朋自遠方來」，與從遠方來的，還不太認識的人做朋友？這種狹隘的看法根本就不是儒家的理念。志趣不投的人，確實很難做朋友。一到放假，我去爬山，你去游泳；我下棋，你打球，根本沒見面機會啊。在評價交朋友這件事上，子夏的說法顯然太保守了，最後會讓自己無路可走。子張志氣很高，說出來的話很好聽，但是不見得做得到。所以，曾經有幾個學生批評子張說，我們那個朋友「子張堂堂乎」。「堂堂」兩個字，可以解釋爲這個人理想很高遠，但是別人很難與他一起走上人生正路。我們講這些事就是爲了提醒大家，不要盲目崇拜古人，讀《論語》要學習孔子；至於孔門弟子，我們要學習他們各自的優點。

【第288講】

《論語．子張第十九》第四章和第七章，都是子夏的話，意思也比較接近，所以合在一起講。第四章說：

子夏曰：「雖小道，必有可觀者焉；致遠恐泥，是以君子不爲也。」

子夏說：「就是一般的技藝，也一定有它值得欣賞的地方。不過長期專注於此恐怕會陷於執著的困境，所以君子不去碰它。」

所謂的小道，就是一般的技藝，相對於大道而言。儒家學者認爲自己講的是人生的大道理，人生的正道。小道就是諸如現在很流行的魔術之類的東西，也就是某種專業技能。但不能否認，它們也有可觀之處。舉例來說，很多年前我在北歐荷蘭教書，有天打開電視一看，一個人上電視接受訪問時，居然戴了一個鼻套。原來，這個人是品酒專家，他的鼻子保了一百萬美金的險，如果摔了一跤鼻子斷了，就可獲賠一百萬。所以，他就要精心保護鼻子。無論什麼酒倒在杯子中，搖一搖，他一聞就知道是什麼年份、何地、哪一個酒廠產的酒，連那一年下了多少雨都知道。這就是小道。英國哲學家休謨，也講過一個有趣的品酒故事：有兄弟二人來自品酒世家。一次，一個貴族新開了一桶酒，請這兩兄弟來參加宴會並品酒。酒打開了，第一杯給哥哥，哥哥一聞，這是好酒，不過有一點兒皮帶的味道。大家笑了，覺得莫名其妙，葡萄酒何以會有皮帶的味道，肯定是胡謅！然後請弟弟來品嘗。弟弟拿來一喝，酒是好酒，不過，除了皮帶的味道，還有鐵銹的味道，大家又是一陣哄堂大笑，葡萄酒怎麼會有鐵銹味兒呢？兄弟倆眞是浪得虛名，往好裡說，也是馬失前蹄吧。結果，這桶酒喝到最後，兩兄弟笑了，因爲酒桶底下發現了一條皮帶，上面還有一個鏽跡斑斑的鐵環。中國古代也有類似的人才。《世說新語》裡提到一位叫荀勖的音律專家。有一天，大家一起吃飯，他吃著吃著就說，這個飯是用舊木材作燃料燒的。別人說，開玩笑！飯熟不熟可以吃出來，怎麼連什麼柴火你也知道？就私下派人去看，果然是舊車輪劈開當柴做的飯。品酒厲害吧，我們還聞飯知柴呢！

提到小道，多不勝數，但是與人生的正路關係不大。所以，子夏這話確實很有道理。

在第七章，子夏是這樣說的：

子夏曰：「百工居肆以成其事，君子學以致其道。」

子夏說：「各類工匠要長期留在市場觀摩比較，才能善盡他們的職責。君子則要靠努力學習，才能領悟他的理想。」

本章的工匠，與前面所謂的小道可以配合起來理解。如果要成爲一名好工匠，就要多接觸市場，了解客人的意見與需求。顧客的意見往往是最實際、最實用的，工匠只有接受了顧客的建議，才能改善。即便是科技進步，也與人的需求密切相關。而君子要靠努力學習才能領悟他的理想。子夏對經驗觀察得非常深刻，並用簡單的話把其中的奧妙說了出來。這說明在老師指點之後，要靠自己思考、揣摩。孔門弟子中最傑出的幾位皆是如此。孔子過世以後，學生分爲八派。子貢做官做得很好，讓老師的名聲可以廣傳各國、廣傳天下、留傳後代。但是，能夠承接孔子衣缽，把他的思想傳下去的則是忠厚、勤懇的曾參。子夏也獨立一派。不過，除了曾參這一派傳到後來出現了孟子，其他派別就鮮有人才了。雖然也有一些資料顯示，子游這一派傳到後世出現了莊子，但是，莊子畢竟屬於道家，列於老子這個系統，他講的「道」與孔子講的完全不同。孔子的「道」一定不能脫離人類。「人能弘道，非道弘人。」人能弘道，道是人類的正路。而道家的「道」是宇宙萬物的來源及歸宿，人類只是其中的一部分。所以，儒家強調仁，是立足於人類的需求；道家講「道」，則是放眼於萬物，堅持不能因爲人類而影響或者傷害萬物。

【第289講】

《論語・子張第十九》第五章和第六章都在談學習。第五章是：

子夏曰：「日知其所亡，月無忘其所能，可謂好學也已矣。」

子夏說：「每天知道自己所未知的，每月不要忘記自己所已知的，這樣可以說愛好學習了。」

這是子夏的具體心得。第一個詞就是「日知」，學習應該天天堅持，每天知道一點新東西。後來，明朝末年，大儒顧炎武的著作《日知錄》便得名於此，就是把每天知道的學問記下來。

平凡人總喜歡找藉口。本來想每天看書，可是今天太累了，那就明天多看一點兒。一旦這句話出口，便明日復明日，日日推拖。明天也一樣很累，那就以後再多看一點兒。推來推去的結果是，「春天不是讀書天，夏日炎炎正好眠。秋高氣爽郊遊去，冬去春來又一年」，好像根本沒時間讀書。如果找藉口，那永遠不可能開始讀書，時間是要自己去尋、去擠的。我現在也養成了一種習慣，只要有半小時的時間，一定看書，或者聽音樂。千萬不要以一小時爲單位，時間稍長，讀書會累；但三十分鐘正好，而且也確實讀到了東西。所以，所謂的秘訣就是堅持每天學一點兒新東西，持之以恆，人生的成敗往往就在於恆心。

一般來說，一開始大家都很有勁兒，但有幾個人能堅持到底呢？我在小學畢業二十幾年後，回到母校參加同學會。我小學時最好的同學說，儘管這麼大年紀了，他卻覺得自己與小學時比起來沒有長進、改變也不大；但他覺得我改變了很多。當然，如果沒有繼續求學，就只能靠個人生活經驗去得到一點兒教訓，稍微調整一下觀念與行爲，的確不會有大的改變。小學時，我說話口吃，老師一叫，更緊張，一句話也說不出來。現在，我到處上課演講。所以，我的同學很感慨。改變生命的秘訣就是學習。即便是一般的上班族，也要養成習慣，每天看二十分鐘書，要讓自己的觀念保持流動。讀書時，兩三個新觀念進來，就會挑戰腦中的舊觀念。我們遇到事情，最怕不能理解。要想理解每天發生的新鮮事，就必須有新觀念做基礎。所以，學習讓我們的觀念保持活潑、流動；讓我們的心思更爲靈巧，下判斷的時候更加準確。

第二句話講的是，每個月不要忘記所學過的東西。人最怕忘記。很多人常常抱怨，如果不會遺忘該多好。說實在，就因爲有忘記，人們學習才要用心。假設眞能過目不忘，也是很累人的事。經過一條街，招牌看一遍，全部記得，請問出門旅遊，一輩子只來一次的街道，全都永遠不忘，腦袋裡不是裝了很多垃圾、廢物嗎？所以，忘記不是壞事，忘記之後你才能篩揀，選擇重要的來記，並反復思考，加以理解。子夏說，這就是好學。

第六章的原文是：

子夏曰：「博學而篤志，切問而近思，仁在其中矣。」

這講的是行仁的方法。

子夏說：「廣泛學習，同時要堅定志節，懇切發問，同時要就近省思，人生的正途就可以找到。」

這段話也是子夏的個人心得，講得非常好。宋朝學者朱熹的《近思錄》就是據此而得名。要想了解儒學在後世的發展情況，朱熹的《近思錄》是必讀之書，它系統闡述了宋朝的理學。後代學者不少人摘取先儒的名言作爲書名或齋名。王陽明的《傳習錄》就源於曾參說的「傳不習乎」。可見，學習之後，人就會比較文雅，措辭就不限於今天、昨天的事，而是借用兩三千年前古人的話，表達自己的思想，生命就有了一種悠遠的情調。學習的意義就在這裡。

「博學而篤志」，博學並堅定我的志節。「切問而近思」，懇切發問並就近去省思。孔子說過，行仁之方就是能近取譬。「近」就是近從我身來了解別人。換句話說，就是設身處地爲別人著想，把別人當自己來看。如此便會尊重、關懷別人。人最怕的就是我是我，你是你，分得清清楚楚。如果我覺得自己很健壯，就去欺負一個比我瘦小的人，這其實是暗示如果有人比我高壯，他也可以同樣的理由欺負我。

所以，做事的原則並非只有我可以用；我用，別人也一樣用，這便是，「己所不欲，勿施於人」。

【第290講】

《論語・子張第十九》第十三章是：

子夏曰：「仕而優則學，學而優則仕。」

子夏說：「從政之後行有餘力就該學習，學習之後深有心得就該從政。」

很多人不但把子夏的話安在孔子頭上，而且斷章取義地引作「子曰：學而優則仕」。結果，很多讀書人就將這五個字作爲自己的座右銘，這眞是一個悲劇。

理論上，「學而優則仕」並沒有錯。不過，學而優之後，還有別的選擇嗎？學而優應該行道。如果不能行道，只知道做官，當「學而優」不能做官時，可能就會不擇手段了。做官是儒家的理想，但其目的是爲了照顧百姓，並最終成就自己。

自古以來，有很多言論被誤植的例子，孔子常常被人誤會說過另一句話，那就是「食、色，性也」。其實，孔子從來沒有說過這話。「食色性也」四個字，出自《孟子・告子篇》中告子之口。不僅我們自己有這樣的誤會，連外國人也跟著我們犯糊塗。我在美國念書時，一到禮拜六，一定逛書店。那對我來說是一個重要的消遣活動，因爲一進入書店，就覺得人生充滿希望，覺得自己是一個有爲青年。後來，我發現很多書店門口都擺放著一些書籤，上面大多寫著警醒世人的箴言。一天，我發現一張書籤上用英文寫著：孔子說，食色性也。我看了眞是很生氣。但當時不知道爲什麼沒有把它買下來作爲罪證，今天就可以秀給各位看了。「食色性也」基本上沒錯，講的是人的生物性。人與動物一樣，沒有食與色，就無法生存、繁衍。但是，人與動物的區別就在於心。所以，孟子把心當做大體，把身當做小體。身體那麼壯碩，卻是小體；心看不見，卻是大體。爲什麼呢？大小指的是主要與次要。做人重要的是心，心很敏感，能夠引導人去行善。

在「學而優則仕」前面是「仕而優則學」，做官之後心有餘力就該學習，這種好學知長進的官很少見。做官做得好，通常就去做更大的官。其實，子夏的話不是強人所難，不是要人離開官職，去考碩士、博士，而是指應該自己去讀書，這是大家都可以做到的。我們也看到，很多政府官員很有學問，那是因爲一直學習。如果從學校畢業開始從政之後就不再念書，就不可能有符合時代需求的表達能力與學識。所以，子夏也是一番好意，希望如果做官做得好，行有餘力，那就好好學習，因爲學無止境。尤其是身爲一個領導者，如果不了解新的思潮、新的觀念、新的管理方法、新的學說，如何面對挑戰呢？同時，官員還應了解傳統文化。因此現在很多企業家、政府官員也一樣在學國學，這是非常正確的選擇。不過國學是什麼？有一個國學班把他們要學的東西列出來，工程眞是太浩瀚了，經史子集全包括在內，就算讀到博士，也只能學到其中很少一部分。做企業的或者是從政的，需要念這麼多東西嗎？宋朝的宰相趙普說，我就用半部《論語》幫助太祖治理天下，即「半部《論語》治天下」。有半部《論語》的話，就可以讓自己這一生非常自在，又非常自信。因爲《論語》講的道理確實精彩，從人性一路講開來，直到人生的發展、人生的理想。

【第291講】

《論語・子張第十九》第十七章的原文是：

曾子曰：「吾聞諸夫子：『人未有自致者也，必也親喪乎！』」

曾子說：「我聽老師說過：『一個人沒有自己充分顯露真情的機會，如果有，那一定是在父母過世的時候吧！』」

這段話的重要性在於它是曾參引述孔子的話。孔子說，人平常很少有顯露眞情的機會，因爲進入社會之後，往往不敢表露眞感情，與別人來往都客客氣氣的。越眞誠與人相處，越有可能受騙上當，時間久了，人就學到處世保守一些，與人也保持一點距離。所以孔子希望學生們能學《詩》，以便引發眞誠的情感。假設這些都做到了，但平常還是覺得自己不夠眞誠，孔子說，在父母過世時，就會顯露眞情了。如果一個人在父母過世時，還沒有眞正的悲痛，還要去裝腔作勢、擺個樣子，那眞不知道這個人是怎麼回事了。講到這裡，我心裡很難過，因爲非常不幸，我的父母已經過世了。有了深刻的體驗，我才明白，孔子的話眞是有道理。我在大學教書，系裡一向分成兩派，雙方互相指責，很少來往，甚至有點敵對。平常見面的時候，表面上說你好；心裡想的卻是，你怎麼還在，不如早點退休吧！儘管是高級知識份子，但人的各種劣根性也一樣會表現出來，我也不例外。在我父親過世時，幾位幾十年都不講話的同事，也來到靈堂拜祭。就在那一剎那，我心裡只有一個念頭：一哭泯恩仇。對方在我父親過世時，願意來靈前鞠一躬，這就是情分了，一握手，從此恩怨一筆勾銷，從頭開始。不再在乎彼此學問主張上的正確與否，他人對我的長輩尊重，比對我尊重重要多了。所以，人常要反思自己的生命，有源有本，懂得感恩。

孔子與朋友來往，朋友送他一輛車，一匹馬，孔子說一聲謝謝，拿來就用。但是，如果朋友家裡祭拜祖先，殺了一頭豬，分了一塊祭肉給孔子，孔子便作揖拜謝，鞠躬九十度。祭肉不值幾塊錢，一輛馬車恐怕幾十萬，但孔子的反應爲什麼差別這麼大？可見，孔子重視的是精神上的價值，而非物質上的價值。一般人恐怕做不到。我也設想過，如果有人祭拜祖先，送了一些祭品給我，我會嘀咕，我又不缺這個，我也不想吃這麼多糖，大概只會簡單感謝罷了。但是，如果有人送我一輛賓士車，那就不同了，什麼鞠躬九十度，雙膝發軟都有可能。所以，我們學儒家其實很不容易，看孔子做，覺得不費吹灰之力，但自己很難做到。永遠是，孔子歸孔子，我是我。爲什麼做不到？因爲我們的重點常放錯了，把重點放在物質上，而忽略了對祖先、對父母的情感。根據司馬遷的記載，孔子三歲時父親過世，十七歲時母親過世。也就是說，孔子還沒有成年，就已經父母雙亡了，但他居然把孝順講得這麼貼切。那是因爲他是哲學家。能夠全面了解、掌握具體情況，並進行高度的總結、概括，提出對別人有幫助的共同的經驗。

這一章雖然很短，而且是曾參引述的，但是值得我們深入思考。我們中國人有一個很好的傳統，西方人把它稱爲祖先崇拜，並將之看作中國人的宗教——不是佛教，佛教是從印度傳來的；也不是道教，道教是東漢以後在民間慢慢形成的。祖先崇拜與儒家的思想可以完全配合。在古代，天子祭天，天的兒子獨佔天的祭祀權；諸侯則祭山川，比如魯國國君可以祭泰山；一般老百姓只能祭祖先。「天」是最後的，最終的源頭。中國人一強調天，就與國家政治相結合，因此，西方人把儒學稱作國家宗教。儒者做官之後遇到國家領導人天子，讀書人就好像遇到宗教教主一樣。直到今天，我們仍要關注祖先崇拜對我們兩千多年的文化的重大影響。

【第292講】

《論語・子張第十九》第十九章的原文是：

孟氏使陽膚爲士師，問於曾子。曾子曰：「上失其道，民散久矣。如得其情，則哀矜而勿喜。」

孟氏任命陽膚為典獄官，陽膚向曾子請教。曾子說：「現在政治領袖的言行失去規範，百姓離心離德已經很久了，你如果查出罪犯的實情，要有難過及憐憫之心，不可沾沾自喜。」

這段話有其特殊的歷史背景。當時，魯國由三家大夫孟氏、叔氏、季氏掌權，此外還有魯君。孟氏本來稱仲孫氏。這裡，我們簡單介紹一下古人取名字的規則。古人取名字，「伯」與「孟」代表老大，「仲」是老二。孔子同父異母的哥哥名叫孟皮，孔子是老二，名丘字仲尼。魯國的魯桓公有四個兒子，嫡長子繼位，就是魯莊公；另外三個兒子則封爲大夫，世代傳襲，就是仲孫、叔孫與季孫。仲孫覺得，既然不能與國君平起平坐，稱兄道弟，那就在下面三兄弟中當老大，何必與國君一起排行當老二呢？所以就改爲孟孫。「孫」意思是後代子孫。孟氏、叔氏、季氏都是魯桓公的後代，所以又稱三桓，其中，勢力最大的是季氏，老么的勢力反而最大。

孟氏要派陽膚爲士師。在古代，士師就是典獄官、司法官。柳下惠在魯國就當過士師。我們要以平常心看待訴訟之事，不要認爲中國人歷來怕打官司。那是因爲在以前的專制社會中，打官司不見得公平，老百姓往往受委屈。上面官官相護，一般百姓總處劣勢。陽膚是曾參的學生，這時候，孔子顯然已經不在世了，所以曾參給他指導。曾參說，政治領袖的言行失去規範，百姓離心離德已經很久了。看到老百姓犯錯，就要考察社會的大環境。哪有人喜歡犯錯呢？如果可以過太平日子，誰願意去偷、去騙、去搶呢？所以，罪犯也是有苦衷的。作爲負責刑獄之事的士師，應該查出實情。如能勘明情況，要有難過及憐憫之心；千萬不能沾沾自喜，覺得又破了個案子，抓到了罪犯。罪犯生下來就是壞人嗎？不是，只是因爲沒有受到好的教育、沒有交到好的朋友，再加上金融風暴之類的困難，才走上歧路。所以，我們要同情他、憐憫他。

「哀矜而勿喜」很符合孔子的精神。不要把犯罪當做個別現象，而要從整體來看。如果只是將之作爲個別現象，抓一件是一件，整體情況絲毫得不到改變，新的案件層出不窮，將使司法人員疲於奔命。何不從政治制度上，從社會各方面來做一個完整的反思和改革呢？這就是儒家的理想。儒家堅信，不能把責任歸在個人身上，任何一個人沒有受到良好的教育而誤入歧途，變成盜賊殺人放火，很多人都要負責任的。儒者更會覺得自己責無旁貸，因爲是自己沒有將他教育好，或者自己做得不夠，以至於沒能感化別人。所以，當老師的壓力其實很大，每當出現各種案件，看報紙時首先會想是不是自己教過的學生，是不是從我這個大學畢業的，如果是，趕快查有沒有教過他。如果我教過的學生去做壞事，我會覺得自己有責任。他以前聽我的課時，我怎麼沒有好好教呢？當然，可以自我解釋說他上學時年輕單純，變壞是進入社會之後的事。但我還是不安，爲什麼我教的東西沒有讓他有堅定的意志，可以抵抗社會的種種負面影響呢？爲什麼一個單純的學生，進入社會就一定會被污染呢？

身爲老師，責任是無限的。這就是爲什麼說，教書是良心事業，沒有止境。好老師的標準是沒有上限的，而且教了這一批學生，還有下一批呢！所以，身爲老師的人學儒家，更是要掌握這樣的重點。

【第293講】

《論語．子張第十九》第二十章和第二十一章都是子貢的言論。第二十章的原文是：

子貢曰：「紂之不善，不如是之甚也。是以君子惡居下流，天下之惡皆歸焉。」

子貢說：「商紂的惡行不像現在傳說的這麼嚴重，所以君子討厭處在下游的地方，以免天下一切壞事都算在他身上。」

子貢是言語科的高材生，說話很講究。他說，大家提到夏桀、商紂這些亡國之君，好像所有的壞事都是他們做的，但事實上，他們並不像傳說中的那麼壞。我們現在很難找到足夠的資料來說明商紂到底有多壞，或者究竟有多好。我們只知道，他年輕的時候是一個文武雙全的人才，後來受到誘惑，喜歡一些珍奇的物品，以至於最後走上偏邪的道路。「酒池肉林」形容的就是商紂的奢侈生活。據說，他對自己的親人手段也非常殘酷。

河水向下流，髒東西通常都漂到了下游，而上游的河水比較清澈。在《易經》裡有蒙卦，山水蒙，山下有水成爲清泉，但是越往下游越糟糕。這個卦用來形容小孩的啓蒙教育。孩子就好像山中剛剛流出來的清泉，本性單純，這個時候需要啓蒙。蒙卦強調，應在啓蒙時好好教育孩子，爲他將來走上正路，打下好的基礎。反之，如果沒有好好進行啓蒙教育，一路下來，越往下游越骯髒，所有穢物都聚在了一起。

不過，道家的老子有不同的理解。老子說：「大國者下流。」意思是，作爲大國，要能夠容納百川，尤其是河流下游的這部分。若要做大國，又要很清澈，那就無法發展了。大國接納了許多小國，其中就包括了人民表現出來的種種缺陷與困難。領子與袖口是衣服最重要的部位，也是最髒的地方。既然是國家的領袖，就要能夠包容所有的污垢。這與儒家所謂的聖王觀念基本上是相通的。古代帝王分兩類：聖王與昏君。聖王就像大禹、商湯、周文王、周武王。他們有一種觀念：「萬方有罪，在予一人。予一人有罪，無以爾萬方。」「萬方」就是各方的百姓。他們有罪的話，我一個人負責，因爲我是天子，老百姓的問題我應該負責；我如果有罪，絕不去怪各方百姓。這才是好的天子。昏君會覺得，我有什麼災禍，都是百姓害的；百姓如有任何災難，可不要怪我。這樣的帝王完全沒有擔當，也沒有責任感，所以就沒有資格擔任天人之間的中介。既然稱爲天子，人民都相信天，天子就得代表天照顧百姓。《孟子》中記載了夏桀的話：天上有一個太陽，國家有我一個君主，只要天空在，就有太陽。結果，老百姓抱怨說，這個太陽什麼時候毀滅呢，我們要和你同歸於盡！這說明，帝王應該對亂世負責。這一章反映出子貢對歷史人物的理解。

我們在社會上做人處事，要愛惜羽毛。如果越過了臨界點，到了眾人皆曰可罵的時候，別人就會編派出很多莫名其妙的惡事在我們身上，這時也就無可奈何了，有些人可能因此心一橫，反正債多不愁，再罵也一樣，那就全然沒有回到正途的希望了。

第二十一章的原文是：

子貢曰：「君子之過也，如日月之食焉。過也，人皆見之；更也，人皆仰之。」

子貢說：「君子所犯的過錯，就像日食與月食。犯錯的時候，大家都看得到；他改正了以後，大家依然仰望他。」

這裡說的「君子」可以理解爲孔子這樣的人。因爲身居高位，有這麼多學生、百姓追隨與效法，一旦犯錯，就如同日食、月食一樣，誰看不到呢？完全無法隱瞞。但是，一經改正，也與日食、月食過去一般，日月仍是一片光明，別人照樣仰望它。這說明，人非聖賢，孰能無過？有過就改，別人依然尊敬。

我們都知道，孟子對領導者有很高的期許。他說，有仁德的人方才適合居於高位。不仁而在高位，是播其惡於眾也。壞人在高位上，是把他的邪惡散播給眾人。因爲上行下效。在上位者做壞事，老百姓眼看做壞事無罪，就依樣畫葫蘆。這相當於把罪惡散播給群眾，後果不堪設想。所以，儒家認爲，政治領袖應該知道自己的位置是具有示範作用的。君子改過之後，老百姓會覺得領導者也是人，也會有缺點，只要願意改正就行了。我們不能期望一個人不犯錯。在讀《論語》的時候，我們發現，孔子經常提到過失。有過失沒關係，過失正好可以反映性格的缺失，可以由此知道應在哪一方面去提升、改善自己。最重要的是教育方法。所以，老師教學時，最怕學生是完美的樣子。很有可能就是學生隱瞞得很好，任何問題都顯示不出來，如此老師就無從教起，等到眞出問題時，就是大問題了。

【第294講】

《論語．子張第十九》第二十二章的原文是：

衛公孫朝問於子貢曰：「仲尼焉學？」子貢曰：「文武之道，未墜於地，在人。賢者識其大者，不賢者識其小者。莫不有文武之道焉。夫子焉不學，而亦何常師之有？」

衛國的公孫朝請教子貢說：「孔仲尼在何處學習過？」子貢說：「周文王與武王的教化成就並沒有完全失傳，而是散落在人間。才德卓越的人把握住重要的部分，才德平凡的人把握住末節的部分，沒有地方看不到文王與武王的教化成就。我的老師在何處不曾學習過，他又何必要有固定的老師呢？」

最後一句就是現今「聖人無常師」的出處，聖人沒有固定的老師。別人問子貢，孔子在何處學習過？天下人都知道孔子的學問大，但他在哪裡學習的呢？出於什麼門派？哪些人教過他呢？子貢答說，周文王、武王之後，他們的教化散落在人間，如果想學習，到處都可以學習。有時候，一個地方的文化水準很高，但是「禮失而求諸野」。禮樂教化在本土失傳之後，在比較偏僻的地方，甚至外國，還可能找到。類似的情況並不罕見。比如一本書出版時印量不多，將來可能由於某種緣故，在出版地找不到了，而流傳到國外的幾本也許還保存下來。所以，要找古書，常要到偏僻的地方。比如說，歐洲文化之所以能夠在近代復興，原因之一就是修道院裡保存了很多古代文獻。這些資料如果放在城市裡，一經戰亂，早就全燒光了。所以，子貢的回答是合情合理的。文武之道遍在四方，才德卓越的人掌握了重點，平凡人掌握細枝末節。孔子這樣的人到處學習，何必要有固定的老師呢？《左傳・昭公十七年》記載，一個叫郯子的人來到魯國。他很有學問。孔子就向郯子學習，之後說了一句話：「天子失官，學在四夷。」天子失官之後，這些學者就逃到各地去了。在《論語》中也有記載說，天下大亂後，樂師都逃到各地去了，中央反而無法再組建優秀的樂團。不過，這些人才散落各處，文化即向外傳播、擴散了。

在孔子的名言「溫故而知新，可以為師矣」中，「故」有兩個意思：第一，同樣的材料，重新去看，叫做「故」。「故」與「新」相對照。看過去讀過的書籍，在不同的階段，有不同的體會與心得。第二，「故」指的是國故，就是過去的材料。我們能夠從過去的材料中獲得新的體會，這說明經典可以與經驗相結合。我們今天學國學也一樣。大家看到過去的材料，文言文讀起來覺得困難，沒有專家注解都看不太懂，但是，如果隨時反思今天的生活經驗，就會有很多收穫。

《論語》已經接近尾聲了，最後幾章中有一些總結性的評論。由子貢來說明孔子為什麼有這麼大的成就是非常恰當的，因為子貢本身才華夠，能力強，而且對孔子很了解。子貢已經意識到，人性與天道是老師的兩個重點。學術界一般認為孔子所談的人性，在《孟子》中得到發揮；孔子的天道觀則在《易傳》裡得到發揮。儒家既然關注人生問題，如果不了解人性，憑什麼讓別人行善避惡呢？行善避惡隱喻著適當的報應。如果行善避惡，沒有好報；而另一個人作惡多端，最後卻沒有惡報，那為什麼要行善？為什麼要避惡？而且，儒家講報應是以家作為單位的。「積善之家必有餘慶，積不善之家必有餘殃」即來自《易傳》。不過，這種說法不太準確，因為家不是道德主體，道德主體是個人。佛教傳入中國後，之所以很受歡迎，是因為佛教主張善有善報，惡有惡報，不是不報，時候未到。一個人要對自己負責，不能推給家族。家族是一個群體，不能作為道德實踐的主體，主體是個人，個人要負責。中國人以前太重視家庭，並以之作爲一個基本單位，以至於忽略了個人生命的特色。其實，儒家非常重視個人，強調自己要對自己的一生負責。儒家強調行善的報應就是當下的心安，當下的快樂。爲惡能心安嗎？孔子面對像宰我不守喪三年依然心安理得，不可能說出「將來會有惡報」的詛咒。他只是問，你心安嗎？儒家強調的是眞誠。儒家碰到一個不眞誠的人，就一籌莫展了。比如說，鄉愿不眞誠，和人打馬虎眼，不分是非，好好先生，儒家實在沒有辦法。這也是我們不承認儒家是宗教的原因。宗教講到死後的世界，很複雜，無論是否理解，只能選擇相信或不相信。宗教信仰是個人自由，很難要求大家都來信服。而儒家是哲學，是大家都應該接受的。所以，儒家具有宗教情操，但並非宗教。

儒家思想啓發我們認識到，人活著，永遠有向上提升的動力，這就是宗教情操。它推動人要求自己一定要比過去更好，永無止境。宗教的意義在於讓人超越各種低層次的欲望，超越人間各種現實利害關係的考量，而儒家思想在這一方面有類似的功效。

【第295講】

《論語・子張第十九》第二十三章的原文是：

叔孫武叔語大夫於朝曰：「子貢賢於仲尼。」子服景伯以告子貢。子貢曰：「譬之宮牆，賜之牆也及肩，窺見室家之好。夫子之牆數仞，不得其門而入，不見宗廟之美，百官之富，得其門者或寡矣。夫子之云，不亦宜乎？」

叔孫武叔在朝廷上對大夫們說：「子貢的才德比孔仲尼更卓越。」子服景伯把這句話告訴子貢，子貢說：「以房屋的圍牆作比喻吧。我家的圍牆只有肩膀這麼高，別人可以看到屋內擺設的美好狀況。老師家的圍牆卻有幾丈高，如果找不到大門進去，就看不到裡面宗廟的宏偉壯麗與連綿房舍的多彩多姿。能夠找到大門的人或許很少吧，叔孫先生這種說法不也是很恰當的嗎？」

孔子過世後，子貢表現傑出，在魯國當了大官，於是，就有人拍馬屁說，你老是講你的老師多偉大，我看你比你老師孔子還偉大。子貢很了不起，他用一個巧妙的比喻展示了孔子的偉大。他說，我家的牆只有肩膀那麼高，你一看就知道裡邊的幾棟房子很漂亮；但老師家的圍牆幾丈高，從圍牆外面什麼都看不到。我們到孔廟去，一進門就會看到一塊匾額，上面寫著「萬仞宮牆」，典故就源於此。但是說實在，有時候太過誇張的言辭，反而讓人看不懂。原文其實是數仞，一仞是七尺，數仞是好幾丈。一般人頂多身高七尺，好幾丈的圍牆，根本看不到牆另一邊的情況。如果用「萬仞」，那可是連飛機都飛不過的高度。儘管「萬仞」的修辭是好意，但把孔子講成無人可及，絕對違背了孔子的本意，孔子希望每個人都和他一樣。孔子自己承認，他也是學習修練得來的，從十五歲開始，直至生命的終結。我們將某人作爲榜樣來學習，首先必須相信，我們可以做到和榜樣一樣。如果我們要學的人像神，那我們再努力也無法企及。找不到門，從高高的牆外什麼都看不到。而能找到門進去的人很少。所以，子貢說，叔孫先生這樣講也很合理，因爲他根本沒有找到門，不知道門內的輝煌燦爛，竟敢隨便評論孔子，作爲同時代的人，或許見過孔子，但是聽得懂他的話嗎？

孔子教了一輩子書，但最後說了一句話，沒有人了解我呀。儘管子貢是他的高材生之一，也一樣。所以孔子感慨地說：「不怨天，不尤人，下學而上達，知我者其天乎。」眞正了解他的人，反而是一些隱士，很聰明，很有智慧，但他們與孔子道不同，不相爲謀。他們知道孔子是一位高人，但眞的了解孔子的思想嗎？也不見得，否則他們恐怕也會追隨孔子了。所以，要學習孔子這樣偉大的哲人，是非常不容易的。

我們在連續幾章中都看到子貢讚揚孔子的話，千萬不要以爲這是學生關起門來稱讚老師。這時老師已經過世了，學生的表現就靠良心了。一般學生看到老師過世就自立門戶，覺得總算輪到該自己上臺了。如果人人皆如此，人類文化恐怕就很難發展了。西方有位哲學家提出，人類文化歷史上有一個軸心時代。就是以它爲核心，以它爲標準，前後有了質的不同。軸心時代的標誌就是印度出現釋迦牟尼、中國出現孔子、希臘出現蘇格拉底、猶太教出現許多大先知，耶穌算是最晚的。這些人出現之後，使得人類歷史發生了質的飛躍。在他們之前，世界上沒有人格價值的呈現。在階級社會中，普通人的生命是沒有獨立價值的。但是，這幾位智者的出現使每一個人都可以通過努力修行，或是覺悟，或是解脫，或是成爲仁者。釋迦牟尼創建了佛教，耶穌創立了天主教、基督教。在全世界人口中，他們的信徒加起來超過了一半。而蘇格拉底在西方可以說是科學、哲學，乃至整個知識界的領軍人物。蘇格拉底的反詰法至今仍是教育良方。無論你說出什麼觀點，蘇格拉底都會反問，這是什麼意思？非要問清楚不可，逼著你去思考，去掌握正確的概念，這樣才會有正確的行爲。

孔子的偉大在於他出生的背景很平凡，但是，他在成長過程中完全掌握了主動，把自己造就成一個偉大的、不平凡的人。他能做到的，我們每個人都能做到，關鍵要看自己是否努力。我們今天學習《論語》，就是希望掌握孔子的思想，希望盡可能通過第一手材料直接掌握他的思想精髓，而不是經過他人的轉述。子貢是經常隨侍在孔子身邊的重要弟子之一，他與顏淵、子路在《論語》裡面出現的頻率最高，由此可見子貢評價的分量。

無論我們讀多少遍《論語》，每一次都會有新的收穫。有位前輩學者，眞正的國學大師，錢穆先生，他到九十幾歲的時候，還說自己每年至少要重讀一遍《論語》，每一次讀都有新的收穫。宋朝的一位學者，每天早上起來，一定要讀《論語》中的一篇，《論語》總共二十篇，所以他二十天就把《論語》讀一遍，一年可以讀幾十遍呢。《論語》眞是百讀不厭，每一次看都會比以前懂得更多了。隨著你生命的進展，《論語》是陪著你成長的。

【第296講】

《論語・子張第十九》第二十四章的原文是：

叔孫武叔毀仲尼。子貢曰：「無以為也。仲尼不可毀也。他人之賢者，丘陵也，猶可踰也；仲尼，日月也，無得而踰焉。人雖欲自絕，其何傷於日月乎？多見其不知量也。」

叔孫武叔毀謗孔子。子貢說：「不要這麼做。仲尼是沒有辦法毀謗的。別人的才德表現像是山丘一樣，還可以去超越。仲尼則像是太陽與月亮，沒有可能去超越的。一個人即使想要斷絕他與太陽、月亮的關係，對於太陽、月亮又什麼損害呢？只是顯示了他不知自己的分量而已。」

這位叔孫武叔以前就曾吹捧子貢，說子貢比孔子更了不起。看來，這個人一方面很喜歡吹捧子貢，因為大家同朝為官，子貢的表現非常優秀；另一方面，他對孔子沒有正確的認識，所以老喜歡講孔子有什麼問題。子貢這次說話更直接了。他把孔子比喻為日月。他人無論怎樣批評太陽與月亮，都絲毫不能影響它們的光輝，反而暴露出不知道自己的分量。別人的卓越像丘陵，還可以跨過去；而孔子的偉大像日月，古時候沒有太空梭，登月只是幻想。這樣比喻或許稍微誇張了一點，好像我們永遠趕不上孔子。但是，不能怪子貢，因為他眼中的孔子確實如此。

顏淵就比子貢高明很多。他這麼評價老師：「仰之彌高，鑽之彌堅，瞻之在前，忽焉在後。」孔子似乎不可捉摸，太了不起了。《莊子》裡的描述更妙：顏淵跟在孔子後面走，孔子慢慢走，他也慢慢走，孔子快步跑，他也快步跑，最後夫子奔逸絕塵——孔子跑得太快了，以致後面的灰塵都停下來了，找不到蹤跡可以跟隨了。由此可見，孔子在他學生心目中的偉大超凡，簡直是難以想像的。今天，我們還能在孔廟中看到「生民未有」匾額。這四個字出於《孟子》，意思是自從有人類以來，還沒有出現過像孔子這樣的人。言下之意，孔子是天下第一。他的三個學生，子貢、宰我、有若都有類似的看法。宰我說，依我看來我們老師超乎堯舜之上。儘管孔子非常推崇堯舜，但他過世以後，學生們開始說，我們老師比堯舜好多了。堯舜是天子，對百姓來說，堯天、舜日，地位極其崇高；但是，孔門弟子認為孔子更偉大，因為孔子是一位建立完整系統理論的哲學家。儘管堯舜盡心盡力照顧百姓，但眞正影響人類的是思想系統。一個偉大的帝王，雖竭盡心力，至多照顧百姓五十年，五十年之後呢？隔兩三代之後呢？後人就感受不到當時的恩澤，不知道偉大的事蹟了。所以，僅僅作為一個好國君是不夠的，我們需要正確的思想作為指導原則，讓世世代代都受到恩惠。子貢從這個角度加以議論，宰我也一樣。

那時候，孔門弟子不知道印度有釋迦牟尼，即使知道，二者也很難比較。儒家並非宗教，但各宗教之間最好也不要互相比較，否則就傷感情。比如，有人說，佛教講「十地品」，修成佛要經過十個階段，孔子在第七個階段，耶穌在第八個階段。如此一來，不是要吵架嗎？因為中國人認為孔子是最偉大的。其實，最高層次的文化都是相通的，只不過各有傳統與背景罷了。孔子之所以能夠「從心所欲不逾矩」是因為他知道天命，並能夠順從天命。也就是，天命與人心結合起來，成為一體，這就是孔子的境界。所以，我認為，《論語》裡的「六十而耳順」的「耳」是多出來的字。孔子五十歲知道天命，六十歲順從天命。你看他周遊列國，碰到危險就把天提出來，別人也評價他說，「天將以夫子為木鐸」，就是順從天命。只有長時間順從天命之後，才能夠從心所欲不逾矩，也就是知天命、順天命，自然而然的結果。如果堅持是

「耳順」，實在徒增困擾，在其他儒家經典，《孟子》、《荀子》、《易傳》、《中庸》、《大學》沒有任何一個地方提到耳朵順不順的。《孟子》只談到順天，《易傳》只談到順天命。大家讀朱熹的注解習慣了，就接受了「耳順」是聽到什麼話都順了的解釋，但這其實背離了孔子的原意。

所以，我們一定要記得，要看孔子自己怎麼說，並參考相關的資料，作出理性的思考和判斷，不能盲目崇拜後代學者的解讀。其實，宋朝學者和我們並沒有太多的不同。他們不也一樣讀書嗎？他們離孔子也有一千多年了，憑什麼他們說的都對呢？讀書應該參考注解，但是不能被它所困。我們學習儒家，直接學孔子，如果中間需要有人解釋，只有一個人有資格，就是孟子。孟子的確將孔子的思想發揚光大。後代很多學者就問題重重了，包括漢代的董仲舒。董仲舒利用儒家爲儒術，把儒家當做統治的技術，罷黜百家，使後來中國兩千多年的專制政體變成陽儒陰法，表面是儒家，裡面是法家。所有的尊君卑臣，只是爲了讓老百姓聽話而已。

今天我們重新學習《論語》，一定要返回原典。在這一章中，子貢義正詞嚴，一個人如果想離開太陽、月亮，那是他自己的選擇，太陽、月亮並不在乎！我們今天學習孔子，固然不必像子貢那樣，把孔子看得如天一般，但我們也非常理解子貢的良苦用心。

【第297講】

《論語・子張第十九》第二十五章的原文是：

陳子禽謂子貢曰：「子爲恭也，仲尼豈賢於子乎？」子貢曰：「君子一言以爲知，一言以爲不知，言不可不愼也！夫子之不可及也，猶天之不可階而升也。夫子之得邦家者，所謂立之斯立，道之斯行，綏之斯來，動之斯和。其生也榮，其死也哀，如之何其可及也？」

陳子禽對子貢說：「您太謙讓了吧？仲尼的才德難道比得上你嗎？」子貢說：「君子由一句話表現他的明智，也由一句話表現他的不明智，所以說話不能不謹慎！老師讓我們趕不上，就像天空沒有辦法靠樓梯爬上去一樣。老師如果能在諸侯之國或大夫之家任職，就會做到我們所說的：他要使百姓立足於社會，百姓就會立足於社會；他要引導百姓前進，百姓就會向前走去；他要安頓各方百姓，百姓就會前來投靠；他要動員百姓工作，百姓就會同心協力。當他活著的時候，人們以他為榮；當他不幸辭世時，人們為他悲泣。這怎麼是我們趕得上的呢？」

在〈子張第十九〉的最後一章中，有人再次對子貢說：「孔子怎麼比得上你呢？」說實在，一般人聽到這種話，大概都會飄飄然。還好，子貢不簡單，面對接二連三的奉承，仍然很冷靜。他對孔子懷著深深的敬意，並謹守弟子之禮，所以我對他特別欣賞。我在二〇〇七年八月，第一次到曲阜參拜三孔，印象最深的是孔林，也就是孔子與他後代的墓地。在孔子墳前，擺了一個墊子和兩盆花。我很自然地跪下，默思了三分鐘，心裡十分感慨，我這一生學習、傳播孔子思想，崇拜這位萬世師表，今天終於來到他的墓前。我站起來之後，陪我去的一位官員說，這個墳墓是空的。我說，只要是孔子的墳墓，空的也值得我們表示敬意。接著，我看到在我的左手邊，有一棟很簡陋的房子，房前有一塊石碑，上面寫著五個字：子貢廬墓處。這一路走來，有人專門替我拍照，好像我是什麼重要人物似的，我其實覺得很尷尬。但是，這時候我主動要求幫我拍一張照片，我要和石碑合照。「子貢廬墓處」說明，子貢就是在這兒替老師守墓的。《孟子》裡記載，孔子過世以後，弟子們很難過，而且因為孔子的兒子比他早兩年就過世了，沒有人替他守孝，所以，幾十個弟子聚在一起，為孔子守喪三年。就是說，他們把孔子當作自己的父親來看待。根據荀子的說法，守喪三年其實是二十五個月。三年之內不能上班，不能賺錢，大家每天見面就討論，老師以前對你說了什麼，對他說了什麼。我們今天在《論語》中看到的材料，孔子的學生們早就背得很熟了。三年時間到了，同學們各自都有家室要照顧，都有事業要發展，於是，大家抱頭痛哭一場，各自回家去了。而子貢又回到墳旁，蓋了一間簡陋的房子，獨自住在裡面，再守第二個三年之喪。這就是孔子墳旁「子貢廬墓處」的來歷。你看到石碑能不感動嗎？守了兩個三年之喪，可見子貢對老師的感情有多深。

子貢後來做了大官，別人稱讚他，拍他馬屁，說他比老師還要偉大，他怎麼可能聽得下去？他說你們這些人說話到底有沒有用心用腦思考呢？你說一句話，我就知道你聰不聰明了，我的老師「讓我們趕不上，就像天空是沒有辦法靠樓梯爬上去一樣」！我們理解子貢的心情，但還是要澄清，孔子本人是不願意被這樣比擬的，他希望人人與自己一樣。子貢對孔子的解讀比較重要。他說，如果老師有機會在諸侯之國、大夫之家任職，他要老百姓怎麼做，老百姓一定跟著做。他有原則、有方向，還有方法，這是孔子了不起之處。「其生也榮，其死也哀」，一個人活著時，大家覺得能與他生在同一個時代，眞是一種榮幸啊。但是，孔子並沒有受到當時人的珍惜與重視。才過世沒幾年，馬上就有些人莫名其妙地比來比去，說子貢比孔子好。我們讀《論語》便知道，在孔子心中，子貢是一個孩子，需要慢慢成長，慢慢去教育。儘管子貢有他的優點，做官沒有問題，但距離好的程度，尚有一段路呢。而子貢也很有自知之明。孔子曾經讓他自己和顏淵比較。結果，他說出了那段有名的答話：我怎麼敢和顏淵比呢？他聞一知十，我聞一知二。孔子當時就表示嘉許，你是比不上顏淵，我和你都比不上顏淵啊。前一句話肯定了顏淵，後一句話是對子貢的鼓勵。這就是孔子。

孔子在乎別人比自己強嗎？他不在乎。如果別人比他傑出，比他聰明，他就加以稱讚並學習。一個眞正偉大的人，從來不會在乎別人比他在某一個方面表現更好。看到有學生比自己傑出，高興都來不及呢。所以子貢說，其生也榮，其死也哀。像孔子這樣的人一旦過世，那眞是莫大的悲哀。這樣的人，百代難遇啊。司馬遷的《史記．孔子世家》最後說，孔子以一個平常百姓的身份，可以做到《中庸》所說的：「言而世為天下則，行而世為天下法。」孔子說任何一句話，天下人都要設法去記住、理解；孔子的任何行爲，大家看到，都要好好向他學。一個平凡的百姓，卻成爲百世之師，這就是孔子。

堯曰第二十

【第298講】

這一講，我們介紹的是《論語》的最後一篇〈堯曰第二十〉的第二章。不介紹第一章，是因爲第一章全部是歷史材料，可能是孔子教學時使用的材料，不但離我們太過遙遠，而且沒有直接表達孔子的思想，所以我們從第二章開始，原文相當長，內容是這樣的：

子張問於孔子曰：「何如斯可以從政矣？」子曰：「尊五美，屏四惡，斯可以從政矣。」子張曰：「何謂五美？」曰：「君子惠而不費，勞而不怨，欲而不貪，泰而不驕，威而不猛。」子張曰：「何謂惠而不費？」子曰：「因民之所利而利之，斯不亦惠而不費乎？擇可勞而勞之，又誰怨？欲仁而得仁，又焉貪？君子無眾寡，無小大，無敢慢，斯不亦泰而不驕乎？君子正其衣冠，尊其瞻視，儼然人望而畏之，斯不亦威而不猛乎？」子張曰：「何謂四惡？」子曰：「不教而殺謂之虐；不戒視成謂之暴；慢令致期謂之賊；猶之與人也，出納之吝謂之有司。」

子張請教孔子說：「要怎麼做才能把政務處理好？」孔子說：「推崇五種美德，排除四種惡行，這樣就可以把政事治理好了。」子張說：「五種美德是什麼？」孔子說：「君子要做到的是施惠於民自己卻不耗費，役使百姓卻不招來怨恨，表現欲望但是並不貪求，神情舒泰但是並不驕傲，態度威嚴但是並不兇猛。」子張說：「施惠於民自己卻不耗費，這是什麼意思？」孔子說：「順著百姓所想要的利益，使他們得到滿足，這不是施惠於民，自己卻不耗費嗎？在合適的情況下，役使百姓，又有誰會怨恨呢？自己想要行仁，結果得到了行仁的機會，還有什麼貪求呢？不論人數多少或勢力大小，君子對他們都不敢怠慢，這不也是神情舒泰卻不驕傲嗎？君子服裝整齊，表情莊重，嚴肅得使人一看就有些畏懼，這不也是態度威嚴卻不兇猛嗎？」子張說：「四種惡行又是什麼？」孔子說：「不先教導規範，百姓犯罪就殺，這叫做酷虐；不先提出警告，就要看到成效，這稱作殘暴；延後下令的時間，卻要求按時完成工作，這稱作害人；同樣是要給人的，出手卻吝惜，這稱作刁難別人。」

這段話的內容其實不需要做太多解釋。子張是孔子最年輕的學生，至少在《論語》裡面出現的他，比孔子小四十八歲，將近半個世紀了。孔子對這個年輕學生寄予厚望。子張多次提出很有趣的問題，這些問題別人沒提過，只有他提了。本章的問題倒不特別，問怎麼樣從政？很多學生，包括仲弓、子路、顏淵，都問過孔子這個問題。不過，孔子的回答都比較簡單，只有這一次特別詳細，一一列出尊五美、屏四惡。

要爭取擁有五種美德。哪五種？這就需要有一個原則，就是要智慧地判斷。比如說，我希望老百姓按照我所想的去做，那就一定要能夠判斷，什麼時機讓他們做對他們自己有利的事。能夠做到這一點，就是有欲望但並不貪求。人不可能沒有欲望，但是欲望有兩種：一種是自我中心的，第二種是非自我中心的。既然從政，當然就有欲望，但是這欲望不是自我中心的，這樣的欲望就不能叫貪求。沿著這個思路下來，泰而不驕、威而不猛，都是以前我們講君子的時候提過的，君子泰而不驕；講孔子的時候，形容他威而不猛，溫而厲，恭而安，等等。所以，孔子把以前零散的思想綜合起來，概括爲五種美德，供這個年輕的學生參考。

對四種惡行的歸納則是第一次出現。當你從政做官的時候，就要避免做四種壞事。我們比較熟悉的是第一種：不教而殺謂之虐。我教書的時候，常常對學生說，你們要好好準備考試，我先教，我如果沒教就考，把你當掉，那是虐，就是不教而殺謂之虐。我如果教過了，叫你準備你不準備，那把你當掉，不及格，就不能怪我了。不戒視成謂之暴，是說，我沒有事先提出警告，就要看到成效，這是暴。虐與暴當然都不好了。「慢令致期」意思是，延後下令的時間，比如，我命令你修一座橋，本來一個月前就應該下命令的，但是晚了一個月下命令，卻要求你如期完成。命令下晚了，你的工作時間少了，但是完成時間卻不能延後，這不是害人嗎？故意讓別人做不到嗎？孔子所說的四種惡行，用現在西方政治學者的話來表達，其實非常簡單。政治一定要想盡辦法避免殘酷。何謂殘酷？儒家認爲，從事政治活動，一定要避免殘酷。出現殘酷的原因，就是因爲沒有把別人當人來看。像美軍在越南打仗，死了五萬多人，有必要嗎？反正受害的不是我，反正受約束、被管教、坐牢的不是我，或是說，打仗反正沒我的事。這就是殘酷。所以孟子後來講了一句很好的話，他說梁惠王不仁。因爲君子以其所愛及其所不愛；而梁惠王卻倒過來了。比如說，我是君子，我愛我的子弟，不忍心他們冒著危險打仗，那麼，就要把這種憐憫之心推及別人的子弟，這就是「以其所愛及其所不愛」。對於不認識的人，我本來沒有什麼愛心，但是我愛護自己的子弟，我家子弟打仗有危險，別人當兵也同樣有危險。這就是「以其所愛及其所不愛」。梁惠王卻反過來做事，以其所不愛及其所愛。他派兵打仗，打輸了之後，就叫自己的長子親自率領軍隊再去打。有人說，太子領軍，應該可以打得好一點，結果長子也戰死了。所以孟子說他是「以其所不愛及其所愛」。可見，對問題的基本判斷，孔孟的認識是連貫的，這也是儒家的基本原則。所以，孔子教導他的學生：從事政治活動，千言萬語歸納爲一句話——推己及人。孟子後來講得很好：「老吾老以及人之老，幼吾幼以及人之幼。」但是，有多少人能夠眞正做到呢？我尊敬我家的長輩，繼而推廣，也尊敬別人家的長輩；我愛護我家的子弟，推而廣之，也愛護人家的子弟。

儒家談愛有差等。我們不要把這個觀點拿來與墨家相比。墨家講愛沒有差等，誰能做到呢？愛護我的父母，與愛護別人的父母完全一樣，那我的父母怎麼受得了？是我把你養大的，結果你照顧我和照顧別人家的老人完全一樣，父母心裡會多難過！而別人的父母應該覺得很意外吧。儒家認爲，愛一定要有差等。人的眞誠情感表現出來時，就一定有差等。我和比較親近的人，感情自然深厚，見面三分情，日久生情，這是很自然的。怎麼可以要求對所有人一視同仁？一視同仁是個理想，卻不可能做到；能夠做到的一定是人與人之間的關係是有差等的。但是在公事公辦時，需要一視同仁。因爲這時候，有共同的規範作爲的行爲底線。在此之外，與人來往，一定要按照親疏、遠近來安排。

可見，儒家思想是合乎人情的；而我們在這裡談的孔子思想，已經發展到了最後階段。所謂最後，是說談到政治，進入了應用領域。思想是一個連貫的系統，它對人生可以作出合理的解釋，但是，人的生活不能脫離政治環境而存在。我們再回憶一下，曾經有人請孔子做官，說你怎麼不從政呢？孔子說，《尚書》有一句話說，好好地孝順父母，好好地友愛兄弟，把「孝」、「悌」的作風推廣到社會上去，不就是做官嗎？這是儒家的基本觀念。有人說，學儒家一定要做官，「學而優則仕」。這是子夏的話。請問，有幾個人有機會做官？做官之後，又有幾個人可以眞正實現抱負？很少。所以，孔子說「孝乎惟孝，友于兄弟」，這就是爲政。意思就是說，每一個人在家裡面，按照適當的方式與父母、兄弟姐妹相處，建立合理的秩序、和諧的關係，再把它推廣到社會上去。政治不能離開個人的現實生活。這就是孔子崇拜周公制禮作樂的原因。禮樂制度的一個基本觀點就是把國家當做學校，把政治等同道德。把國家當做學校，誰是老師？政治領袖都是老師，身教重於言教，至少也是二者並重。把政治等同於道德，所有的政治措施都有道德含義，而不能只求事實上的效果，忽略了道德上的影響力。國家和學校，政治與道德，兩相結合，這就是周朝初年周公的理想，顯然也是孔子的理想。可見，儒家從事政治活動，目的絕對是爲了造福百姓。忽略這個目的，就不是儒家。

【第299講】

下面我們要介紹的是《論語・堯曰第二十》第三章，也是整部《論語》的最後一章。它的原文是：

孔子曰：「不知命，無以為君子也；不知禮，無以立也；不知言，無以知人也。」

孔子說：「不了解命的道理，沒有辦法成為君子；不了解禮的規範，沒有辦法在社會上立足；不了解言辭的使用，沒有辦法了解別人。」

我們念書要有始有終，不但要知道《論語》的第一句「學而時習之，不亦說乎」，還要理解這最後一句。它放在書末，並不代表是孔子最後說的話，只是正好放在這裡。其實，這句話也很重要。一開頭就說不了解什麼是命，就不能成爲君子。這是什麼意思呢？成爲君子是一個人、一個讀書人的終極目標。《論語》對於君子的描述都非常理想化。爲什麼要先知道命呢？命有兩個含義：第一是命運，第二是使命。所謂命運，代表無可奈何的遭遇。我生在這個時代、活在這個社會、在什麼家庭成長、遇到什麼老師、有什麼樣的朋友，很大程度上不是個人的選擇，而是正好碰上的，這稱爲遭遇，就是命運。第二個含義更重要。一個人不可能脫離命運，但一定要承擔自己的使命。使命就是一生要完成的目標。講到儒家的使命感，最簡單的解釋，是因爲人性向善，所以使命就是要擇善固執，以求止於至善。善就是我和別人之間適當關係的實現。只要我和別人相處，就要建立適當的關係。那麼，怎麼判斷是否適當呢？孔子說自己「五十而知天命」，他所知道的既包括命運，又包括使命。很多人說孔子通過學《易經》而知道自己的命運。

這是不全面的，更重要的是，他有使命感，只有這樣才能成為君子。人的使命感裡面最重要的就是要從平凡的生命成長為君子。如果不了解人生的使命，何必要成為君子？成為君子很辛苦的，因為要做到無私。君子與小人最大的區別就是小人私心太重，總是先考慮自己，像小孩子一樣。我們這樣說，不是說小孩子不好，而是說小孩子比較單純，什麼都只想到自己，這其實是很自然的事情。但君子不同，沒有私心，任何事都能夠秉公處理。所以宋朝的學者把心分為兩種：私心與公心。人應該去掉私心，秉持公心。公代表公開的、普遍的、公平的，這樣的心就是無私的，其人的修養必然達到很高的境界。所以，只有懂得什麼是命，讓自己有使命感，才能讓自己成為君子。

第二句話「不知禮，無以立也」比較容易理解。在《論語》裡，類似的話出現了兩次。〈季氏第十六〉中，孔子問兒子學《禮》了嗎？兒子說沒有。孔子說：「不學禮，無以立。」兩處的意思差不多。「立」指的是，在社會上立足。要在社會上立足，首先應懂得什麼叫做禮？禮這個字我們也強調過，它包括禮儀、禮節、禮貌，一定要由內而發，用適當的形式來表達內心的眞誠情感。如果只有好心、有情感，卻不懂禮，如何能表達？有時候，我們會表錯情。我本是好意，但是表達出來之後，別人卻不理解，甚至誤會。學習了禮儀規範，大家就有了共識，知道一個行為動作所代表的意思。所以，一個人要在社會上立足，一定要懂得禮儀規範。

最後一句話，「不知言，無以知人也」。說明儒家是不能離開人群的。與別人相處時，怎樣才能了解對方？如何分辨好人和壞人？我們得從對方的話去分辨。孟子有一個學生，曾直接問他說，老師你和別人有何不同？孟子說，我與別人有兩點不同。第一，我知言；第二，我善養吾浩然之氣。看來，第一點知言，正是來源於孔子。在《論語》最後一句話中，孔子說，不懂得分辨言論，就很難了解別人。而孟子自述自己的第一個特點就是知言。可見，孟子很清楚，他應該接過儒家的接力棒。如何而能知言？如果對方說出一些偏頗的話，就知道他有什麼樣的盲點；聽見太過分的話，就知道對方的執著所在；對方說話閃爍其詞，就知道他有什麼樣的逃避；說話很偏邪，也凸顯了他的問題所在。這就是分辨言論。孟子說，如果不能聽言識人就很麻煩，做官一定會出現差錯。所有的人際活動都以政治作爲最終極的目標。政治活動往往來自於心思，有什麼樣的心思就會有什麼樣的政策；有什麼樣的政策就產生什麼樣的效果。我們從開始就要進行分辨，不能等看到結果再補救、再改善，那就來不及了。儒家很強調知言，聽一個人說話就掌握了問題所在。所以，這三句話，都是用「知」來說明的。

《論語》的第一句「學而時習之」，講的是學習。而這裡講的是「知」。可見，儒家確實很肯定人的理性；他們認爲，通過教育，一個人可以循理而行。只要把道理說得清楚，說得透徹，然後再配合適當的行爲表現作爲示範，一定有很多人會願意跟從。儒家不是教條，不是八股，不是封建，不是落後的思想，而是講道理。《論語》的最後一章，確實給我們很大的啓發。想要成爲君子嗎？整部《論語》不都是希望大家成爲君子嗎？那就要知命，了解了人生的使命，由不得你不成爲君子。

也許有人會說，了解了儒家之後覺得成爲君子太累，放棄算了。這樣說表示你並沒有了解儒家對人性的看法。一個人活在世上可以選擇去做一個不好不壞的人嗎？天下有什麼不善不惡的人嗎？沒有，人生的路只有兩條，或善或惡。不選擇善，那就是惡了。例如孝順，只能選擇孝順或是不孝。如果選擇的是既不孝順，也不是不孝順，那其實就是不孝順。和父母相處時，既沒有孝順，也沒有不孝順，這個念頭就已經是不孝順了。和父母相處沒有其他選擇，只有孝或不孝。和朋友來往也是一樣，對朋友既沒有守信，也沒有不守信，那就說明沒有守信。

所以，人生的路只有兩條，一條是正確的，另一條是偏邪的。學儒家就是要了解正確的路何在，然後由內而發，透過眞誠的力量促使自己走上正確的道路。這就要從被動、被要求，轉變爲主動去做。這個關鍵，就是儒家思想的秘訣所在。

【第300講】

總結

大家學了《論語》之後，一定會有一些心得。我們首先要想一下，爲什麼「半部《論語》治天下」？或者說，我們學習《論語》之後，會有什麼具體效果？我們希望《論語》對我們的生命有所啓發。我們現在重新回顧一下全書開頭提到過的孔子思想的特色。

第一，溫和的理性主義。此處的理性主義，不用考慮西方人的觀點，僅就儒家而言。溫和的理性主義是說，每個人都有理性，表現爲有學習能力、有選擇的要求。人活在世界上，一定要去學習某種道理，選擇某種生活。儒家認爲，既然人有理性，那就好好學習吧。凡是重視學習、重視教育的學說，都肯定了人的潛能是可以開發的；人是從無知到有知，從不懂到懂，逐漸進步的。

第二，深刻的人道情懷。儒者對每個人是普遍的、平等的關懷。全世界都知道孔子的八字箴言：己所不欲，勿施於人。仔細揣摩之後，我們才會明白孔子的思路：因爲別人和我一樣都是人。遵行「己所不欲，勿施於人」者是不分階級、不分背景、不分國籍，也不分貧富的，其著眼點是普遍的人。這樣的人道情懷，是全世界都需要的。

第三，樂觀的人生理想。我常常建議朋友們一定要在春天讀《論語》，因爲春天是一個立志的季節，不管我們的年紀多大，每年春天都要重新立志。或者，要反思以前立的志向做到了多少？還有什麼可以精益求精的？

儒家思想是一個源遠流長的傳統。很多人都想問，到底什麼是儒家？《論語》就是儒家思想的源頭；其後的發展，有兩位代表人物：孟子與荀子。但是，這兩個人的觀點並不相同。荀子比孟子晚了大概六十年左右，對孟子很不滿意。比如，孟子說性善，荀子就說性惡。孟子說的性善，不是性本善，而是向善。他說，人性是一種力量，像火向上燃燒、水向下流淌、野獸奔向曠野。孟子採用的比喻都是動態的，說明人性是由眞誠產生出來的向善的力量。

孟子之後的荀子故意把孟子的性善解釋爲人性本善，在他的〈性惡篇〉裡曾經四次提到孟子說性善，並把它解釋爲本善，然後加以批判。

我介紹孔子思想的時候，從來不談荀子。孟子的向善說，把孔子的思想發揮得很好。而荀子的性惡說則有失偏頗。他受到道家的某些啓發，但其系統不夠完整，難以自圓其說。荀子有兩大弟子，一個是韓非，一個是李斯。韓非是法家的代表人物。李斯是秦始皇的宰相。好好的儒家，居然教出來兩個法家人物。這說明，荀子的思想一定在什麼地方出了問題。否則，爲什麼學生走上了偏路？所以，我們有必要澄清一下，到底什麼是儒家？

儒家有三點外在特色：第一，尊重傳統；第二，重視教育；第三，關懷社會。傳統代表過去；教育代表未來；社會代表現在。可見，儒家思想對於時間的三個向度，過去、未來與現在，都緊緊地把握著。每個人都活在傳統裡面，你能不尊重嗎？沒有傳統會有我們嗎？每個人都知道，子子孫孫都要靠好的教育。你能忽視嗎？每個人都知道，活在社會上，要承擔社會責任。這就是儒家的外在特色。兩千多年以來，中國的讀書人通常都具備了這三大特色。只要念過儒家經典，就會有所表現。

此外，儒家還有三點內在主張：第一，肯定每個人都有可能成爲君子。重點在於「可能」兩個字。因爲人性向善是天生的，人人都有這樣的可能性，只要眞誠做事，就會發現行善的力量由內而發。

第二點更重要，每個人都應該成爲君子。如果只講可能性，那我可能成爲君子，也可能不成爲君子。但這第二條指出，既然身爲人，就沒有選擇的餘地，不爲君子，便爲小人。這麼說算是客氣的。孟子是說：不爲君子，便爲禽獸！成爲君子，是無需選擇的答案。因爲人只要眞誠，就會發現不做君子，自己的心永遠不得安寧。

第三，當一個人成爲君子時，一定會帶動相關的人也成爲君子。這是儒家思想非常重要的一點。既然善是我與別人之間適當關係的實現，怎麼可能只有一個人行善，而不影響周圍的人呢？孟子爲什麼極其推崇舜？因爲舜就是這樣一個典型代表。他的父親不明事理，他的弟弟胡作非爲，都是有問題的人。但是舜孝順父親，使父親受到感動，從一個不好的父親變成慈父。他對弟弟友愛，使弟弟改邪歸正，慢慢走上了正途。如果舜生活在一個幸福的家庭裡，他的德行也不一定這麼高。爲什麼在這麼複雜的問題家庭裡，德行反而高呢？因爲周圍的環境正好讓他修練，而修練的結果一定影響到相關的親人。

所以，儒家思想的關鍵就在於這三點：人人都可能成爲君子，人人都應該成爲君子，成爲君子就要帶動別人也成爲君子。

儒家思想與西方觀念的立足點完全不同。西方的宗教徒有一種罪惡感，總覺得我沒有成爲一個好人，心裡很愧疚；或者，無論如何，我都難以成爲一個好人，因爲我的本性有很多缺陷。相對於此，儒家影響下的中國人沒有什麼特別的罪惡感，卻有一種羞恥心。《論語》就常常強調「恥」。羞恥心，是指和社會標準相比時，覺得自己達不到標準，很丟臉，那就要奮起直追。人如果不學習儒家思想，很容易變成有怨而無恥，就是一生都在抱怨，怪這個怪那個，就是忘了自我檢討，毫無羞恥之心，得過且過。掌握了儒家精髓以後，發生任何事情，我們都應該先自我檢討，改善自己，並且有羞恥心。

中國歷史上有孔子這樣一位聖人是我們的幸運。我們今天有機會學習孔子的思想，就要把握這個機會，讓自己的生命走向光明大道。所以，我常常說，認識孔子就是認識傳統的開始，就是了解人生的方向，也就是正確實現理想人生的第一步。

論語三百講 下篇

2011年9月初版
2015年10月初版第二刷
2020年1月二版

定價：新臺幣350元

著者 傅佩榮
叢書主編 沙淑芬
校對 林易澄
封面設計 江宜蔚
編輯主任 陳逸華

總編輯 胡金倫
總經理 陳芝宇
社長 羅國俊
發行人 林載爵

出版者 聯經出版事業股份有限公司
地址 新北市汐止區大同路一段369號1樓
編輯部地址 新北市汐止區大同路一段369號1樓
叢書主編電話 (02)86925588轉5310
台北聯經書房 台北市新生南路三段94號
電話 (02)23620308
台中分公司 台中市北區崇德路一段198號
暨門市電話 (04)22312023
郵政劃撥帳戶第0100559-3號
郵撥電話 (02)23620308
印刷者 世和印製企業有限公司
總經銷 聯合發行股份有限公司
發行所 新北市新店區寶橋路235巷6弄6號2F
電話 (02)29178022

行政院新聞局出版事業登記證局版臺業字第0130號

本書如有缺頁，破損，倒裝請寄回台北聯經書房更換。 ISBN 978-957-08-5448-0 (平裝)
聯經網址 http://www.linkingbooks.com.tw
電子信箱 e-mail:linking@udngroup.com

國家圖書館出版品預行編目資料

論語三百講 下篇/傅佩榮著．二版．新北市．
聯經．2019.12．320面．14.8×21公分
ISBN 978-957-08-5448-0（平裝）
[2020年1月二版]

1.論語 2.注釋

121.222 108021049